国家社会科学基金项目资助
"政府职能转变背景下社区共同体建设的路径选择研究"
(项目号：15BGL197)

社区共同体建设路径研究

RESEARCH ON THE PATH OF COMMUNITY CONSTRUCTION

景朝亮　林建衡　李妍　著

社会科学文献出版社
SOCIAL SCIENCES ACADEMIC PRESS (CHINA)

序 言

改革开放以前，中国社会的基本特点是高度组织化，城市里基本上都是单位办社会，所以社区基本上都是单位制小区。农村社区则是生产队，也是高度组织化的。改革开放以后，随着经济的高速发展，城市化高速发展，在原来的单位制社会基础上发展出大量的商业小区。由于住房制度改革，原来的单位制社区也开始实施社会化管理。在农村，由于联产承包责任制改革，以及大量人口迁往城市，高度组织化的情况也发生了巨大变化。中国的社区，无论在城市还是乡村，都发生了很大的变化。

就城市社区来说，现在基本的功能就是居住小区。大家买了房，房子往往不在单位里，甚至不和单位在一个城区；有些人还有好几套房，分散在不同的社区；有些人没有房，在城市的不同地方租房。对绝大多数人来说，工作和事业发展，以及挣钱养家糊口，都是在工作单位完成的事情。居住小区，现在基本上都是以房地产企业开发的项目为单位，一个楼盘一个小区，大的小区有几千户，小的也有上百户。小区公共服务，基本上都是商业化管理，也就是由物业公司管理。所以，现在的城市小区基本上都是商业小区，是房地产市场发展起来后通过资本运作形成的"资本品"小区。

这样的资本品小区，前期有大量的投入，所以小区内的公共配套设施都比较齐全，绿化等设施也经过精心设计和开发。所以，就商业小区的人居物理环境来说，是高度发展的。其基本的挑战是，如何爱护和维持这种环境，并在一段时间的运营后如何及时维修和进一步改善的问题。当然，这也与小区的治理体系和治理能力水平直接相关。一般来说，一个小区运营十年后，人居物理环境都有不同程度的损害。有些小区治理体系健全，治理能力水平比较高，维护和修复能力就比较强；有些小区则因为治理体系和治理能力上的问题，维护不佳，修复不及时，人居物理环境存在退化的问题。

从治理体系和治理能力角度来说，现在的城市商业小区的居民，基本上是因为大家买房而住在一起的，而且小区规模都比较大，居民相互之间即使经过20年的共同生活，也没有形成熟人社会；即使同一个单位工作的人在同一个小区居住，相互之间在20年时间里，也很少有在小区见面的机会，更不用说在工作上没有相互联系的人了。所以，有学者认为，中国有居住小区，但没有"社区"或者"共同体"。因为真正的社区或者共同体，大家对社区有共同的情感，对社区有归属感和自豪感，认为自己是社区的一分子。在这种情况下，现在的城市社区，虽然是居住生活小区，却缺乏小区集体行动所需要的生活秩序。有些小区甚至没有基本的物业费来支撑小区的正常运作，更不要说有足够的物业费来提升小区的人居物理环境质量了。

从政治和行政角度来说，党和政府现在都很关注社区治理体系和治理能力的现代化，尤其是在新冠肺炎疫情期间，投入了很多力量，包括人力资源和物力资源，来支撑城市社区的日常运营，尤其是支持疫情紧急时期的防疫工作，社区治理体系和治理能力建设也因此有了很大的改观。与此同时，在学术界，学者们着眼于复杂的社区治理体系和治理能力建设的问题识别、价值选择、政策方案设计以及实际运作等，并就这些问题有了很多重要的研究。

景朝亮博士和他的合作伙伴林建衡、李妍的新书《社区共同体建设路径研究——基于政府职能转变的背景》，以政府职能转变为背景，着眼于当前中国社区共同体建设的迫切需要。他们在扎实的文献阅读、焦点访谈、参与式观察、实物分析、调查问卷等研究工作的基础上掌握了充分的文献和实际资料，对社区事务管理问题进行周密细致的探究，进而归纳出一系列关于社区治理的认知成果，是社区共同体建设领域的最新研究成果，具有重要的学术意义，在社区治理体系和治理能力现代化建设实践方面也有重要的指导价值，是社区共同体建设的重要学术成果。相信此书的出版，能够帮助大家更好地理解当前中国社区共同体建设面临的挑战，并在理论上和路径上更好地认识中国的社区共同体建设。

是为序！

2021年6月27日

摘　要

推动社会治理重心下移、促进社区共同体建设是新时代国家在社会管理中的重要工作。在政府职能转变的背景下，通过发挥社会力量来实现政府治理与社会调节、居民自治的良性互动，促成"居民安居、业主乐业"的美好生活愿景，是民之所望，也是施政所向，同时也是国家治理体系现代化的必然要求。党中央一直重视基层社区的治理问题，习近平总书记还曾用"基础不牢，地动山摇"[①]的形象比喻来告诫我们要认真领会基层社区治理与国家治理体系的顶层设计之间深刻的内在联系，即如同盖楼先要打好地基一样，宏大的国家治理体系的图景同样要从微小的社区共同体建设层面画起。

本研究基于社会物理学范式，尝试用自然科学基本理论来分析社区共同体建设的问题，比如用惯性定律阐述社区建设的路径依赖、用光的衍射原理重述里格斯的棱柱型社会治理样态、用力矩的相关原理讨论当前业主基于物权的自主治理要求等。用分形理论把社区建设纳入基层社会治理范畴，从而探寻微观的基层社区建设与宏观的国家治理体系构建之间的内在关系，由此开发出本研究的分析框架，其中，社区共同体建设将承载复合职能——既响应群众美好生活的要求，也构成国家社会管理的缩影，从而与国家治理体系相连。所以说，分形理论视角下的社区建设路径的选择，将受多重变量的共同作用，包括国家治理体系整体布局在微观社区的投射诉求、住房供给与维护的市场化影响，以及来自历史制度的惯性和社情民意的偏好因素作用等。

在方法选择上本研究偏向质性研究，具体用到文献研究、焦点访谈、参与式观察、实物分析、调查问卷等方法。笔者对所研究的社区事务管理问题进行了周密细致的探究，掌握了必要的实证材料，进而归纳出了如下关于社区治理的认知成果。

---

① 习近平：《在基层代表座谈会上的讲话》，人民出版社，2020，第7页。

一　理论研究的成果简述

自孔德提出社会物理学概念后，用自然科学基本定理来理解社会问题是个非常好的研究范式，因为它可用较简洁的定理阐释较为复杂的社会问题。因此，本研究便通过自然科学（特别是物理学）的一些基本理论来剖析现代社区共同体的建设路径问题。

首先，在压力不变的情况下，受力面积越小压强越大，同理政府职能有限发挥才能更加有效。由此得来的政策建议是：政府部门宜切实转变职能，协调好与街居力量、社会组织，以及市场组织乃至业主组织的职能互补关系，从而确保政府职能在有限中实现高效。

其次，社区建设存在某种制度惯性或路径依赖。这体现在历史带来的深厚积淀当中，犹如物体在无外力作用下将保持原有运动状态一样，我国社区共同体建设路径选择在相当大程度上也将承继原有经验，除非有足够大的动因试图改变该趋势。我国当前社区建设的主体制度——街居体制——是适应我国基本国情且经过历史检验的，虽然最初创设街居体系是针对旧有的问题，但这一体制可以随社会变迁而不断调整自己的定位与职能。目前这一体制依靠有效的福利供给与社区服务，已然在社区树立起较稳定的地位。通常，政府部门需要街居部门来宣传与贯彻政策，而民众也需街居部门发挥政府与社会间的桥梁作用。可以预见，我国社情民意基础上运行很久的基层管理模式还将在今后社区建设中发挥作用。这也是本研究所述公办社区路径的现实载体。

再次，光的衍射原理揭示白光经过棱柱衍射为七彩的过程，曾启发行政学家里格斯提出"行政生态学"。本研究则结合社区实际认为，从滕尼斯意义上的传统社区共同体到现代（乃至后现代）意义上的社区共同体，社区历时演化的过程也如同光的衍射，由"白光"式融合多元素的社区向"色光"式多元主体各尽其能、各谋所需的衍射性社区演变，衍射的结果就体现为真实社区中的众多"不同体"：既包括科层制属性的政府部门、街居部门，也有商业力量（比如开发商、物业服务企业，及律师、维修、保险、保洁、保安等提供专业服务的第三方人员），还有住房商品化后由居民化身为业主的社区主体及其组织，如业主大会、业主委员会、业主监事会等。新时代社区共同体建设的一个核心问题就在于：如何在社区平台上实现不同主体的协同合作与共生共赢。

复次，从力矩的相关原理来看，我国当前社区新兴主体中业主蕴含可观的影响潜力，不仅人数庞大（甚至以亿计），而且"恒产恒心"的自然作用使这些业主对社区善治的路径选择带有极大的"物权自主"的偏好。两个因素相加，便使得业主端在社区互动的"杠杆"中展现较大的力量。所以说，将来社区共同体建设中业主的话语权不容忽视，该趋势也构成了本研究所述民办社区建设路径的现实映射。

最后，基于分形理论提出并阐述了社区共同体建设路径的框架，其中最重要的属性体现在国家宏观治理体系的顶层设计蓝图与微观的基层社区的治理格局之间的制度相似性。反过来说，社区共同体建设路径的选择表面看虽有一定自由度，实则受基本制度环境、社会条件和民情状况的深刻规范，这就导致社区建设路径的"拿来"过程终归要考虑与我国基本制度环境的兼容度与调适能力，套用生物学话语，即"路径选择，适者方用"。无论何种路径都会受到制度环境与民情土壤的检验，也就是适合宏观制度环境与社情民意的社区建设路径才会被选择。为此，本研究将分形理论引入社区建设领域，旨在强调微观图式的放大会得出一个类似的整体图像，正像基因虽小却凝结生命体的完整信息一样，社区层面纷繁复杂的众多微小事务也可理解为整体治理的全息投影。于是，可假设在政府职能转变背景下，社区共同体建设路径选择一方面要强化党建引领作用和政府的掌舵作用，另一方面也要放开怀抱、兼收并蓄，特别是要吸纳市场力量和社会力量，尊重它们的制度创新与划桨作用。同时，基于个体行为选择的民情也与国家治理体系的宏观规范一起成为影响基层社区共同体建设路径选择的关键因素。特别是，历史维度上的路径依赖力量也可能如同谢尔宾斯基三角的意蕴那样，让基层社区共同体的建设路径嵌套在政府对社会管理职能的界定当中。

这样，我国当前社区共同体建设路径就渐渐浮现出"公办"与"民办"两种路径。这两种路径，即为街居制领衔的公办社区建设路径与业主组织等社会力量倡导的民办社区建设路径。这两种路径犹如DNA的"双螺旋"一样，共同支撑起现代社区共同体的战略定位，在社区层面履行"政府、社会、市场"的职能，即社会能做的交给社会、市场能做的交给市场，政府只做好应做、善做的事情，其结果使政府职能还归

"正位"，也就是政府职能转变背景下，社会力量与市场力量以及民间自发力量将在社区共同体建设中发挥更大的作用。

二 文献研究厘清社区内涵

已有的研究给我们提供了"巨人肩膀"，同时也让我们发现一些问题，最突出的一个问题即社区建设的众多话语表达目前并不完全处于"同一频道"，由此带来社区基本内涵的界定问题。一般来说，只有内涵清晰，目标才能确定；只有目标确定，路径方可选择。几何学告诉我们两点确定一条直线，同理，社区共同体建设路径的选择势必也需要确定建设的终点与起点。然而，我们发现恰恰是关于这两点，人们的理解多有不同，比如就社区内涵而言，有的学者从地域理解，有的从社会互动理解，有的从经济商业理解，有的从政治控制理解，还有的从网络虚拟空间、虚拟社区理解，不一而足，某种程度上给人"各说各话"的印象。这便导致在"社区"名号下潜藏着极大的张力与十分复杂多样的内隐知识，从而对社区建设路径的问题也是见仁见智。比如，当有观点强调让社区更趋向科层制运作模式时，另有一些人却在构想社区"去行政化"与"自主治理"的愿景。所以说，尽管通常默认社区的内涵与目标都已给定，似乎可直接进入"如何建设"的层面，但在"社区共同体"旗下仍存太多张力。

该状况实际上给社区建设的路径选择带来挑战。毕竟终点的不确定自然会使通往终点的路径显得含糊。譬如，倘若认为社区建设是街居部门的行政工作，那么社区共同体建设的路径自然要突出官僚制的属性；但如果认为社区共同体建设就是要突出业主自主地位，则尊重产权、物业主权、合同关系等市场与法治属性就会被特别强调；当然，还有古典意义上将社区视为温情港湾或"记住的乡愁"，那还需考虑更多的社会性因素。于是，本研究认为对社区的理解影响社区建设目标的设定，进而影响路径选择的规范。现实中认知不同、目标各异，路径建议就因此各有侧重，总体上看呈现"趋稳"与"趋利"两种倾向。无论何种路径，都应该在社区共同体平台下突出"趋同性"，也就是吸纳和包容尽可能多的行动主体，使它们"各尽其能、求同存异"。

三 通过实地调查、访谈、问卷等基础工作为研究社区提供资料

本研究发现，社区共同体建设中"不同体"的现象比较突出。对于不同主体的"分野"，非但不能以"共同体"的托词有意抹去，反而应尊重。所谓"定分而后止争"，即强调通过尊重不同主体各自身份与诉求，实现利益协调，获得最大公约数。这样才能在"不同"的基础上实现"共同"，在"变奏"的情况下达致和谐。这种对立统一的关系就像"五脏调和"一样，社区多元主体只有明确彼此间的共生关系，才能筑牢社区共同体建设的基础。譬如，离开业主消费者支持的物业服务企业只能走向衰落，所以多地兴起的物业纠纷其实是违背了这一基本常理。同理，街居制领衔的公办社区同样离不开"民需民愿民欲"的支撑。所以说，只有不同体之间的"通过照顾对方利益来维护自己的利益"，才是构建社区共同体建设的关键路径。这既是斯密经济学的启示，也来自我国《道德经》体现的"以其无私，故成其私"的古训，为我国现代社区共同体建设提供了洞见。依此，党政部门、街居部门等行政力量，开发商、物业服务企业及专业第三方部门等市场与社会力量，都在围绕社区群众的需求满足上改进服务供给的质量与效果，才能切实贯彻"民之所望，社区共同体建设之所向"的方针。

由此可见，关于社区共同体建设的路径选择问题应特别注意如下几个方面。（1）对于社区共同体建设的主体责任归属问题，应明确责权利，激发参与意识，以便让"一盘散沙"的材料升华为社区共同体构建的"水泥混凝土"。（2）路径虽多样，但内在逻辑却应一以贯之。基层社区建设路径的操作安排，必须跟宏观的治理体系的思路相契合，必须维护、增强党的领导，而不是相反。（3）"巧妇难为无米之炊"，社区共同体建设离不开必要的经济基础。所有的制度设计与路径选择都必须充分认识这一点，优先抓住社区可持续建设的物质资源和经济基础，做好必要的因势利导工作。（4）社区共同体建设路径选择不是真空中的选择，而必须结合历史、时代、基本国情与社情民情，这里一方面要强调顶层设计对基层选择的决定性；另一方面也要注意历史的视角给我们的社区治理路径带来的一些启示，尤其是在基层管理的沿革属性及制度惯性方面。

就新时代社区共同体建设而言，政府被期待更多地从"划桨"者转

为服务者，从自然逻辑与尊重社区群众首创精神出发，鼓励社会力量与市场力量发挥更多作用，由此收到事半功倍的效果。当然，从表面看这是政府的"自我革命"，但实际上随着政府职能从整体型转向有限型，一方面盘活了社区的活力，会给社会和市场力量更多活动空间；另一方面也如物理学中受力面积变小压强却增大一般，随着政府职能主动缩小到自己的"正位"，政府的归政府、社会的归社会、市场的归市场，政府的职能效果反而会增强，政府可以"四两拨千斤"，通过合适的制度设计与路径选择，引领基层社区逐次构建起利益共同体、制度共同体、文化共同体、精神共同体，乃至情感共同体，实现人们在基层社区的美好生活愿景，也由此夯实国家治理体系现代化的基础。至于具体路径选择的问题将最终取决于国家对社区的定位和民众对美好生活的追求，这里面既包括社会管理的趋稳性逻辑，也包括物权自主的趋利性逻辑，同时我国历史上基层管理的制度惯性以及社会中的主流民情也将成为社区共同体建设路径的关键变量。本研究认为，社区共同体建设路径将是包括公办路径与民办路径的连续"光谱"，理想的不是选择其中的某一种"色彩"，而是根据实际需要而加以权变性选用，所以，社区共同体建设的路径整体上也应是多"彩"的，但万变不离其宗，终归是为了国家基本秩序的稳定与民生福祉的改善。因而街居制的公办社区路径与社区业主组织领衔的民办路径的综合，也会在基层社区层面造成公私合作关系（PPP），其中三个方面的因素将起关键作用。（1）党建引领作为圆心。（2）对市场力量与社会力量的充分吸纳作为半径。（3）依靠"看得见的手"来推动"公办"社区建设，实现基层秩序的稳定性；依靠"看不见的手"来推动"民办"社区的建设，最终画出社区共同体建设走向善治的圆融路径。

目 录

导 论 ·· 1
　第一节　研究背景与意义 ··· 1
　第二节　研究问题与任务 ··· 5
　第三节　研究方法与结构 ··· 9

第一章　文献综述 ·· 16
　第一节　社区共同体的基本研究 ······································ 17
　第二节　社区共同体建设模式回顾 ··································· 28
　第三节　社区秩序的理论考察 ··· 43
　第四节　对社区建设路径的"拿来与送来"两分法 ············· 70

第二章　社区共同体建设的理论研究 ······································ 71
　第一节　社区共同体建设的目标管理视角 ························ 71
　第二节　中国社区共同体建设的目标内涵 ························ 89
　第三节　社区共同体建设的社会物理学视角 ····················· 91
　第四节　社区共同体建设的分形理论框架 ······················ 102

第三章　社区中的"不同体"分析 ·· 107
　第一节　社区中的政府职能体现 ···································· 107
　第二节　社区治理中街居体系的行政职能 ······················ 115
　第三节　社区治理中市场力量的职能 ····························· 128
　第四节　社区治理结构中业主的角色和职能 ··················· 134

第四章　现代社区共同体的"区隔化"倾向 …… 146

第一节　导致社区"区隔化"的因素 …… 146

第二节　社区包容性与排他性的辩证关系 …… 147

第三节　社区共同体面对的约束 …… 148

第四节　社区共同体的民情因素 …… 149

第五章　中国社区管理的历史惯性 …… 153

第一节　中国古代基层社会管理的两套秩序 …… 153

第二节　中国的现代社区政策回顾 …… 156

第三节　基层社会管理历史经验对社区建设的影响 …… 164

第六章　构建社区共同体的"公办"路径 …… 166

第一节　社区资源的"公办"属性 …… 166

第二节　"公办"社区服务供给端的实地调查 …… 168

第三节　"公办"社区服务接收端的实地调查 …… 173

第七章　构建社区共同体的"民办"路径 …… 186

第一节　江苏省盐城市浦江名苑的业主自管路径 …… 187

第二节　其他地区业主自管的典型经验 …… 200

第三节　业主自治的"民办"路径的意蕴 …… 210

第八章　社区共同体建设的实证调查 …… 213

第一节　社区公共服务调查 …… 213

第二节　社区共同体建设机制调查 …… 226

第九章　中国社区共同体建设的基本逻辑与路径选择 …… 238

第一节　中国社区共同体建设的基本逻辑 …… 238

第二节　社区共同体建设的路径选择 …………………… 243

结束语　社区共同体建设何以圆融 …………………………… 245

参考文献 ……………………………………………………………… 248

附　录 ………………………………………………………………… 266

后　记 ………………………………………………………………… 281

导　论

第一节　研究背景与意义

社区共同体建设在国家治理体系中具有重要的基础性地位。《中共中央 国务院关于加强和完善城乡社区治理的意见》也具体描述了社区治理承载的"牵一发动全身"的性质，即既需在经济、政治、文化、社会、生态等多方面统筹安排，也需政府部门、社区组织、居民及驻区单位、企业、非营利组织、志愿者等多元主体协调配合、有序互动。可以说，社区共同体建设既是居民安居、业主乐业的需要，也是国家治理体系现代化的基本内容，具有重大的理论意义与实践意义。习近平总书记也一直重视社区治理，单在 2020 年前半年就在全国多地视察社区，包括北京市安华里社区（2020 年 2 月）、湖北省东湖新城社区（2020 年 3 月）、陕西省锦屏社区（2020 年 4 月）、宁夏回族自治区金花园社区（2020 年 6 月），及吉林省长山花园社区（2020 年 7 月）等。

我国社区扮演多重角色。它既是国家治理的末端，又是公民生活的场域。同时，很多社区本身作为房地产改革、住房商品化的产物，也具有浓厚的商业属性，无论是前期的房产交易还是随后的物业服务交易，都让社区本身成为重要的交易场所；更不用说电商、物流业的发展也在让原来"温情脉脉"的社区变为一个个"购物中心"，比如人们在社区下单、快递员将货物送达社区。此外还有众多第三方服务机构利用社区发现商机、挖掘利润，特别是社区公共资源也可产生商用收益，比如社区停车场、电梯空间、可租赁的场地等。所以说今天的社区，集行政性、社会性、商业性于一体，是政府与社会的界面，也是各种问题交汇的关口。无论从哪个角度看，社区在我国现代社会中都具有脏腑地位，[①] 以

[①] 严振书：《转型期中国社区建设的历程、成就与趋向》，《成都行政学院学报》2010 年第 2 期，第 64~69 页。

至于被看作"观察社会变迁的最佳视角"①,成为"国家与社会关系的重点"②,对于政府职能转变、新型城镇化建设、满足人民美好生活向往等都影响深远。因而,如何改进社区治理成效,在新时代构建好社区共同体是个重大的时代课题。

数据显示,城乡社区工作者人数已超400万名;③ 且国家对社区建设的财政投入也绝不吝惜,这从侧面反映出基层社区在我国国家治理中突出的战略意义。通过民政福利、社区服务、政府慈善等工作方法,政府委托街居体系采用科层制方式按部就班将社区政策予以贯彻,在解决"民需民难"问题中营造出良好的党群关系。广大街居体系中的工作人员以社区共同体建设为依托,为国家长治久安做着关键的筑基工作。民政部前部长黄树贤指出:"社区稳,国家才会稳,社区治理时时处处要贯彻党的宗旨,营造共建共治共享的社区治理格局,实现政府治理和社会调节、居民自治良性互动,最终要夯实党执政的组织基础"。④ 古人说"郡县治而天下安",现在何尝不是"社区稳而国家宁"呢?这便是社区建设价值的秩序维度。

当然,秩序之外,活力也是社区建设可欲的价值。如果说党和政府为社区秩序起着稳定作用,那么活力的格局则需市场与社会力量发挥所长来建设。党的十八届三中全会提出限定政府职能的"权力清单",要求政府部门对各自行使的公共权力进行细致梳理,依法界定自身的职责权限,从而确保市场能做的交给市场、社会能做的交给社会。⑤ 那么,政府在社区层面的职能究竟如何定位?如何体现从整体型政府走向"有限政府"?如何厘清政府与市场及社会的分野、将政府对社区"原有的

---

① 刘继同:《国家话语与社区实践:中国城市社区建设目标解读》,《社会科学研究》2003年第3期,第104~109页。
② 左芙蓉、刘继同:《中国社区生活结构战略转型与现代社区福利制度框架建设》,《学习与实践》2013年第3期,第82~92页。
③ 《小小社区,为何牵动总书记的心?》,光明网,https://politics.gmw.cn/2020-07/24/content_34026351.htm,最后访问日期:2021年5月1日。
④ 黄树贤:《奋力开创新时代城乡社区治理新局面——学习贯彻习近平总书记关于城乡社区治理的重要论述》,《中国民政》2018年第15期,第6~8页。
⑤ 新华网:《用壮士断腕的决心转变政府职能》,http://news.xinhuanet.com/2013lh/2013-03/17/c_115053934.htm,最后访问日期:2020年6月3日。

管理职能交由社会化、市场化组织来承担"①？或者说，我们是否已经"划分了政府与非政府组织的权力界限"②？——这些问题在政府职能转变背景下就是讨论社区中政府职能如何从"越位点"退出，并转移给其他经济与社会主体来承接，其着眼点无非是确保社区建设能永葆活力。正如习近平总书记所说："社会治理是一门科学，管得太死，一潭死水不行；管得太松，波涛汹涌也不行。要讲究辩证法，处理好活力和秩序的关系"。③ 应该说，从前单位大院的基层管理样态下，社区建设问题被归入单位制框架下，单中心秩序突出；随着"单位办社区"模式的改革，社区在走向多中心秩序，需要面对众多"不同体"，出现了由里格斯所谓的"棱柱型"样态向"衍射型"样态的过渡，从而让多主体、多中心、多维度、多秩序成为一种趋向。这牵涉到政府部门、街居部门、业主组织、第三方组织、驻区单位、个体居民等多角色，这在广义上有必要协调集体行动，由此实现社区共同体的有效建设。

但现实条件下如何确保"不同体"寻找到"最大公约数"，从而联合起来走向"一体化"、构建"社区共同体"？奥尔森、纳什等学者曾论证过集体行动的困境与多方协调合作的内在困难，理论上也就意味着我们在多元行动主体下建设社区共同体的计划，注定会是一件"道阻且长"的工程。某种程度上说，合作协调之难就难在各行其是，为此亨廷顿曾提出"宁可有秩序而无自由"的主张，④ 大概意思是说甚至一个不完美的秩序都要比"失序"较优与可取。

我国有自身独特的制度优势，国家基于严密的科层体制，自上而下地进行动员，通过街居制确保基层实现协同，这可以视为社区共同体建设的"公办路径"。《民政部关于加强全国社区管理和服务创新实验区工作的意见》就明确提出，要通过"社区、社团、社工"的"三社联动"，

---

① 廖敏：《管理职能视角下社区服务项目的运行机制研究》，《企业家天地》2014 年第 6 期，第 80~81 页。
② 陈思、曹敏：《西安市社区服务中非政府组织发展问题探讨——以西安市碑林区为实例》，《宝鸡文理学院学报》（社会科学版）2014 年第 3 期，第 115~117 页。
③ 中共中央党史和文献研究院编《习近平关于总体国家安全观论述摘编》，中央文献出版社，2018，第 134 页。
④〔美〕塞缪尔·亨廷顿：《变革社会中的政治秩序》，李盛平、杨玉生等译，华夏出版社，1988，第 2 页。

建立"以社区为平台、社会组织为载体、专业社会工作人才队伍为支撑的运行机制"。这种方便社区各主体"多元参与"和共建共治共享的思路，可以说就体现了这一路径逻辑。实践上，全国多地都在这方面积极探索，有的提出要在大党建统领下做到自治、法治、德治的"三治联动"，有的强调共建、共治、共享"三共联动"等，不一而足，其核心要素都强调在党组织周围构筑起多方联动的工作机制，而社区共同体建设的核心便在于"党建共同体"的强化。

除了基于社会管理秩序的公办社区建设路径外，社区共同体建设也顺应了新时代人们对美好生活的向往。当前我国社区的大量群众正从过去"居民"身份悄然演化为现代"业主"身份，于是在社区层面"民之所望"的具体内容就随着身份微调而发生变化。由于行政管理的关键在于"对公众舆论做出敏锐反应"[①]，那随着社区群众身份及他们所思所望的变化，社区共同体建设的目标也就随之变迁，需要在不同利益关系甚至矛盾中促成协调，在坚持原则又尊重群众首创精神的基础上构建起理想的社区共同体，为此就特别需要在街居体系之外，引导民办性的社区共同体建设之路。

综合起来看，社区共同体建设还存在理想与现实的距离。从理想看，党建引领的格局稳固而有凝聚力，不仅街居部门职能到位、政府职能部门能做好引导工作，而且有社会力量发挥作用，有市场做好资源配置，还有普通公众积极有序培育科尔曼意义上的社会资本（social capital）；同时，社区的驻区单位也能在认同社区的基础上对社区治理事业予以协同。在这样的图景中，政府只需要将基层管理的"划桨"职能有效转变，让市场和社会力量获得自主行动的激励，就有望收到社区治理的良好效果，从而事半功倍地营造出现代意义上的社区共同体。然而，在操作层面，社区共同体在政府职能转变的背景下究竟怎样运作、运作效果如何？还有，那种适应于过去时代的基层社区管理经验与制度，是否也适用于今天？有没有可能落入某种"刻舟求剑"式的陷阱？特别是，1954年兴起的街居制在2020年的新冠肺炎疫情期间"立下大功"[②]，那

---

① 〔美〕杰伊·M. 沙夫里茨、艾伯特·C. 海德、桑德拉·J. 帕克斯编《公共行政学经典》第5版，中国人民大学出版社，2010，第24~37页。
② 伊尘：《严守"微战场"答好"大考题"》，央广网，2020-03-13，http://news.cnr.cn/native/gd/20200313/t20200313_525015622.shtml，最后访问日期：2020年3月21日。

原本作为单位制补充的街居制在今天又将如何发挥社区建设的作用呢？而将来没有疫情时社区功能将如何体现？

这些问题听似简单，笔者实际调查中却发现很多受访者反而说不清楚，他们既昧于社区的确切职能，又对社区业务表现出冷淡态度，甚至连一位专职社区工作者都表示："如果我不是在社区工作，我也不会关注社区事务。"① 实地观察中笔者发现很多居民，并不像理想的那样积极参与社区事务，而是在与自己无直接经济利益关系时选择对社区事务不闻不问，满足于"躲进小楼成一统"的状态，被有的学者称为"参与冷漠症"②。在这种民情土壤上，现实中的社区治理体系更显得离不开公办社区的科层制推动，也就是由上级部门发红头文件，而后由社区居委会、基层工作人员来落实，因此科层的衙门作风充斥基层，一定程度上淡化了群众自主治理的法律定位。针对种种现实中的社区问题，社区多元的行动主体究竟需要怎样的机制才能真正协同起来，让公办社区与民办社区相向而行，实现多元共建共治共享，将是本研究的着眼点。

第二节 研究问题与任务

（一）研究问题

理论上讲，社区行动主体是多元的，社区事务的处理自然需要多主体作出公共选择。实际来看，社区建设的目标及途径也都不是单方决定的，而当前社区治理最大的问题就是何种主体承担何种职能才能实现共同选择的社区建设目标。而在多元共建的格局下这势必会涉及不同诉求相互融合并形成秩序的一个过程和机制。譬如，政府背景下的街居体系有自己的目标，社区组织的自发秩序也有自己的目标，普通的个体民众更是各有所望，那么社区共同体建设究竟以何种"所望"来作为"施政所向"呢？从行政生态学看，由部分逐渐融合为共同体的过程就像是从分子、细胞到组织器官再到有机体，进而从个体扩展到家庭及更大集体

---

① 笔者调查所得。
② 北京市西城区民政局编《西城区社区工作者手册》，北京出版社，2018，第155页。

的过程。在这个衍射链条当中，社区共同体营造到底居于何位？要通过何种机制，将那些分散的行动主体、利益主体统筹到何种平台？从本研究的总问题——探讨我国基层社区共同体建设的路径选择——出发，我们要重点考察的就是政府职能转变背景下社区层面多元行动主体的互动关系，具体问题包括：在全面深化改革、政府职能转变的大背景下，社区的职能将受到何种影响？在国家对社区的期许与社区实然的表现之间存在哪些匹配和/或不匹配之处？社区共同体建设的路径选择呈现何种逻辑？如何改进社区共同体建设的效果，以便为社会稳定、民生幸福、国家治理体系现代化乃至中国梦的实现增添助力？

（二）研究思路与任务

首先，明确社区共同体建设的内涵与目标。毕竟，目标设定将直接影响路径选择。鉴于现实中社区的理解常显含混，有必要在应用研究之前适当增加一定的理论分析。其次，着眼于社区共同体建设现状的实际考察，试图找出现实与目标间的差距。在这方面，实地调查、参与式观察、个案剖析等方法都适用于描述真实社区在做什么以及如何做，同时也便于阐述社区为什么是我们观察到的样子。最后，将规范性目标和实证性现状之间作比较，找出问题并加以分析，以诊断出问题成因，并依据有关理论（比如里格斯的行政生态理论、毛寿龙的秩序维度理论、张康之的共生共在理论，最重要的是本研究根据社会物理学研究范式开发出的分形理论框架等），总结社区共同体建设的路径选择逻辑，由此提出改进社区建设的对策建议。概言之，本课题研究任务如图 0-1 所示。

其中，文献研究工作重在厘清人们对社区的模糊认识，由此界定新时代社区共同体的内涵，其建设目标至少要包含三个标准：第一，符合国情和民情；第二，能够有效承接政府转移来的职能；第三，方便维护社区多元主体共建共治共享的秩序。同时，要归纳和评述社区建设的种种观点和理论，从而探索有价值的社区共同体建设路径。理论工具则主要是利用行政生态学和社会物理学（特别是分形理论）开发一个分析框架，用来指导研究的方向，进而通过实证研究对该框架予以支撑，这体现出理论与实践相结合的原则。

社区研究，虽着眼于基层，却须注重系统思维。作为国家治理体系

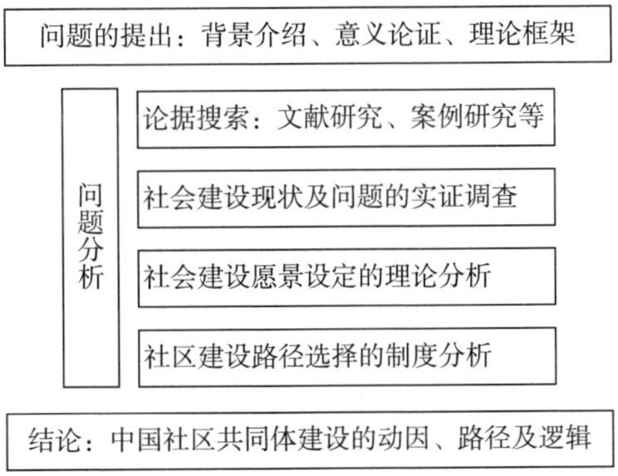

```
┌─────────────────────────────────────────────────┐
│ 问题的提出：背景介绍、意义论证、理论框架       │
└─────────────────────────────────────────────────┘
         ┌──────────────────────────────────┐
         │ 论据搜索：文献研究、案例研究等   │
   问题  ├──────────────────────────────────┤
   分析  │ 社会建设现状及问题的实证调查     │
         ├──────────────────────────────────┤
         │ 社会建设愿景设定的理论分析       │
         ├──────────────────────────────────┤
         │ 社区建设路径选择的制度分析       │
         └──────────────────────────────────┘
┌─────────────────────────────────────────────────┐
│ 结论：中国社区共同体建设的动因、路径及逻辑     │
└─────────────────────────────────────────────────┘
```

图 0-1 课题研究的基本思路

建设的基础与微观局部，社区共同体建设只有放在全局与历史的整体视野下才能让观察与分析更有针对性，才能让我们了解社区问题的定位与来龙去脉。特别是本研究借助于分形理论来把握基层治理的制度自相似性（Self-similarity），由此揭示该领域里某种路径依赖或"古今前后一也"①的现象的原因，从而在纷繁变化之下抓住某种不变的本质。政府职能设置与基层社区建设也息息相关。无论古代对基层社会管理的保甲制度，还是新中国成立后的单位制、街居制、社区制，其脉络似乎呈现一定的制度惯性，基层治理的两条线索往往交织而行：一方面基层民众自主治理传统由来已久；另一方面政府施以严格管理的倾向也一以贯之。尽管时代在发展、技术在更新，但制度本身却有着自身存在的韧性或相沿成习的惯性，在我国存在多年的基层社会管理办法自然也有适合国情、民情的长处及适应基层生态的制度理性。

至于政府职能转变背景下社区共同体建设的新动向问题，我们认为，新时代经济社会条件较之过去已大有不同，从行政生态学角度看，政府职能也恪守"适者生存"的逻辑，不断地力求适应变化的民情民意与社会要求，通过民情取向来调整自己的职能领域。这就意味着民情质量也将构成社区建设路径选择的关键变量，当社会（包括作为基层社会的社区）样态发生变化时，政府职能必须作出一定转变；反过来说，政府职能转变也客观上要求基层社区作出相应的配合，从而在上下配合中实现

---

① 《吕氏春秋》，任明、昌明译注，山西古籍出版社，1999，第79页。

社会的有序发展、良性演进。此外,对转变出去的职能,是完全舍弃,还是由某些组织来承接?一般认为要通过市场和社会力量来构建一个多元共治的格局,从而使得职能的转移有一个腾挪的空间。于是有下面关于社区不同力量互动的思路,如图 0 - 2 所示。

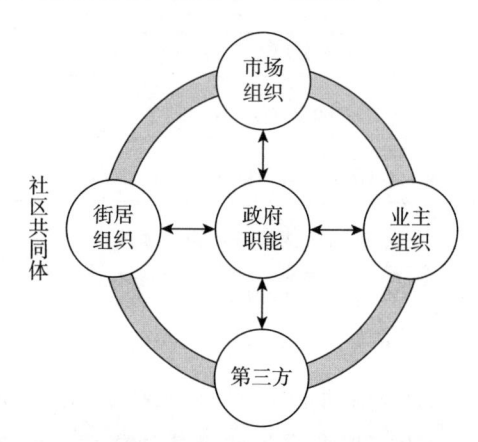

图 0 - 2　政府职能转变背景下与社区共同体建设的路径选择相关的主要力量

据里格斯的逻辑,人类社会形态正在从融合型走向棱柱型,进而发展到衍射型社会形态,与此相应,作为社会缩影的社区,势必也将包含相似的变迁趋势,即从传统的社区走向混合多种管理机制的社区,再发展到职能严格分化的社区。制度主义视域下,个人、民情因素都将是社区建设路径的影响因素,而人性、社会资本所铸造的民情质量,将直接决定社区集体行动的实效,进而决定社区建设模式与路径的多元性。古德诺指出:"治理样态从根本上受制于民情质量。"① 可以说,政府职能边界的界定是社会力量自我治理能力的函数,尤其是,在当前人口结构出现变化的情况下,在交通、通信技术出现革命性发展的情况下,社区管理面临着诸多不确定性因素,对此社区只能与时俱进,在传统实体化发展之外,更要开发网格化、信息化等新型治理模式。

综上所述,研究总思路可简化为图 0 - 3 所示的思路。

---

① Frank J. Goodnow, *Politics and Administration* (New York: Macmillan Company, 1900), P. 7.

```
[提出社区共同体建  →  [内涵、目标、路径的多元性  →  [社区共同体建设的历史定位
 设的问题]             （文献研究、理论研究）]       （现状调查、历史比较）]
                                                                    ↓
         [结论：新时代我国  ←  [新形势下社区共同体
          社区建设的路径选择]     建设的时代诉求（案
                                 例研究、实地调查）]
```

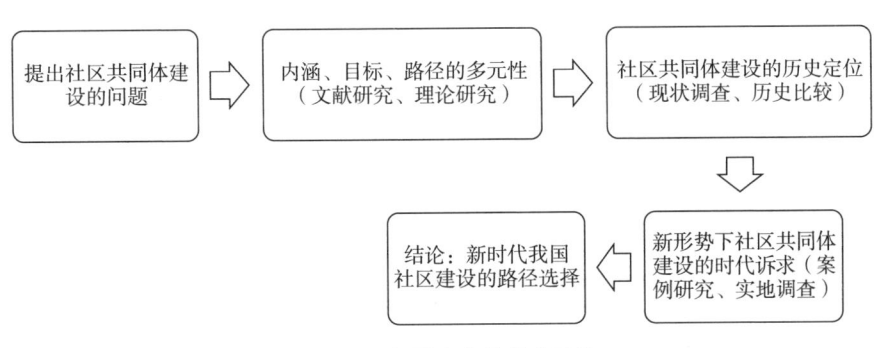

图 0-3 课题研究的基本思路

第三节 研究方法与结构

（一）研究方法

研究意味着要对现象作理智考察与分类，再通过实证检验假说。因此，本研究将主要采用质性研究的工具方法，从大量的材料中总结出一定的观点理论，再通过实际材料予以论证。众所周知，质性研究一般认为是用研究者本人作为研究工具，在自然情境下，采用访谈、观察、实物分析等多种方法，对研究现象进行深入的、整体的探究，由此获得原始资料，进而将其加工成一定的理论。在这个过程中，研究者需要与研究对象进行必要的互动，对其行为和意义建构获得解释性理解。本课题具体的质性研究方法包括了文献研究、问卷调查、实地调查、参与式观察、焦点访问，以及历史和国际比较研究等。在操作上，按政策分析典型范式，研究者应在广泛搜集信息和资料的基础上，首先阐释决策目标，然后寻找备选方案，再预测方案效果、建立模型并对方案作出评估，最终为决策选择出最佳行动方案。① 由此，本研究将首先广泛搜集与社区共同体有关的图书、论文、政策文件等社区治理文献，对其加以阅读、分析、整理，进而厘清社区共同体的内涵、要素、历史沿革、建设目标、属性变化，最后落脚到新时代社区共同体建设的本质问题。其次，作问卷调查，本着了解社区建设现状和基本面问题的目的，设计问卷，了解

---

① 丁煌：《西方行政学说史》，武汉大学出版社，2015，第 92、311 页。

我国社区治理的现状与问题；同时另外设计问卷与访谈提纲对街道居委会的工作人员进行调查。此外，针对基层社区进行实地调查和体验式观察，为案例研究打好基础。笔者先后在天津市滨海新区尚德园，北京市朝阳区和平家园、东城区革新西里、房山区田家园等作过大量田野调查。机缘巧合，笔者结识了政府机关中的某些工作人员，借助于他们的工作关系，还有机会到北京市西城区多个街道作过调查。笔者还走访了一些标杆性单位，比如天津市业主委员会联合会、江苏省盐城市大丰区浦江名苑小区等。与此同时，笔者利用学术会议机会还结识到全国各地社区业主代表，并受邀进入当地的业主自治群，为本研究选取的东西南北中五个社区业主自治案例提供了调研便利。笔者研究中还注意参加一些社区治理的听证会乃至物业纠纷的法庭审理现场等。笔者找各种机会与社区工作人员及群众进行访谈，对深刻理解当前社区问题与民情助益良多。有人说："探索中使用最多的工具可以说是我的双脚"，① 很有道理。为把握真实的社区共同体问题，笔者在社区中作的浸泡式的体验和研究，创造了更多机会去与社区中的工作人员和居民进行交流。尽管有许多街居工作者顾虑到"没有接到通知或无红头文件"，不愿意接受笔者的访谈，但他（她）们通常也都会建设性地提供其他渠道让笔者了解到所需要的信息。就这样，笔者凭着把自身作为研究工具，真切地感知和把握当前我国社区共同体建设中的脉动。

此外，研究中笔者特别注意运用互联网来搜集材料。笔者通过潜水各地社区业主群，让研究足不出户即可第一时间斩获大量宝贵的一手资料，了解到社区民情。笔者曾参加社区领域的几次全国性会议，包括主场会议和外地参会两类，通过众多的学术和行业会议，不仅跟进学科和实践的前沿信息，而且能够以此为契机融入全国社区治理的圈子。研究组在天津科技大学召开过全国社区治理研讨会，后来又参加过北京市昌平区、海淀区的两场会议，以及河南省郑州市、浙江省杭州市与宁波市等地多场会议。收获如前所述，不仅收获学术思想，且还能结识更多的人，为后期调研铺筑道路。特别是，由于现代社交媒体的普及，在会议中认识的人都可以通过微信、电子邮箱等方式继续进行常态化的交流，

---

① 傅兴春：《化学学科思想》，福建教育出版社，2017，第105页。

无疑方便了调研工作。比如,国内有影响力的一些社区基层事务微信群,笔者通过各种渠道有幸加入,从而能够获得鲜活的动态信息。比如,通过参加一些专业会议结识社区治理方面的人士,同时还能受邀进入全国多个社区治理话题的微信群,包括中国社区治理学术讨论群、中国业主沙龙、物业群英会、业主们、业主自治实务、家和顺、郑州年会专家群、2019 和谐社区年会群、湖湘社等,每天光是阅读微信群里的信息就让笔者有点应接不暇,但这成为本次调查研究的一个主要信息源,实现了让研究从"人寻找数据"到"数据自动寻找人"的跃迁。总之,通过"潜水"全国各地的社区治理的微信群,利用这种"田野调查"获得的大量视频、音频、法律法规和政府文件、社区治理文件等,都是可贵的研究文献。与此同时,笔者跟很多业界优秀人士成为微信好友,可随时与他们沟通访谈,大大方便了调查的工作。

还要提及的是,研究中笔者注重借用自然科学的思维。自从孔德提出社会科学研究同样可以借鉴自然科学的思维和办法以来,利用自然科学知识就成为一种情结。有人提出社会问题,包括冲突和激情等情绪,也都适合用机械论办法来解决,这也就暗示可以用牛顿力学原理来理解社会现象①;甚至行政学家沃尔多也承认"科学知识应该与科学方法相联系,特别是与物理科学的方法和研究成果相联系,否则,那些不符合这个模式的东西,将被贬为二流的知识或者是非知识"②。同时要说明,社区建设路径研究似乎已经预设了规范性目标,然而这个目标并非真的明确,于是本研究会牵涉到一些规范研究。

综上所述,本研究作为应用性研究,主要是在实证性研究基础上,融入一定的规范性指导,通过实地调查、参与式观察、访谈及查阅文献资料等调查方法获取客观材料,再根据调查结果对社区建设路径进行描述,进而归纳出理性认知。这些认知经过实践检测,为我国社区共同体建设的事业提供政策建议。在探索社区共同体建设路径的研究中,本书也将沿用邓恩的综合性分析路径,一方面考察过去我国社区建设的实践经验,分析社区和基层社会治理政策形成的环境,探究这些政策形成的

---

① R. H. Wiebe, *The Search for Order* (New York: Hill & Wang, 1976), pp. 145–163.
② 丁煌:《西方行政学说史》,武汉大学出版社,2015,第 264 页。

原因或决定性因素,由果溯因地挖掘社区发展的内在规律;另一方面基于现实诉求的考虑,探索未来可取之途径,基于经验理性来提出合适的社区共同体建构方案,利用社区发展的内在规律对方案予以指引和保障。这两个方面的努力将构成一个从归纳到演绎的回路,笔者特别注意三个方面:第一,着眼于未来社区共同体建设的路径选择;第二,抱着历史唯物主义的态度,不忘前事地归纳出一般的社区发展逻辑,作为借鉴;第三,关注国内社区治理现状。总之在调查的基础上,提炼存在的现实问题,进而寻找可操作的解决方案。本研究总体上呈现出"提出问题、分析问题、解决问题"的逻辑(见图0-4)。

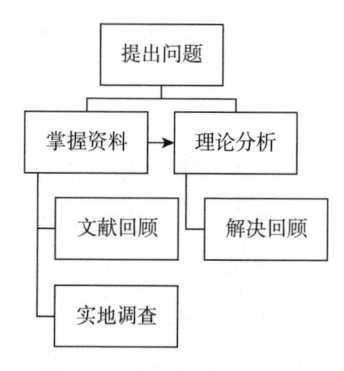

图 0-4 研究的基本线路

最后再介绍一下本研究的具体操作。本研究尽量让社区研究的科学性体现在用理性方法去整理感性材料,包括归纳、分析、比较、观察等方面。笔者对搜集来的资料作大量思考、消化、分析与综合,最终得出社区共同体建设基本规律,具体方法如表0-1:

表 0-1 研究方法一览

研究方法	研究目的(或要捕捉的信息)
文献研究	了解研究现状,把握趋势
参与式观察	居民对社区及相关公共问题的理解、感知和认识"真实世界"意义下的社区共同体观及其动态变化
问卷调查(两次)	了解社区共同体的基本面问题,以及社区基本公共服务现状
微信调查	把握全国多地的社区事务动态
历史比较	古为今用,前事不忘后事之师

续表

研究方法	研究目的（或要捕捉的信息）
实地调查	社区共同体建设的模式与成效
案例研究	社区共同体建设的微观机制

（二）本书结构

本书含以下部分。导论交代了课题研究的背景、意义、问题、任务与方法等基本信息。第一章为文献研究，回顾了共同体、社区共同体，及社区共同体建设模式的主要理论观点，特别是对社区共同体建设的不同侧面作了梳理和评述；同时就相关的秩序维度理论、共生共在理论及多元共生理论作了专题介绍，为后面的理论研究打下基础。本研究认为这些现有理论虽很有价值，但在明确解决本课题任务方面的针对性似仍不足。为此，在第二章我们开发出自己的理论分析框架，主要采用社会物理学范式，尝试用自然科学的基本方法和定理来分析社区共同体建设的现实问题。比如，在同等压力下，减少受力面积会增加压强这一定理就为转变政府职能提供了可参考的自然依据；而两点成一线的几何原理启发我们关注社区共同体建设基本的起点与终点问题，也就是说关注社区现状与社区建设的目标。在这方面本书做了详述。其实社区共同体建设的目标对路径选择存在着决定的意义。实际上，社区建设被提出来，就意味着有其建设的主体和建设的目标。社区建设目标的标准设定问题是社区建设的关键，因为只有社区建设的目标问题先解决，才能谈社区建设中的问题，也才能谈改进的路径和方法。但从文献梳理的结果看，这个基础性工作还没有很清晰的结果，因此有必要先行完成这部分理论层面的规范性研究，来减少社区共同体理解的含混性，进而使社区共同体建设的目标与路径的映射关系清晰起来。同时，从惯性定理出发，本研究认为我国历史上的基层社会管理范式势必会对当今的社区治理路径带来某种规范性，路径依赖是一种客观的力量，为此本研究指出我国社区共同体建设的一个规范性价值就是维护基层社会的稳定、为国家治理体系奠定稳固的基础。此外，里格斯利用棱柱衍射现象分析治理与环境的关系，本研究参照他的理论，认为我国社区多元主体目前也正在从棱柱走向衍射状态，表现为从原来的整体性社会模式、从单位办社会的模式，走向社区的多元互动的模式。正因为如此，才有了社区层面的共建共治共享这一时代命题。最后，从分形理论出发，本研究终点描述了两种路径，一是自上而下的公办路径，依靠制度与项目来实现建构性秩序，其价值点在于趋稳性；其二则在于自下而上的民办路径，依靠社区居民的物权驱动实现自发性秩序，其诉求点在于趋利性。在这个分析中重点介绍了分形理论，该理论是一种贯通微观与宏观、关于全息现象以及整体决定部分的特殊学说，目前在很多领域都有应用。本研究将这一理论移用到社区共同体建设路径选择的探讨当中，可得到很多有益启示，比如社区建设的基本逻辑虽体现在基层，但实际上是受国家宏观治理体系规定的。按分形理论，一个部分蕴含着整体的基因，反过来整体的图像也在微观中可以找到全息映射。宏观与微观，貌似差异很大，实则丝丝相扣。所以说，社区共同体建设的路径也就从表面的无序中可以找到一定的必然之路。

第三、四章在前面分析框架的基础上，开始着眼于社区多元主体的属性、价值和行为的分析，同时指出社区共同体建设所处的分形环境，特别关注了社区的"区隔化"或走向"社区不同体"的倾向，从而增加了研究的现实厚重感。第五章回顾基层社区治理的历史，考察传统对现代形成的分形力量，从社区管理的制度惯性来看待我国今天社区建设路径的可能选择。第六、七章则主要关注的是我国新时代社区共同体建设中两大路径和逻辑的比较与互动，即街居制领衔的公办社区建设路径与业主组织领衔的民办社区建设路径。本研究认为两条路径，将如同基因中的双螺旋一样实现融合与互补。为此，这两章综合运用了实地调查、案例研究、个人访谈等方法，对公办社区和民办社区的详细情况作了描述和论证，其中公办社区选取了北京市西城区八个街道、朝阳区和平家园、东城区革新西里两个社区作为研究对象；民办社区则选取了江苏省盐城市的浦江名苑社区、陕西省西安市的X小区、广东省深圳市的J大厦、天津市的丽娜模式以及湖南省长沙市的D大厦等业主自管的典型案例，分别给出介绍与思考。

第八章是针对社区建设、社区服务以及公办和民办路径的所设计的问卷调查的报告。

第九章是对我国社区共同体建设的基本逻辑与路径选择的归纳；而

最后的结论部分则通过一个圆规模型来描绘我国社区共同体建设圆融的内在路径，即以党建引领作为圆心，以社区吸纳融合的社会与市场元素作为半径的路径：吸纳的幅度越大，社区共同体的半径将越长；而市场与社会力量的趋利倾向或维护物权倾向则是推动半径旋转的内在力量。总之，在党政引领的趋稳性逻辑的向心力与社会市场趋利性逻辑的离心力共同作用下，社区将融合吸纳多元主体，共同画出社区共同体的圆融路径。

第一章　文献综述

社区共同体常能引起人们温馨的联想，诸如团结、和谐、包容、归属感等，仿佛社区共同体概念自带光环，兼具马斯洛需求各层次内涵。我国学术界关注社区主要是从21世纪国家正式提出社区政策开始的，近年来关注度日益攀升，从论文成果可以看出这一趋势，如图1-1。

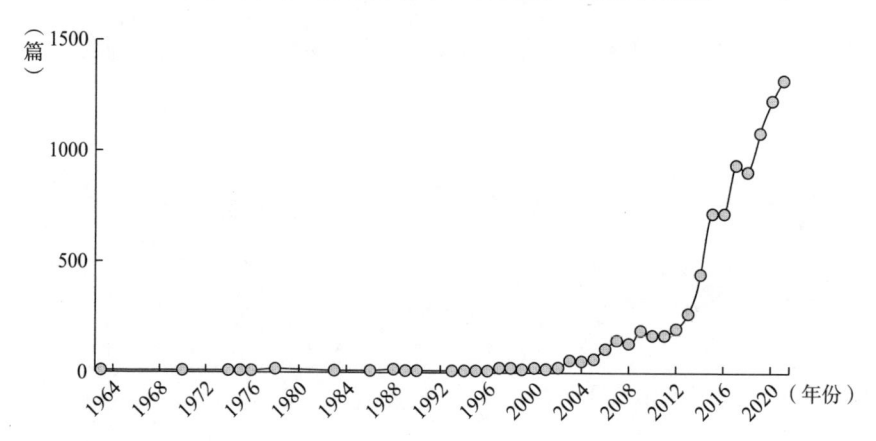

图1-1　我国社区研究的关注度变化（统计篇名带"社区治理"的论文）
数据来源：中国知网（数据更新于2021年4月28日）。

尽管研究热情有增无减，仍有不少人感觉社区概念尚未清晰，甚至只是一种"想象"的存在①。实践中社区承载的又过多，比如对居民业主而言，社区既是生活空间，是美好生活载体，又是物业资产凝结其中的空间，还是广大电商、物流、快递公司理解的极具吸引力的市场。从社会管理看，社区仍是党和政府管理职能的抓手和平台，也是一个管理梯级；② 社区的

---

① R. Dunbar, *How Many Friends Does One Person Need? ——Dunbar's Number and Other Evolutionary Quirks*（Cambridge, Massachusetts：Harvard University Press，2010），p.35.
② 中央电视台新闻频道于2021年2月6日《新闻调查》栏目中播出《多闻（社区）的2020》，其中主要受访对象——多闻社区居委会主任田霖同志——就表示自己是"这一方土地的主要的负责人"（视频网址：https://tv.cctv.com/2021/02/06/VIDEZLwPVSE-qKdAartFMfSz5210206.shtml？spm=C53156045404.PEuoXLv6mPmE.0.0，该引语在节目9分31秒左右），可见社区在人们心目中就是基层管理者。

主要角色还是基层社会管理的单元,其中,社区党委将发挥领导角色①。社区依靠社区居委会、社区服务站来贯彻政府意志与惠民措施,同时引导社区各种行动主体在社区层面"通功易事",完成各方面具体的社区服务,让各方面能力、禀赋、信息、专长、资本、资源等优势实现合作共建,最终促成社区共同体的健康秩序。② 下面就从基础文献来开启我们的正式研究。

第一节 社区共同体的基本研究

一 共同体概论

1. 共同体的类型和意蕴

顾名思义,社区共同体属共同体范畴,而共同体类型按规模可大至"国家共同体"③、"人类命运共同体",也可小至"族阈共同体"④、"宗族共同体"⑤、"家元共同体"⑥、"村落共同体"⑦ 及"社区共同体"⑧ 等。当然,若再按属性来分又有"政治共同体""经济共同体""市场共

---

① 十八大以来各地在社区层面相继建起了社区党群服务中心。
② 北京市西城区民政局编《西城区社区工作者手册》,北京出版社,2018,第54页。
③ 丁煌:《西方行政学说史》,武汉大学出版社,2015,第11页。
④ 张康之、张乾友:《在共同体的视角中看民主》,《学习与探索》2011年第2期,第68~74页。
⑤ 马池春、马华:《宗族共同体:农民利益表达的一种选择》,《中共山西省委党校学报》2017年第1期,第49~52页;李松有:《宗族共同体延续的血脉基础》,《湖北民族学院学报》(哲学社会科学版) 2017年第4期,第35~40页;王伯承、余跃:《从闹元宵到宗族共同体》,《山西农业大学学报》(社会科学版) 2017年第3期,第65~71页;蔡磊:《清明祭祖与宗族共同体的延续——以鄂东浠水C氏宗族为例》,《学术界》2015年第11期,第151~158页。
⑥ 张康之、张乾友:《对共同体演进的历史考察》,《西北大学学报》(哲学社会科学版) 2008年第4期,第94~102页。
⑦ 曹端波、陈志永:《遭遇发展的村落共同体》,《中国农业大学学报》(社会科学版) 2015年第6期,第46~57页;林济:《"村落宗族共同体":宗族与村落叠加的分析框架》,《中国社会科学报》2011年3月10日,第9版;郎友兴:《村落共同体、农民道义与中国乡村协商民主》,《浙江社会科学》2016年第9期,第20~25、156页。
⑧ 景朝亮、毛寿龙:《社区共同体的秩序逻辑》,《云南大学学报》(社会科学版) 2017年第4期,第88~95页;李宽:《城市社区共同体的生成机理:从陌生人到熟人》,《重庆社会科学》2016年第5期,第49~55页;王春:《城市新建社区共同体营造的路径分析》,《浙江工商大学学报》2016年第1期,第122~129页;郑长忠:《社区共同体建设的政党逻辑:理论、问题与对策》,《上海行政学院学报》2009年第5期,第62~69页。

同体""文化共同体""语言共同体"等①；此外还有人据载体将其区分为"地域共同体""脱域共同体""网络共同体"乃至"利益共同体""精神共同体""情感共同体""想象共同体"等②——那什么是共同体？人们为何要结成共同体？

　　千百年来人们对此一直饶有兴趣。《礼记》描绘的大同社会共同体思想后被康有为展开成为一个政治蓝图——《大同书》，其核心便是谋求世界共同体。与政治、社会学对共同体的理解不同，经济学理解的共同体更多从市场机制考虑，倾向于突出分工、交易、理性化的成分。如陈志武曾从金融学角度认为社会中的共同体，包括家庭、家族等血缘性共同体，个体融入这些共同体乃是为生活便利，而亲戚间的"礼尚往来"也被理解为"跨时间价值交换的代名词，是得到一份礼就让你'欠一份人情'，下次回礼时你才算还了那份人情"。这样看所谓的共同体不外乎是人们生活中的金融交易安排，只不过"交易头寸是以人情记下，而不是以显性金融合约的形式记录的"。③ 从上述分析可看出，共同体概念的内涵和外延比较驳杂，仍待澄清。于是不断有学者尝试给出界定，如王思斌提出，共同体意味着成员间要有共同的身份和群体意识、要有一定的边界，成员间还要有共同的期待与行动能力，并结成直接、明确与持久的社会关系；而人之所以要结成共同体，是因其社会属性使然。④结成共同体是出于满足生活所需，这种倾向也是人类特有的优势。结成共同体意味着不仅仅在物理上聚集，也非常说的"一盘散沙"，而是具有内在意义的合作、协同和互补，属于有机的团结。

　　国外关于共同体的研究也是由来已久。亚里士多德就提出"共同体的结成是为了维护人们的某种利益",⑤ 他认为人类最早的共同体是家庭；而一个人的身体和灵魂的结合体，也可视为微型共同体；至于伙伴关系、友谊及其他的人类合作方式，乃至奴隶主与奴隶间的共生关系，

---

① 丁煌：《西方行政学说史》，武汉大学出版社，2015，第347页。
② 王小章、王志强：《从"社区"到"脱域的共同体"》，《学术论坛》2003年第6期，第40~43页。
③ 陈志武：《金融的逻辑》，国际文化出版公司，2009，第6~9页。
④ 北京市西城区民政局编《西城区社区工作者手册》，北京出版社，2018，第15页。
⑤ Aristotle, *Politics*, trans. by William Ross and Benjamin Jowett (El Paso, Texas: El Paso Norte Press, 2006), p.1.

也都可纳入共同体范畴。17世纪英国政治哲学家霍布斯进一步指出,共同体是许多个人结合成的社会,若从共同体(community)的词源看,common(共同)和 unity(一体)的拼合即为 community(共同体)。但这种共同体的边界意识很明显。换句话说,共同体与"不同体"是相对而立,共同体内部的"自己人"意识跟不同体的"外人"或"他者"意识相伴而生。若把共同体比作"利维坦",共同体在成员形成凝聚力的过程也隐含着对成员的控制与威慑,当成员违反共同体规范时,便很可能遭受惩罚,包括排斥、驱逐或流放等,这在一定意义上就相当于剥夺了该成员正常生活的条件,因而是非常严厉的措施。与霍布斯不同,洛克则倾向从个人本位论的角度理解共同体。他认为个人为维护各自的利益,会自愿让渡部分权利给予某种共同体,但前提必须是个人同意,而且共同体需要接受契约的规制和成员的监督。后来的卢梭阐述了"社会契约"在共同体中的意义,当个人意志置于社会契约的公意指导下时,共同体也便宣告成立。西方这些共同体思想先传至日本,日本学者将"community"译为"きょうどうたい"(汉字写法即为"共同体"),然后这一概念又被移用于中国。

可见,共同体概念对我们来说既有本土的根源,也带有舶来的特性。从传统看,中国古代共同体的思想似乎更为久远。比如,"公天下"理念向来让中国文化届引以为豪;前文提到《礼记》所述的大同社会、康有为的《大同书》、孙中山的"平均地权""天下为公",这些从共同体视角看似乎都是为建立一个"寰球同此凉热"的"大同"世界(或可称为"天下大同""休戚相关"的命运共同体)。此外,中国文化中不仅包含对美好共同体的展望,也包括对实现路径的描述,如"修齐治平"阶段论实际就是在谋划共同体不断拓展的治理圈层,再如费孝通的由内而外、有小而大、涟漪般的差序格局。可见,中国传统文化对共同体的理解,其实也是以"反求诸己"的秩序起始,逐层推开,"穷则独善其身,达则兼济天下",不仅强调深入灵魂细微处,而且能弘扬共同体意识到"治国平天下"的大格局上,展现出某种分形特征。

2. 共同体的要素分析

刘玉照在对日本学者提出的村落共同体假设及美国学者提出的基层市场共同体假设评述的基础上,曾概括出共同体理论的五个基本构成要素，即群体、边界、对外交往、内聚性和集体认同感、内部成员间关系。① 王思斌归纳出的社区五要素也大致相似，比如包括以一定社会关系为基础的人群，一定的地域，共同的社会生活，有特定的文化、习俗及价值观念，居民怀有的归属感和认同感等。共同体本质上也是一个系统，即一个由多种元素构成的复合体，元素间有相互作用关系和可以识别的边界。② 张志旻等则对目前关于共同体概念差异化情况作出评论，认为共同体概念的使用存在"自说自话"的问题，并在综述共同体差异化演进后，从共同目标、身份认同以及归属感这三个具有递进逻辑顺序的要素来把握共同体的内涵。③ 陈忠从共同体松紧度方面将共同体划分为命运共同体、自由共同体，并从文明多样性、文明共同性以及文明弹性的角度来论述城市命运共同体与人类共同体之间存在的同构性，指出命运共同体是空间共同体、利益共同体、意义共同体的集合。④ 陈东英则主张从马克思的共同体思想着手，用两个角度来分析：第一个就是现代社会的认识角度，第二个则是自由主义与社群主义争论的角度。他认为在传统共同体衰落的背景下，传统社区共同体身份认同和安全感亦近丧失，为此必须以马克思的共同体思想为指引来构建未来的社区共同体。⑤ 与此同时，聂锦芳在文献学的研究成果基础上，结合对《马克思恩格斯文集》文本的把握，总结提炼出了马克思、恩格斯对于"现实的个人"与"共同体"关系的见解，并指出"现实的个人"与"共同体"关系的思考贯穿于马克思、恩格斯社会实践和理论构建过程中；在应用层面，要将马克思、恩格斯的理论建构与当代实践建立起内在关联。⑥

---

① 刘玉照：《村落共同体、基层市场共同体与基层生产共同体——中国乡村社会结构及其变迁》，《社会科学战线》2002 年第 5 期，第 193~205 页。
② 北京市西城区民政局编《西城区社区工作者手册》，北京出版社，2018，第 21、48 页。
③ 张志旻、赵世奎、任之光、杜全生、韩智勇、周延泽、高瑞平：《共同体的界定、内涵及其生成——共同体研究综述》，《科学学与科学技术管理》2010 年第 10 期，第 14~20 页。
④ 陈忠：《城市社会文明多样性与命运共同体》，《中国社会科学》2017 年第 1 期，第 46~62、205 页。
⑤ 陈东英：《马克思的共同体思想的主要来源和发展阶段》，《哲学动态》2010 年第 5 期，第 5~13 页。
⑥ 聂锦芳：《"现实的个人"与"共同体"关系之辨——重温马克思、恩格斯对一个重要问题的阐释与论证》，《哲学研究》2010 年第 11 期，第 3~10、128 页。

3. 共同体视角下的社区

在以上关于共同体的讨论中，我们要思考这些关于共同体要素的分析对社区共同体具有怎样的规范意义。从中是否可以看出社区共同体的本体论内涵？事实上，关于社区是否共同体的问题，本身就被质疑过，①不仅是当前，就是以前也有相同的反思，比如20世纪40年代就有过社区消失论和社区保存论之间的辩论。前者主要是依据社区共同体传统意义上的标准，认为20世纪40年代后伴随城市化推进，静态化比较下社区共同体的理解已然有明显的质变，在某种程度上所谓社区甚至脱离了传统的元素，进而呈现出个体原子化、碎片化趋向。后者的观点则是社区共同体会依然存在，且将继续发展，尽管原子化个体主义并非可以忽视，但社会化分工的进行又使得每一个个体成为社会化精细分工链条上的一个个"螺丝钉"；个体所承担的责任在市场化日益深化过程中将会变得更加广泛与细化；从前的"田园式"的共同体也将转变为城市社区中个体之间连接而成的新型社会网络，社会网络加速了新型社区关系的产生，所以社区共同体仍然存在，并且展现出新的特点。

值得注意的是，一些学者认为社会原子化本身代表了一种社会失灵，②原因是社会在现代化变迁中（或剧烈或缓和），个体、群体之间的社会连接变得松散，关系的强度变弱。比如，李国庆梳理了日本学者对中国传统的基层社会共同体是否存在的问题进行讨论的各派学术观点，认为社会变迁和改革使得传统社区共同体经济功能和行政功能出现分化，相当于弱化了传统的基层治理单元共同体，为此建议培育社区文化，加强传统共同体的凝聚力。③项继权的研究主要是围绕我国传统社区共同体呈现出来的认同感和归属感变化，指出重建传统社区共同体的关键在于用基本公共服务和社区服务来做纽带，提高传统社区共同体的融合度。④毛

---

① 桂勇、黄荣贵：《城市社区：共同体还是"互不相关的邻里"》，《华中师范大学学报》（人文社会科学版）2006年第6期，第36~42页。
② 田毅鹏、吕方：《社会原子化理论谱系及其问题表达》，《天津社会科学》2010年第5期，第68~73页。
③ 李国庆：《关于中国村落共同体的论战——以"戒能—平野论战"为核心》，《社会学研究》2005年第6期，第194~213、245~246页。
④ 项继权：《中国农村社区及共同体的转型与重建》，《华中师范大学学报》（人文社会科学版）2009年第3期，第2~9页。

丹在对传统社区共同体在当代命运的研究中发现，观察维度方面存在着某些矛盾，例如市场经济力量对于传统的社区共同体的冲击，使得城市化进程中共同体影响力和数量都在减少；但是，当传统社区共同体仍在某种程度上需要发挥情感和社会认知等功能时，该共同体仍有其存在的价值。毛丹针对传统社区共同体是否应该纳入城市化、工业化以及市场经济要素的考量，提出了研究视角的反思，现代社会仍然需要滕尼斯意义上的共同体，这种共同体在现代社会仍有其不可替代的生命。此外毛丹还针对我国城乡社区发展不平衡的问题，提出了社会学方面的建议。①

工业社会带来的分工细化、市场拓展、人员自由流动，最终打破了传统的社区共同体的封闭秩序，社区的脱域性越来越显著。脱域性是与地域性相对的，农业社会所展示的社区共同体是静态的、封闭的。在地域性特点之下，个体意志服从于群体意志，个体行为受群体（地域）习俗和传统的制约，此时的社区共同体中个体的地位外化为身份的认同。在工业化和城市化的双重加速进程之下，社区共同体的地域性开始弱化，同时，脱域性的特征日益明显。在市场经济的社会关系中，个体之间的联系更多的是建立在经济利益和契约关系基础之上。城市化以及社会分工的发展，使得更多农业人口转变成为城市人口；社会分工的细化和变化，使得城市劳动力的流动边界进一步模糊，社区共同体的地域性特点越来越弱化。在脱离特殊地域的人与人、人与群体之间关系基础上重构的社区共同体，促成了现代意义上的"社会"的发展。② 脱域性社区共同体的出现让学者的关注点从地域性的弱化关系下的社区转而开始聚焦到由每一个个体组成的社会环境所构成的新型的社区共同体。

二　社区共同体剖析

社区通常被当作介于个体、家庭与社会之间的区域性存在。有观点认为，社区是人们自发自愿的团结关系，是自利利人的制度安排，

---

① 毛丹：《村落共同体的当代命运：四个观察维度》，《社会学研究》2010年第1期，第1~33、243页。
② 宋梅：《关于共同体的衰落与复兴》，《城市问题》2011年第3期，第72~76页。

虽起于微小范围，但可拓展到特定局限以外①；也有观点直接把社区理解为微小的行政区，如小城镇、市区、街道辖区等②。当然，随着商品住宅区的兴起，更多的人理解中的社区似乎又狭义地变成一个物理的住宅区域。无论如何，社区共同体必须既有共同利益又有外在联结关系，注定是一个又简单又复杂的概念：说简单大家耳熟能详，说复杂也觉得难以道尽，甚至连毕生致力于社区研究的费孝通先生，在世纪之交当国家重提社区概念时，都觉得自己在社区领域的研究方面只算"新兵"③。时隔多年，后进学者依旧判定我国的社区理论还"处在初级阶段"，其样态要么呈现为"口号式"理论，要么归于"自说自话式"的理念，不仅缺乏彼此间的内在联系，④而且相当多社区研究被批评为只可归入政策宣传或政策诠释的范畴，再或者停留在社区经验的积累层面。

桂勇等在综合中外学者对于城市社区是不是共同体这一问题的观点基础上，通过分析不同学者的实证研究，指出从归属感、社会互动两方面衡量下的城市社区共同体已经日趋淡化，对于以商品房为主要构成的城市社区而言，这种淡化会更加明显，而社区共同体的建设之路似乎也格外漫长。⑤杨贵华认为社区共同体的自组织优于被组织，应加强社区生活共同体的自组织机制的完善和加强；针对我国社区的行政化管理的特点，他指出，构建社区公共管理体系应由他组织为主导向自组织为基础进行转变，从而实现社区共同体建设的微观基础的转型。⑥杨贵华在另一篇文献中还针对城市社区自组织能力建设路径，从社会自组织的视角出发，指出社区文化建设是社区共同体自我整合以及精神维系的重要

---

① M. Buber, *I And You* (New York: Scribner, 1958); M. Buber, *Between Man And Man* (New York: Macmillian, 1965).
② 孙萍：《实用社区管理学》，高等教育出版社，2017，第3页。
③ 费孝通：《中国现代化：对城市社区建设的再思考》，《江苏社会科学》2001年第1期，第49~52页。
④ 吴晓林、郝丽娜：《"社区复兴运动"以来国外社区治理研究的理论考察》，《政治学研究》2015年第1期，第47~58页。
⑤ 桂勇、黄荣贵：《城市社区：共同体还是"互不相关的邻里"》，《华中师范大学学报》（人文社会科学版）2006年第6期，第36~42页。
⑥ 杨贵华：《自组织与社区共同体的自组织机制》，《东南学术》2007年第5期，第117~122页。

手段，认为社区文化是社区自组织机制发挥作用的前提条件，社区文化可以提升社区认同感①。他在另一篇文献中把主要焦点置于社区共同体的资源整合能力上，认为这种能力是保障关系网络从单位制向社区顺利转变的关键因素，资源种类包括人力资源、组织资源、文化教育资源以及社区社会资本。他在组织能力、运行机制以及整合方面提出了针对城市社区建设和可持续发展的实践对策。② 公维友等论证了中国政府主导下的社会治理共同体符合中国社会发展变迁的实际需要，具有高度适应性；针对治理模式的政府中心主义、公民参与度不高、社会自组织能力不足等问题，认为政府主导下的社会治理共同体的建构理路应包括理念建构、主体建构、规则建构、场域建构四个方面。③ 杨君等强调了社区共同体的变迁，特别是强调了从地域性到"脱域性"的转变对于今天建设社区共同体的实践意义，揭示了城市社区共同体建设中遇到的三大新问题，即社区组织碎片化、社区公共性衰落、社区生活个体化。杨君进而指出，解决之道在于以社会再组织化为手段，实现多元主体的共同治理；认为公共性的服务、社会化的服务以及自助化的服务的供给使得社区治理共同体的建设成为可能。④

应用研究之前还需在基础理论方面探索，来取得稳固的立论前提。下面就按照经院派的路径进一步梳理社区共同体的一般概念。

1. 社区共同体是人类的一种自然情结

行为主义管理学家福莱特在《新国家》中强调："只有在群体中才能发现真正的人，个人潜能只有通过群体才能释放出来，彰显真正本性、获得真正自由。"⑤ 学者艾丁顿（Eddington）从牛顿力学来解释人类的社会性，认为宇宙中充满两种基本力量：一是牛顿所阐述的万有引力，在

---

① 杨贵华：《重塑社区文化，提升社区共同体的文化维系力——城市社区自组织能力建设路径研究》，《上海大学学报》（社会科学版）2008年第3期，第92~98页。
② 杨贵华：《社区共同体的资源整合及能力建设》，《社会科学》2010年第1期，第78~84页。
③ 公维友、刘云：《当代中国政府主导下的社会治理共同体建构理路探析》，《山东大学学报》（哲学社会科学版）2014年第3期，第52~59页。
④ 杨君、徐永祥、徐选国：《社区治理共同体的建设何以可能——迈向经验解释的城市社区治理模式》，《福建论坛》（人文社会科学版）2014年第10期，第176~182页。
⑤ 丁煌：《西方行政学说史》，武汉大学出版社，2015，第112页。

这种力的作用下，人们有必要走在一起，抱团取暖，相互协助，共同生存；二是同样存在的某种排斥力，人们为此会互相防范，彼此阻隔，甚至争斗。这种"刺猬效应"的表述似乎成为麦格雷戈 XY 理论的客观依据。无论如何，当该理论反映在社区层面，就体现为人们一方面需要社区共同体的归属功能，在"一体化组织中实现效率和效益"，① 另一方面也需要警惕社区共同体分裂而沦为"社区不同体"。

虽说社区是社会的细胞，但组成社区的人终归受各种因素的影响，导致社区的各种争端与"非共同体化"趋向，故此，社区"共同体"与"不同体"便构成相反相成的对立统一关系。"不同体"中包含"共同体"因素，而不同的成员在"能群"的情况下，方可构成社区共同体的自然基础。从亲子关系的本能到爱邻如己的觉悟，均是该"能群"的显现。以色列作家尤瓦尔撰写的《人类简史》中说：人们的团结、合作与结成共同体的能力才是让人类成为万物灵长的关键因素。② 古今中外人类文明都是在群体或共同体中产生的，所谓"群性"、社会性就是一种结成某种共同体的倾向，这种倾向是人类个体生存下去的必要条件。在原始社会，结伴图存成为通行法则，能够融入一个部落群体不仅仅是道德标尺，更是个体存续的第一需要。对违犯群体规则（包括诸多不成文的法则）的成员，相当严厉的惩罚便是将肇事成员"驱逐"出共同体。中国古代有对一些违规成员施以"流放"的制度；西方也有类似制度，如《狮子王》中就有将对害群之马驱逐的桥段，这说明"割裂与共同体的关系"（cut off from community）实际上就是共同体强化组织纪律的手段。可见，这些情况下被接纳为共同体成员本身就是奖赏，而驱逐（banish）则是最没脸面、最严厉惩罚。

总之，正是在群体中生存的经验，让人们充满了情感，提高了智商，懂得了制度，开创了文明，激发了创新，丰富了关系，也成就了彼此。可以说，即便像金字塔和长城这样的世界文明奇迹，在脱离共同体作业的情况下也绝难完成。《圣经》记载的人们建造"巴别塔"的故事，人们的计划之所以半途而废，关键就在于"语言共同体"的破坏，因为成

---

① 丁煌：《西方行政学说史》，武汉大学出版社，2015，第102页。
② Yuval Noah Harari, *Sapiens: a Brief History of Humankind* (New York: Harper Perennial, 2014), p. 4.

员间彼此理解不同而让共同体终归走向不同体，即分裂状态。这种局面便是霍布斯意义上的自然状态，其间充斥着疑惧、乖离，乃至帕特南所忧心的"独自打保龄"式无奈。即使到现代社会，人们同样必须靠共同体才能生存和发展。无论如何，合作补台总要比"互相拆台"更可取。2020 年新冠肺炎疫情期间，东南沿海地区有很多厂家包车将内地的工人接回工地，这说明企业家离不开工人，正像工人离不开就业岗位一样，双方最终是共生的一种共同体关系。这其实便体现着共同体的精义。同理，现代社区内的不同体之间是否也存在这种辩证关系？以上分析或许可以提供有益的启示，从而让社区内居民与组织、业主与物业、政府与市场等不同行动者之间理解这种共生共在的可贵。这种多元共建、共生共在或者共建共治共享的提法，便是打造社区生活共同体的基础。举例来说，物业服务企业与业主群体之间虽常发生物权矛盾，但两者其实也是共生关系，物业服务企业离开业主是没法生存的，反过来说，业主们的正常生活自然也离不开专业、高效而经济的物业管理。物业管理得好，不仅业主生活舒适，而且还可以提高作为商品的住房价格，为业主们的资产保值增值。

2. 社区共同体意蕴的与时俱进

虽然古典的社区乃是由自然意志形成的，强调熟悉、同情、信任、相互依赖和社会黏着，但滕尼斯认为这种人类组织形态必定会过渡到"陌生"的社会状态，一定程度上显现出陌生、反感、不信任、独立的特征。若按滕氏"社区—社会"两分的标准，则我国很多城市社区将更像是滕尼斯笔下的"社会"。如夏学銮所指出的："城市社区"和"社区建设"概念并不符合滕尼斯本义上的社区共同体，因为现在的社区不再是缓慢进化、自然生长的产物；而更多的是理性规划、建设和选择的结果，而一旦进入理性阶段，社区自然就非社区而变成社会了。[①] 同时，随着我国长期运行的"单位制"渐趋解体，社区层面也"从以生产功能为核心、封闭、自给自足的社区，向多功能复合的社区演化"[②]。而城市化中旧街坊拆迁，以及商品房小区的兴起，还有进城务工人员的增多，

---

① 夏学銮：《中国社区建设的理论架构探讨》，《北京大学学报》（哲学社会科学版）2002 年第 1 期，第 127~134 页。
② 张纯：《城市社区形态与再生》，东南大学出版社，2014，第 7 页。

都在促使我国当前很多社区不断突破"地缘、亲缘、单位缘"的熟人社区范围,而进入带有"陌生人社会"性质的时代。

另据费孝通介绍,社区这个概念其实是在20世纪30年代引入中国的,当初指人们在地缘关系基础上结成的互助合作的共同体,用以区别在血缘关系基础上形成的互助合作的共同体。今天人们的社会交往、社会联系已不再受制于地域,其各种需要很容易从外界多主体或组织中得到满足,而不必依靠邻里,[①] 因此,现代社区中的原始秩序自然就淡化。此外,再从宏观政策引领上看,如杨藤原所说:"社区建设的初衷旨在适应社会主义市场经济体制的需要,由社区承接单位制解体所剥离的社会职能和政府职能。"[②] 可见,社区不仅是居民、业主的场域,也是政府与社会的界面,政府政策需要在社区落地,民生福利也要在社区保障,这便使得现代社区的外延扩充许多。

3. 新时代社区生活共同体的意蕴

在社区场域,物业服务人员、物业经理、开发商、广大业主、街居部门的领导和社工干事,以及社区里的快递小哥等多种专业服务者,都要依托社区这个平台而谋求生活的理想秩序。

可以说,凡有利于生活的通常就会认为是好的;反之若有害于生活的则视为不好。传统上中国人看重"五福临门"(即寿、富、康宁、攸好德、考终命),仔细分析这五福,不仅"寿"字位列第一,且其他四种福均为人们好好活下去的保障,五福就是促使人们健康生活、美好生活的表征。对于今天居住在社区中的群众来说,生活更是压倒一切的。而要生活就不仅需要阳光、空气等自然馈赠,还需要职业、收入、财富等维护生活的资源,同时稳定祥和的社会环境也是社区生活所不可或缺的。总之,社区内多主体共生(symbiosis)是需要研究的大学问。然而,在好生、求生、谋生的过程中,自我与他者,个体与群体之间就会产生一些问题,究其原因也还是人多财少,即社区资源有限,而要追求美好生活的需求方又多元,比如,物业公司要趋利,业主同样也努力维权,

---

① 王小章、王志强:《从"社区"到"脱域的共同体"》,《学术论坛》2003年第6期,第40~43页。
② 杨腾原:《中国城市社区建设研究文献述评》,《陕西行政学院学报》2013年第1期,第43~46页。

资源的有限性便成为社区众多物业纠纷的直接原因。在生物学家道金斯（Richard Dawkins）看来，社会纠纷无非也是基因的自私性所致。① 笔者曾在杭州参加一个社区事务会议，遇到一位与会的业主组织代表，在讨论中笔者给他介绍所研究的社区"共同体"项目，对方听后一脸惊讶和狐疑："社区共同体？这怎么可能？社区里面存在着尖锐的利益冲突！"这个回答反过来也让笔者感到惊讶。固然，社区物业矛盾客观存在，物业公司从属性上是逐利的，如何增加企业收益、如何减少经营成本、如何实现利润最大化就是它们的最大关切。有了充足的利润，物业公司就可以好好活下去，公司员工也能获得较好的收入。但须知成本收益的守恒性，一方有所得必然有一方有所付出，物业公司要实现预期的利益目标，就离不开业主付出成本为其买单。这里关键是物业公司要定价合理、交易公平，否则过度索取就会引起反弹。让人颇感惊讶的是，调查发现这种矛盾在今天我国很多社区还相当普遍。解决之道自然在换位思考、转变想法。《道德经》里有句富含哲理的话，叫"以其无私故成其私"。斯密在探讨财富来源时也发现，面包师虽然主要不是为了食客的口腹之欲而是为了自己的利益而劳作，但是他也必须在很好照顾食客需求的过程中才能赢得市场、实现价值。所以，社区纠纷的化解也在于这个道理：己所不欲勿施于人、服务他人成就自己，或者共生意识。

　　以上意见都是常识，怎样实现生活目标，在路径选择上必须做到个人利益与他人利益的兼顾；如果是对组织来说，就是满足本单位、本组织的利益，同时，也必须考虑和照顾好相对方或互动对象的利益，让共生（symbiosis）成为社区共同体建设的必然选择。虽然上面举例只谈及物业公司和业主之间需要协调的问题，而实际上社区更多主体之间的相互作用的情形也大致类似。

第二节　社区共同体建设模式回顾

　　当今社区既不同于古代重宗法的"乡土"社区，也不同于因生产单位而结成的单位大院社区；在工业化、单位制解体、住房商品化、城市

---

① Richard Dawkins, *Selfish Gene* (New York: Oxford University Press, 2006), pp. 2–3.

化及政府职能转变等多重因素下，社区面貌、性质和要求均已发生变化，到了新时代我国社区建设为了适应新情况就不能不寻求恰当的新方法。尽管有学者批评现在社区建设的很多模式其实源于行政和学术的推动，①而非社区居民的自发要求，但无论如何，这些模式对于我们考察社区共同体建设路径仍富参照价值。除辩证唯物论的对立统一说，还有吸纳说、"共建共治共享"等多种提法，下面就列举其中较有影响力的社区建设主张。

一 怀旧型社区重建模式

该模式由夏学銮提出，他认为现代社区管理的方向在于复归传统社区，让基层社会重新焕发出社区的温情。鉴于社区的一个典型要素是要有面对面的个人关系，社区重建首先要求通过人际关系的重建和激励，来修复现代人在关系上的某些情感失落。其次，通过组织重建来把众多的利益主体组合成一个利益共同体，最大限度地实现资源共享和利益协调。再次，则重视社区管理者本身的能力重建，尤其注重社区组织的自治能力。这种能力一方面体现为维系社区文化心理的同质性能力，另一方面体现为防止外在力量对社区的肢解和操纵。最后则是机制重建，包括运作机制和功能机制的建设。前者关注的是社区自身的运行、体制关系及动力分析，后者则关注社区内具有实质意义的功能板块，诸如经济、教化、控制、监督和福利等功能的培育和拓展。这种模式的核心就是要在现代环境中刻意将传统社区复制出来，实现对滕尼斯笔下"社区"的再现。

应该说，这种提议很有吸引力，毕竟人是情感动物，按马斯洛分析框架，人们存在着一种对共同体的归属需求。从这个视角看，趋同、从众、合群，成为嵌入人类本性的一种倾向，即"担心与别人不一样"（fear of being different）②。辩证法告诉我们，事物总具有两面性。人在追求共同体一面的同时，也有追求分离、独立、自由的一面。这就像《三国演义》所谓的"合久必分、分久必合"一样，人们聚集在一起超过一定限度，有时会自然产生彼此疏远的倾向，反之亦然。人类生活样态从

---

① 郑中玉：《社区的想象与生产》，中国社会科学出版社，2016，第19~20页。
② Robert T. Kiyosaki, *Rich Dad, Poor Dad* (New York: Warner Books Inc., 2011), p.53.

滕尼斯意义的社区到社会的演化过程也可以看作这种运动规律的反映，而社区之所以让位于社会根本上就取决于人的这种复杂性。特别是在情感作用下，人们可能有时候喜欢抱团，有时候则宁愿彼此暌离。从"乐群"角度可一步步拓展差序格局，贯穿其中的便是共同体取向，逐次形成规模不断扩大的一体化秩序。人类也喜欢某种距离感，于是有"社交距离"的说法，也有"民之老死不相往来"的描述，甚至还有人"以邻为壑"，庄子干脆主张"相忘于江湖"。无疑，不同的哲学会将社区共同体建设引向截然不同的方面。实际生活中，还真有不少人愿活在具有一定陌生感的环境中，似乎那样有利于自己潜能的发挥，反倒是在熟识的人群中缩手缩脚，难以走出熟人中刻板印象的隐性限制。毛寿龙教授曾受笔者之邀，在天津科技大学召开的社区治理会议上讲道："若一人中午吃什么饭，邻居家都能知道，那这个状况其实会令人感到不舒服的。"当然这是从个人对隐私和自由的需求角度来考虑的。所以说，虽然一般认为熟人社区好，但实际上，"乡里乡亲"的熟人社会也会造成某种约束，甚至破坏。巴金在其《家》里也曾生动阐述过传统社区的秩序是怎样压制个人思想与行为的，因而倡导避乡里、远亲族，去大城市寻找自由空气。无独有偶，西方也有须"离开本地、本族、父家"来拓展秩序、开启文明的说法。这样看，随着生产生活的需要，滕尼斯意义上的社区共同体出现动摇，似乎是一件自然的现象，也就是说原始的社区秩序将逐渐被社会范式所替代。

　　基于以上认识，笔者认为在当今特定的社会经济大形势下，刻意地打造"怀旧型""乡愁型"社区的想法，虽有一定魅力，但似乎缺少与时俱进的力量。若一味表现出社区复古的意味，那即便能带来某些情感寄托，也可能会流于刻舟求剑一般的拘泥。所以，不需要刻意地回归传统的社区样态，也不需要在认知理解层面过于将古典社区想象得太乐观。历史总是向前，绝不会以某种历史循环的形式让旧有的事务原封不动地再现，更不可能在工业化、信息化进程中采用那种基于农业社会的治理方式。总之，那种缺乏创新勇气的、力图在新时代重新把逝去的历史描绘得无比美好的理论，乃是空想主义的，[①] 这是我们今天建设社区时应

[①] 张康之：《为了人的共生共在》，人民出版社，2016，第149页。

该注意的一个基本情况。

二 福利型社区建设模式

在理论上看,刘继同提出社会转型期的社区建设目标应以发展社区福利制度为主,培育文化共同体为辅,原因是"欧美国家社区发展目标由发展社区福利开始……而中国城市居民也常常是在与自己生活关联密切且比较具体的社区事务方面参与程度较高,但在其他方面较低,社区参与意识还没有达到社区主人的应有水平"。① 后来左芙蓉与刘继同又联合提出"中国特色的社区福利体系框架",即"由国际社区服务、环境健康服务、婚姻家庭服务、住房福利服务、医药卫生服务、公共卫生服务、优生优育服务、妇幼保健服务、就业支援服务、社会保险服务、个人福利服务等组成的社区福利制度框架",该框架的开发基于以下假设:在"单位人"向"社会人"全面转变的社会结构转型中,为让社区成为具有"独立性和相对自主性的社会生活空间,就必须强调社区的福利体系作为社区生活的核心"。② 的确,改革开放使得原来我国社区的情况发生巨变,国家与社会高度一体化的局面得以扭转,逐渐形成了"国家—市场—社区"的三角互动关系。作为改革成果的一部分,市场和社区目前已然成为国家管理的得力助手。通过社区的回归与发展,各类社会问题拥有了协调的平台,这一定程度上弥补了旧式管理撤出之后留下来的社会管理漏洞。当然,如果社区治理目标符合民意诉求,推行阻力就不会大。特别是,在操作上注意用社区福利来做先导的模式,就像有学者所认为的,强调社区的福利体系来促成真正意义上的社区生活。在单位制的社会管理功能减弱、大量人口失去组织覆盖和控制的情况下,"只有完善社区福利制度才会激发社区成员的共同兴趣与社区利益,才能培育社区归属感与认同感,才能真正实现社区参与和社区自治"。③

事实上,以福利为先导的社区建设之路,还将起到改革冲击减震器

---

① 刘继同:《国家话语与社区实践:中国城市社区建设目标解读》,《社会科学研究》2003年第3期,第104~109页。
② 左芙蓉、刘继同:《中国社区生活结构战略转型与现代社区福利制度框架建设》,《学习与实践》2013年第3期,第82~92页。
③ 左芙蓉、刘继同:《中国社区生活结构战略转型与现代社区福利制度框架建设》,《学习与实践》2013年第3期,第82~92页。

的作用，有利于社会的稳定。毕竟，"利益刺激始终是行为的主要动机之一"①。群众参与社区建设，也势必需要用福利作为先导，这样才能让人民逐渐接受和信任这种新型的基层社会管理制度。何威也同意利益是一种收入大于成本的经济性考量，放置于社会研究领域，它所代表的是一种对于社会效益和行动效果的追求。以利益为基本要素建立的关系是建立在资源和成果共享的基础上的。利益关系所带来的关系主体间的合作、协商、博弈和冲突，都代表了一种经济理性对于社会关系掌控作用。社会当中的利益关系、格局，以及一些核心资源（例如土地）的所有关系决定了这个社会的形态，也决定了治理这个社会的国家所采用的体制和治理方式，更决定了社会成员社会行动，或其自治行动的能力和动机。②

但假如过度依赖利益诉求，那一旦利益诉求得到满足，其行动的热情也容易消退。由于商品房小区的业主是利益多元化的集合体，他们一方面会为利益而抱团取暖去维权，另一方面也可能因为利益而互相怀疑，最后走向分散。尤其是，当"维权抗争取得阶段性的胜利，个体间的利益冲突便会迅速浮现，这将大大侵蚀和消减在维权过程中形成的自组织的社会关联，最终使得社区业主又重回维权抗争产生前的原子化状态之下"。③ 基于此种心态形成的业主间的社会关联，也常常会随着社区矛盾冲突的化解而渐趋弱化乃至消失。事实上，"为追求个人私利而不惜损害他人利益"的现象也常见于社区当中，包括私搭乱建、噪声扰民等。"共同体"概念和理论的起始向来以利益作为其本源。就社区福利模式而言，还存在一个由谁来落实问题。

目前，可用的组织资源，街居制成为社区福利服务所依赖的主要对象。尽管居委会一开始是在计划经济体制下为配合单位制完善社会管理而设立的，但随着经济和社会演化，现在的居委会其实已悄然转变了其角色：原来只是负责管理游离于正规单位以外的居民，后来成为社区服务的提供主体，现在则被视为社区建设的骨干与领导力量，在多元力量

---

① 杨敏：《公民参与、群众参与与社区参与》，《社会》2005年第5期，第78~95页。
② 何威：《治理共同体建构：城市社区协商治理研究》，华东师范大学，2018，第62、183页。
③ 郭于华、沈原、陈鹏主编《居住的政治：当代都市的业主维权和社区建设》，广西师范大学出版社，2014，第100页。

中居于核心地位。因此笔者呼吁政府为居委会不断地赋能，并予以资金与人力支持。同时，政府职能中的社会管理与公共服务，乃至物业市场的监管职能等，都靠街居体系来贯彻。事实上，街居部门有政府财政的支持，同时在人事、财政及项目上也多遵从政府的安排，以至于基层社区工作服务站及社区居委会往往具备了政府代表的身份；在许多场合下，人们直接把居委会辖区理解为社区。

总之，我国以前由单位提供成员的衣食住行等生活资源，当时的社区是高度依附于国家管理体系的。而当这些福利逐渐社会化，由街居制来选择发放福利的帮扶对象时，受助对象又高度依附于现在的街道居委会体制，而另一部分与这些社区福利缺少交集的成员，则对街道居委会显得淡漠。在这种情况下，福利能激发社区共同体意识，从而确立和巩固街居制在基层社会的稳定性与影响力。

当然，街居体系的存在本身也是福利的体现。首先，它解决了近百万的就业问题；同时使政府慈善项目惠及特定民众，比如最低收入保障人员的选拔和补助的发放、高龄失能人群补贴的发放、公租房和经济适用房分配资格的审核等。街居部门还比较容易动员群众参与群防群治的社区安全项目，协助警察有力打击犯罪活动。这套机制有点像爱心银行制度，在贡献与诱因之间搭建平衡关系。比如北京市政府给三类人提供政府买单服务，每个月为他们发放100元的社区养老助残券（卡），这些券（卡）可以在社区制定的家政、商品专柜、老年餐桌、主食厨房等机构使用。这三类人包括：（1）16~59岁无工作、重度残疾人；（2）60~79岁重度残疾人；（3）80周岁以上的老年人。[①] 其实社区慈善福利模式，在我国具有悠久传统。明朝就在京城各区置养济院，用来收容孤老及各处流浪来的笃废之人，工部量出官钱对邻里称善者、贫无产业者提供不同档次的福利。[②] 所以，做好基层社会的慈善福利、改善民生工作，优恤鳏寡孤独，不仅是社区建设的需要，也可以维护稳定，其社会意义不容忽视。

---

① 王鲁娜、张秀芬：《城市社区治理研究》，载陆丽琼、孙龙飞编《北京城市居民社区归属感对社区治理影响的调查研究》，气象出版社，2015，第10页。

② 龚贤：《明代管理思想：基于政策工具视角的研究》，经济管理出版社，2017，第115~124页。

三 多元共治式治理模式

孙柏瑛认为，我国城市社区具有"自治性"和"行政性"二元属性，且"行政性"要高于"自治性"，为此，未来社区建设的出路在于"找回社会"，扭转基层"行政一元化"格局，让社区居委会回归"自治功能"，因而"去行政化"的治理思路将作为基层改革的主要策略。① 其实，社区共同体建设，在行政力量之外，离不开更多行动主体。杨宏山曾经把社区层面的行动主体做过类型分析，大致是内部包括物业服务公司、业主组织、居委会等；外则包括街道、公安、交通、环保、卫生、市政、园林、教育、公用事业、商业及文化娱乐等部门，如表1-1所示。

表1-1 社区共同体建设可能涉及的相关主体

基层政权机关	街道党工委、街道办事处、各行政部门面向社区设置的派出机构
	派出所
	城管分队
	工商所
	房管所
	社保所
	环卫中心
科层制下的社区治理机关	社区党委
	社区居委会
	社区服务站
社区企事业单位	驻社区的企业事业单位
	工厂
社区企事业单位	商店
	医院
	物业管理公司
民办社团组织	民间社团组织，通过自组织方式运作
	行业协会
	业主委员会

---

① 孙柏瑛：《基层政府社会管理中的适应性变革》，《中国行政管理》2012年第5期，第34~38页。

续表

研究方法	研究目的（或要捕捉的信息）
民办社团组织	志愿者组织
	健身娱乐组织：面向特定对象提供社区服务和公益服务
社区成员	社区组织
	社区个人

资料来源：杨宏山著《城市管理理论与实务》，中国人民大学出版社，2016，第238～239页。

那么，如何让这些性质与功能多元的组织之间围绕社区事务构成一个有机的共同体，从而利于民生需求的满足，也利于国家基层社会的治理呢？这其实就是如何实现"共建共治共享"的问题。社区层面的这一愿景其实跟国家治理体系的设计互为表里。新中国建立之初，社会管理目标表现为对社会施以全方位管理，包括居民的衣食住行。然而，当国家启动改革，调整了国家治理目标之后，基层社会管理的模式也得到重塑，特别是，住房从分配到购买的改革是革命性的，围绕住房私有化带来的一系列法律制度变迁，也让"国家与居民之间又形成一层新型的法律契约关系"①。居民成为脱离单位、相对自由的市场主体，因此基层社区面对无数以私有财产为基础、以社区共有财产为纽带的业主，应该怎样运作、怎样把管理嵌套在已有的街居体系当中，无疑是一个考验社会管理者的智慧与能力的现实问题。为实现多元主体的协调，已涌现多种主张，比如"从总体支配到技术治理""从直接管理向间接管理""上下分治的治理体制"②等。不论如何，转型均非一蹴而就，从行政管理型的社区治理向居住自治性的社区治理也尚未完成。而社区层面在转型期频现的各种矛盾冲突和群体性事件，以及相关的利益主体间的协调互动，就成为当前社区善治中的重要因素。因此，转型和维稳就成为基层社区治理的两个基本点，依靠这两点才能确保"秩序与活力""趋稳与求变"的兼得及平衡。

---

① 郭于华、沈原、陈鹏主编《居住的政治：当代都市的业主维权和社区建设》，广西师范大学出版社，2014，第16～19页。

② 曹正汉：《中国上下分治的治理体制及其稳定机制》，《社会学研究》2011年第1期，第1～40页。

孙柏瑛主张自上而下与自下而上的融合；① 杨腾原则提出"一个核心、双重动力、三大治理主体"的治理框架，大概就是党建引领、政府社会齐推动、社工社会社区组织担纲主体责任②。我们知道，现代国家正在把原来由它独自承担的责任转移给社会，即各种私人部门和自愿性团体，后者正在承担越来越多的责任。因此，政府与社区关系的调适，地方政府将部分管理权限交给社会，会为居民参与提供空间。该模式强调社会组织和公众个人参与社会和社区的管理过程，发展政府、企业、社会组织及居民各主体间的多元参与、合作、协商和伙伴关系，建立政府主导，社会、企业、公众多元主体参与的现代城市基层管理体制。社区管理的格局是"不同力量的互动场域"③，则不同机构和组织的复杂互动关系就成为当前社区管理生态的决定变量。当然，多元共治之所以能够促成，离不开各方合作的意愿，也离不开各方共识的达成及力量平衡。④

"多元共治"制度设计的思路强调通过政府组织和其他组织的合作与协商，在社区层面搭建一个治理平台，从而能够促成政府组织和各种群众自治组织之间的有效合作，借以做好对具体社区事务的治理。⑤ 理想的社区是作为一种独立的社会共同体，在公共事务中发挥作用，特别是当社区在市场化的条件下成为私人生活的公共空间时，它便有了更多市民社会的属性，介乎公民和政府之间，开始有了"自理与他理"的选择。目前在社区治理领域，有关三位一体的说法很多，有的将党委、居委和服务站看作三位一体；有的认为政府、市场、社会是三位一体；还有的认为社区层面的居委会、业委会和物业公司也是三位一体。比如，

---

① 孙柏瑛：《基层治理怎样平衡"自上而下推动"与"自下而上创新"》，《国家治理周刊》2020年第5期，转引自 https://news.ruc.edu.cn/archives/280913，最后访问日期：2020年7月1日。
② 杨腾原：《中国城市社区建设研究文献述评》，《陕西行政学院学报》2013年第1期，第43~46页。
③ 郭于华、沈原、陈鹏主编《居住的政治：当代都市的业主维权和社区建设》，广西师范大学出版社，2014，第9页。据此，最重要的三种力量包括：（1）作为国家力量之末梢的居委会和社区服务中心，以及他们的上级领导机构，即街道办、区政府、住建委；（2）代表市场力量的开发商和物业公司；（3）代表新型社会力量的业主和业主委员会。
④ 王利明：《我国物权法制定对民法典编纂的启示》，2019年10月27日，海淀和谐社区中心年会。
⑤ 徐中振、徐珂：《走向社区治理》，《上海行政学院学报》2004年第1期，第66~72页。

有位社区书记就认为居委会要成为业委会与物业公司之间的协调者，包括居委会对业委会的领导和服务、对物业企业的监督和帮助；还包括对业委会加强思想政治工作、帮助业主物色进入业委会的合适人选。业委会选聘物业公司时，则由居委会引导业主理性处理利益矛盾。所以，这位书记认为社区善治的关键点在于居委会发挥关键作用，让居委会配合社区党委做好党员业主的教育工作，利用组织生活会、党员议事会减少矛盾发生的机会，营造和谐的管理氛围。总而言之，在社区公共事务管理中居委会应该居于核心地位，① 如图1-2所示。

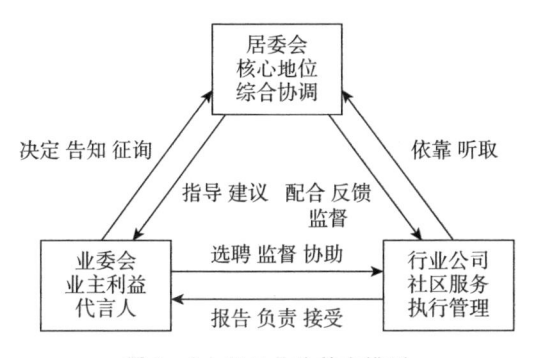

图1-2　多元共治基本模型

资料来源：根据调查资料所得。

与此同时，吴晓林认为，党和政府介入社区中才能打造出"政社一体"或"政社复合"的社区共同体。这被认为是"党建秩序填补社区层面权力真空"的内在要求，也是对民众日常生活需求的回应，同时也可以降低居民社会政治参与的需求。② 当然，行政管理经典观点认为"任何事情都必须有一个人当家作主，来负责任地行使权力，以此作为善政的要件"，③ 后来这个观点被一般管理理论总结为"一长制原则"（unity of command）。这一原则的含意是：就像一个人不能长两个脑袋，一个共同体也只能有一个引领力量，否则多头指导很容易彼此消解力量、造成

---

① 上海阳明社区党支部书记：《略论居委会在社区物业管理中的地位和作用》，中国社区工作网，http://www.zhongguoshequ1990.org/list_member.asp? id = 55，最后访问日期：2020年5月1日。
② 吴晓林：《治权统合、服务下沉与选择性参与：改革开放四十年城市社区治理的"复合结构"》，《中国行政管理》2019年第7期，第54~61页。
③ 〔美〕梅里亚姆：《美国政治思想》，朱曾汶译，商务印书馆，1984，第224~225页。

混乱。① 在伞状模式下，党的领导成为复合模式中最关键的要素。为此吴晓林认为社区要善治，要摆脱一盘散沙、各行其是的局面，就需要在复合模式框架下，由一个强有力的党组织来引领。不同力量之间倘若各行其是就难形成合力，导致奥尔森所谓的集体行动困境，所以，一定的权威集中显得就十分理性了。于是有了"伞状社区建设模型"的提出，其特点在于寻求社区建设层面的"政社复合"。② 不过，党建引领也不意味着社会、市场及普通个人的积极性会受到抑制。相反它们可以各自发挥特长，既然社区共同体建设内容是多层次的，便可按马斯洛需求层次将社区建设的任务理解为五个层面，由低到高分别是：居住品质、居住安全、环境品质、社会交往、自主参与。③

由此来看，社区共同体大集合下蕴含着不同子集。任何层次都会形成特定的社区建设语境及规则。比如，着重于居住品质的人，会强调社区的硬件配套；而着重于居住安全的人可能会在意安全秩序；对环境品质的关心会让人强调社区文化的构建，诸如社区记忆、文化认同、归属感方面的职能等，甚至还会将社区层面的邻里节、趣味活动等包括进去。研究者和建议者提出的社区共同体建设的建议经常不在一个频道上，因此组织也会显得松散。在机制设计方面，李文钊介绍了地方政府的基层治理经验，比如北京市通过街道办事处这个层级的政权建设，实现了"街道吹哨、各方报到"的治理效果，建立起了自上而下和自下而上相平衡的基层治理体系，将党的领导和以人民为中心的理念有效贯彻到管理中，被视为基层社区治理的一个方向，尽管这里的社区已经上延到基层政权建设的层面。④ 刘建军也以上海市社会治理创新为基础，将其经验概括为三点：党建引领是政治生命线；从管理到治理是方向；培育积极的行动者是实现社区善治的基础。此外，他也专门谈到街道的职能转变：取消街道办的招商引资职能，更多地强调"一建三公"，即党建、

---

① 丁煌：《西方行政学说史》，武汉大学出版社，2015，第51页。
② 吴晓林：《治权统合、服务下沉与选择性参与：改革开放四十年城市社区治理的"复合结构"》，《中国行政管理》2019年第7期，第54~61页。
③ 吴晓林：《城市社区的"五层次需求"与治理结构转换》，《国家治理》2018年第31期，第13~19页。
④ 李文钊：《重构简约高效基层治理体系的中国经验——一个内外平衡机制改革的解释性框架》，《河南师范大学学报》（社会科学版）2020年第2期，第7~14页。

公共管理、公共服务、公共安全；同时，他强调政府资源下沉社区，在社区内部治理中注意党建引领三驾马车（居委会、业委会和物业公司）的架构和社区公共事务协商的"三会制度"，即听证会、协调会、评议会。① 无独有偶，唐娟在深圳所作的社区建设研究的结论也是如此，她认为社区共同体的缔造就应该以执政党为核心，通过推动居委会的法律归位、拓展民意表达渠道、加大居民参与社区治理的深度、降低行政成本，巩固党对基层社会的领导力。② 同时，她还在缔造社区共同体的事业中提出了"情理机制"，也就是说发挥人们本性当中情与理的一面，发挥社会因素中"信任资本"的作用，将社区中具有克里斯玛型的积极分子和群众领袖的作用凸显出来。这些人物集人格权威与组织权威为一体，"是情理机制有效运转的核心"，如果利用好这些人所加载的"面子、人情、互惠和信任"等本土性社会资源，那就会"减少政府工作的成本"，建构起"正式权威组织—居民积极分子—居民"的动员和组织路径。③

总之，社区共同体建设就是统合这不同层面的建设努力，实现一种共建机制，丰富共建载体，增强共建意识，提高共享程度。具体来说，就是实现街居一体化，让社区两委、驻区单位、业主组织拧成社区共建的合力，确保大事共议、实事共办、难事共建、资源共享，从而让社区弥补市场与政府职能的不足。为此就要特别利用好社会的力量，包括从传统的"乡绅文化"中汲取营养，建立一种"社区专员"机制，也就是发现、动员、组织和吸纳社区居民中的积极分子。这些人热衷于社区公共事务，有专长、有能力、有情怀、有德行、有声望，他们参与所居住社区的管理和服务，能够受到多数居民的信赖和支持，也能得到当地社区党委的认同。他们被称为"社区贤达"或"草根领袖"，扮演着政府和居民的中介角色，既能够收集民意、解释政策、解决问题，还能起到"润滑剂"作用。他们上能体会政府的社区治理意图，下能了解群众喜

---

① 刘建军：《上海市社会治理创新的十个维度》，《社会治理期刊》2020年第3期，第73~78页。
② 唐娟：《缔造社区共同体：深圳基层治理创新案例研究》，中国社会出版社，2016，第50页。
③ 唐娟：《缔造社区共同体：深圳基层治理创新案例研究》，中国社会出版社，2016，第249页。

闻乐见的服务内容和方式，能促进社区的有效治理。① 尽管社区共同体建设的模式不一而足，但大致不外乎两条线索，即"自上而下"与"自下而上"的建设路径。对于前者，往往是行政主导，不仅与全面深化改革、政府职能转变的方向有偏离，而且还将淡化社区建设的社会意义；对于后者，倡导的声音虽较高，但停留在应然层面上的讨论和问题观察偏多，而对于实然层面的社区建设走向照顾偏少；当然也有不少旨在解决社区问题的真知灼见，不过在实操意义上似乎还需要进一步的研究。目前主要的思路在于用政府吸纳市场与社会力量的视角实现"统领"或"共同体化"。这一视角在实践中更多地体现为社区党建的引领角色。区域化党建是指以街道党组织为核心、社区党组织为基础、驻区单位党组织和社区内全体党员共同参与的区域化党建工作格局。也就是说，以党建为统领，建立一个社区综合党委，将社区工作站、社区民意表达工作室、社区居委会、社区服务站、股份合作公司、住宅小区物管处、业委会、社区内两新组织的党组织和党员都纳入社区综合党委管理，② 形成以社区综合党委为统领，社区各单位、群团组织、居民群众共同参与的条块联动、区域统筹、共治共建、共筑共享的"一核多元"治理机制。

四 市场转型驱动的社区建设模式

在传统的街道社区、单位社区之外，新建商品房住宅小区被称为"新型社区"。当住房由国家和单位统一建造，转变为由房地产公司开发经营时，市场力量就被全面引入社区之中。相应地，房屋管理和维修也由房管部门和单位后勤部门专门负责变成由市场化主体负责。在现实中，开发商在盖完房子后并不一定退出小区，而是在相当多的情况下采取"捆绑式"的办法由自己的子公司来负责组建小区的物业公司（过去还曾用过物业管理公司的说法），并且物业公司往往由"管物"向"管人"

---

① 唐娟：《缔造社区共同体：深圳基层治理创新案例研究》，中国社会出版社，2016，第53～55页。
② 在本课题调研中，笔者发现全国多地在陆续将社区党委、居委会及社区工作服务站等融合为一个新的组织框架，起名为"社区党群服务中心"。在天津一家社区党群服务中心，社区党委L书记还进一步表示，该中心将与两新组织，包括物业公司、业主组织、驻区单位等，通过党建桥梁构建工作的协同机制。

的层面发展。开发商与自办的物业公司之间的这种"父子体制",使得开发商在小区开发后仍然持有相当的权力;另外,还有一些开发商选择捂盘一定面积的房屋,不予销售,凭借这些留置的房屋,筑牢自身在小区的影响力与经营权。①

这种情况产生了市场驱动的社区建设模式。该模式伴随着国际学术界对社会主义国家市场经济转型及其所带来的社会变迁所作的研究而形成。孙立平借鉴市场转型理论分析过社区转型,②他提出社区研究的重点应是市场转型期社区与单位的关系以及这种关系的变化过程与模式。当单位与社区高度合一的重叠结构被打破后,便要求社区成为一种自主的、能够在组织城市日常生活中起着更大作用的组织形态。而城市社区建设的一个重要内容就是脱离单位制框架,成为一个自主的社会生活共同体。但要意识到社区转型是个相当复杂的过程,它需要具备多方面条件,比如组织机制、参与机制、财务机制、激励和监督机制的重构等,此外,社区转型过程中也将形成种种过渡性形态。③ 孙立平对社区建设的复杂性、多样性及渐进性的认识值得重视。

不仅如此,还有一些实证研究也在揭示人们在以市场化方式聚集为社区后,人们因商品交换而偶然聚居一起,原初关系带有鲜明的市场化色彩,而且往往也缺乏天然的精神内联。比如,吴青熹就指出,社区成员间缺乏互动的动力与行为,而由于"相互之间没有交往,所以不能形成共同体"。④ 当然,这种理解可能有些绝对化,毕竟共同体也并不意味着全然相同;即使很多方面有分歧,也未必影响协作共生及共同体的结成;而具有市场关系,甚至买卖对立的双方,也可以在一定层面理解为共同体,典型的就是物业公司与业主的关系:他们固然有冲突,但要明白冲突与团结都值得珍视(one is encouraged to enjoy

---

① 郭于华、沈原、陈鹏主编《居住的政治:当代都市的业主维权和社区建设》,广西师范大学出版社,2014,第 11 页。
② 薛文同:《社会资本转换与社区建设的互动:中国的经验》,复旦大学,2009。
③ 孙立平:《从市场转型到社区转型》,上海社区发展理论研讨会会议论文,上海,2002 年 4 月,第 27~29 页。
④ 吴青熹:《基层社会治理中的政社关系构建与演化逻辑——从网格化管理到网络化服务》,《南京大学学报》(哲学·人文科学·社会科学版)2018 年第 6 期,第 117~125 页。

the conflict as much as the unity)①。关键是要能用更加具有信服力的制度作为基础，将市场规则意识内化于相关的行动主体心中。吴青熹的一些分析值得注意：现代城市社区主要是基于市场购买关系所形成，且工业化加大了居民流动性，使居民间生活缺乏交集、情感上难以彼此照顾，不易产生实质交往，更难形成共同体意识，由此导致社区参与的冷漠症，进而造成社区公共生活中大面积的"搭便车"现象，毕竟大家都是理性人，从成本收益的平衡论看，这种现象也有其自然的道理。② 从新公共行政所强调的公平状态来看，个人在参与公共事务中的收获和付出之间如果能保持均衡，那是最理想的。然而，这种平衡态并不容易达到。就以社区业主维权以及成立业主组织的理性选择来看，业主间的付出与收获不能绝对均衡，总有不劳而获者，也总有具有奉献精神的人，义务、觉悟，甚至传统的"积德意识"才能给社区领袖们一定的诱因激励。这些业主的行动目标之一就是让业主们抱团形成一个业主组织，否则社区会因集体行动失灵而让物业市场的甲方永远不到位，这样市场化过程就不能完成，进而会滋生无数的问题，结果就是让社区善治永远在路上，没有了完成时。

社区居民自理模式对多样性表现得较为宽容，其内涵主要体现为：在新时代要将迅猛发展的大都市中各种各样的人组合起来，组成一个个邻里合作的新社区，建立起一个地方基层自我管理的基础。费孝通认为这一过程的重点是培养新社区共同的社区意识，使新社区能够担负共同的责任，又能使人们按照自己习惯的方式，保持自己的活动空间。当然，费孝通也承认这需要较长时间，他同时指出，在我们所处的信息时代，社区建设要吸纳新的技术元素。这一点在今天表现得更加凸显，如网上"虚拟社区"就是一例，技术的创新也往往会促使人们重新思考和定义社区与社区建设的内涵。同时，赵孟营等作者也曾强调自主治理中社会资本、多中心、非正式制度在社区建设中的作用，希望通过信任关系、共识性规范、市民社会网络的构建来缓解信任危机，规避单中心风险，

---

① C. Raphael, *Ten Jewish Lives in Twenty Centuries of History* (Malibu, CA: Joseph Simon/Pangloss Press, 1992), p. 12.
② 吴青熹：《社会化媒体与社区治理难题的破解——基于社区共同体的分析视角》，《南京大学学报》（哲学·人文科学·社会科学版）2017年第4期，第66~73页。

减少社会成员在社会转型中产生的疏离感与失序感等。① 后来也有很多学者对自理模式进行重述,包括苗月霞对"自己管理自己"模式的提倡等。② 不过,由于存在"社区自主治理中危机不断"的尴尬,③ 郭于华等人还指出应让"业主组织与国家力量联合",也就是通过国家吸纳业主力量进入体制,实现社会国家化的路径;如果不与国家和市场力量联合,则很可能找不到发展的空间。关于自主治理的模式,本书将有专门一章作为案例研究,做更多补充。

第三节 社区秩序的理论考察

如上所述,我国"社区共同体建设"在政策建构层面已形成范式,且在学术观念方面也是洞见纷呈:有将社区建设寄托在韦伯意义上街居科层制力量的,有寄托在开发商物业市场力量上的,还有看重第三方自主治理力量的,这些主张在我国社区研究领域正在争鸣。鉴于不同的力量元素、资源禀赋与管理模式间存在张力,有必要从秩序维度来探求多元主体互动的逻辑。

一 秩序维度理论

秩序对于集体行动的意义再强调也不为过。社区共同体的建设是典型的集体行动,秩序之念不可或缺。冯兴元从系统论指出秩序既"关系到个人基本权利保护,(也)关系到一国兴衰与全民福祉"。他从类型学出发,将秩序分为自发秩序和建构秩序,前者如市场秩序,后者则由外而内施加形成。④ 当前社区处在新旧治理模式转型关口,面对不断叠加的各种矛盾,毛寿龙提出社区的秩序理论,希望能够适应新形势,在社区矛盾特别是物业纠纷及由此引发的业主维权运动渐多

---

① 赵孟营、王思斌:《走向善治与重建社会资本》,《江苏社会科学》2001 年第 4 期,第 126~130 页。
② 苗月霞:《社会资本视域中的中国城市社区建设》,《河北学刊》2007 年第 2 期,第 198~201 页。
③ 陈建国:《业主选择与城市社区自主治理》,社会科学文献出版社,2014,第 4 页。
④ 冯兴元:《自发秩序 vs 建构秩序:本能与理性之间有什么》,《民主与科学》2020 年第 1 期,第 68~70 页。

的形势下，寻找解决路径，从而维系民众安居乐业的幸福感与国家社会稳定的大局。

1. 秩序维度理论的内涵

根据毛寿龙的阐述，所谓秩序维度包括原始秩序和扩展秩序两个层面，前者是基于血缘、地缘、情缘等自然缘分而在人际间所形成的某种较为熟悉、带有情感因素的关系；而后者则属于开放社会的秩序，行动者按普遍、抽象的规则或契约来处理各方面关系。① 应该说这一思想源远流长。费孝通提出的"熟人社会"概念便与"原始秩序"的内涵相似。所谓熟人社会也叫"小圈子"社会，看重"人熟是一宝"，即熟人间的交易成本（或称为社会交往成本）比较低，信任度则相应较高，沟通相对容易。于是，熟人间的这种"交情财宝"就可作为一种相对有保障的可信资源，借以促成人际的信任关系与合作行为。这些自然关系基础上的社会交往，较有利于克服人际互动中的投机风险，因为这些关系本身就会对互动的参与者产生隐形的行为指引和制度约束。通常原始秩序对人的感觉似乎是真正有质感的人际关系，以至于"原始秩序"中的社会交情常常更像是真正的财富。当然，过强的原始秩序也有"非意图后果"（unintended consequences），比如对首创精神的控制，或者对个人自由的限定等。其实从工业革命开始，人类社会就一直在淡化这种原始秩序，社会的发展在促进人力物力资源快速流动、自由排列组合的同时，也导致了"乡村衰败"等，这与滕尼斯"社区与社会"的两分法思想相似。其实滕尼斯提出"社区"（德语"Geminschaft"或英语"community"）概念，主要是用于阐述原始秩序遭到现代化和工业化巨轮碾压下的社会形态。② 此外，吉登斯在《现代性的后果》里面所论述的由传统秩序到现代性的"断裂"（discontinuist）过程，也是基于同样思考。③ 尽管从"能指"看，各种概念表述不一而足，但从"所指"看，这类概念内涵却多有交集，见表1-2。

---

① 毛寿龙：《人类秩序、小区治理与公共参与的纯理论》，《江苏行政学院学报》2015年第4期，第100~107页。
② ［德］斐迪南·滕尼斯：《共同体与社会》，林荣远译，商务印书馆，1999。
③ ［英］安东尼·吉登斯：《现代性的后果》，田禾译，译林出版社，2000，第3、72、89页。

表 1-2 类似于"社区 vs 社会两分"的范式

提出者	"两分"范式
滕尼斯	"社区 vs 社会"的范式
涂尔干	"机械团结 vs 有机团结"的范式
吉登斯	"地域性信任 vs 脱域的信任"的范式
高田保马	"基础社会 vs 派生社会"的范式
里格斯	"自然团体 vs 人为团体"的范式
费孝通	"熟人社会 vs 陌生人社会"的范式
毛寿龙	"原始秩序 vs 扩展秩序"的范式

以上种种,说法虽异,但其实却有着共同的关注点和理解角度。对于上述各种两分法而言,在社区从传统走向现代的过程中,实际的秩序演化的趋势也不无例外地呈现出从前者走向后者的态势。秩序维度理论下,人类在社会互动中所遵守的这两种秩序的运作机制基本上如图 1-3 所示。

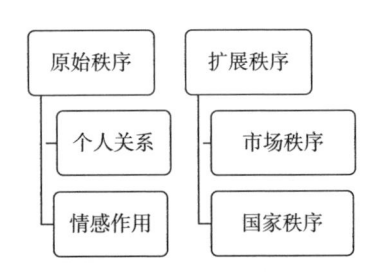

图 1-3 秩序维度运作的依托示意

资料来源:毛寿龙著《人类秩序、小区治理与公共参与的纯理论》,《江苏行政学院学报》2015 年第 4 期,第 100~107 页。

秩序维度理论认为,偏偏是原始秩序下的互动较为复杂,因为人们需要"带着情感生活",而情感本身很微妙,以至于情绪化下的人们通常难以很好地协作;与之对应,在扩展秩序里下,人们按照理性、规范、制度来行动,彼此都有约束,行为也可得到预期,反而使人际互动变得简单起来。所以毛寿龙认为:"在扩展的秩序里,人们相待以礼,一笑做买卖,简单分工合作,按照抽象的规则来参与公共事务,即使冲突也是公事公办,而非私人恩怨。"[①] 里格斯的行政生态学说认为,在融合型和

---

① 毛寿龙:《人类秩序、小区治理与公共参与的纯理论》,《江苏行政学院学报》2015 年第 4 期,第 100~107 页。

棱柱型社会管理模式下，家庭的作用很大，而社团作用微弱；反之，在衍射型管理模式下，社团的作用远远大于家庭的作用。特别是在现代工业社会背景下，社会分工高度发达，社会结构高度分化，代表不同社会利益的功能性社团种类和数量日益增加且十分活跃，成为不同利益诉求的汇聚点和发声者，正是靠着这些力量的存在才能切实执行好监督的职能，也才能确保"定分止争"的共治效果。与此同时，政府也可以利用这些社会组织来宣传政策。

在秩序维度理论的基本预设下，中国新时代的社区可以看作正在从物理封闭的原始秩序走向扩展的非原始秩序。同时，从住房市场化过程中发展起来的市场秩序，也有可能进一步发展出某种类似原始秩序的协调过程。整个发展犹如一个"否定之否定"的螺旋跃迁，即在国家管理秩序下孕育出居住空间的商业秩序。开发商盖好商品房，商业小区就随之产生；居民购买房子就成为业主，原来单位或政府职能部门负责的社区公共服务，随着商品房的兴起，逐渐交给了市场。同时，社区治理结构也在悄然发生变化，今天仍在不断的转型当中。突出表现在街居制原本是配套于计划经济时代的，但现在仍然发挥着基层社会管理的作用。而商品住宅小区中兴起了新的治理力量、治理要求和治理组织，典型的就是围绕物业服务模式和围绕物业权益的各种纠纷，这些纠纷的背后其实就是两种秩序的角力，一种是旧的管理秩序，另一种则是市场秩序。无论是对抽象规则的选择，还是对具体物业权益的态度，秩序维度的不同将直接决定解决方案的差别。为此，要处理好各个方面的关系，就要发展相应的公共参与，在尊重个体的民主协商中，社区建设的问题才能找到令人满意的答案。毕竟社区建设问题本质上取决于人，这也就是为什么同样的制度在有的社区可以行得通，在别的社区却可能产生困难，原因是制度作用的发挥须嵌套在特定环境下才有效。现代社会的"扩展秩序"最终离不开"原始秩序"的支撑，两种秩序互相需要，互为补充。

所以说，秩序维度下，我国基层社区的治理就是国家秩序、市场秩序和原始秩序之间的协调问题。目前，秩序维度理论更多地强调秩序属性的区分，还没有排出具体的顺序。特别是在一些社区，秩序维度理论认为这是典型的原始秩序。尽管没有国家的严格干预和市场的作用，但人们在简单的生活节奏中会更加注意培养科尔曼意义上的社会资本，毛寿龙认为这样的秩序"原始而快乐"。说它原始能够理解,至于快乐与否,由于牵涉主观判断,不好评价,所以后来秩序维度理论也作出修正:原始秩序虽然简单,带着温馨的感觉,但是现代人往往在这样的社区待不住,最后为了"出息"都要走出这样的社区,以至于让它变成了"剩下的社区"。为了改变这种面貌,就需要改变社区的秩序,从原始和封闭走向扩展和开放。

或者可以根据秩序的扩展性和主体性①两个维度将社区秩序区分为四个板块(见表1-3)。

表1-3 社区秩序维度的属性

		可扩展性	
		原始秩序维度	扩展秩序维度
主体性	以个人为基点	个体自我的秩序	自由排列组合的合作与交换秩序
		近乎霍布斯的自然状态	注重法治与市场契约的陌生人社会
	以共同体为基点	传统社区的原始秩序	国家秩序介入社区的秩序样态
		注重社会资本的社群或部落状态	国家治理现代化要求下的社区样态

首先,社区是人的社区。那么,了解社区的治理,就要以了解人作为起点。换句话说,营造社区秩序之前最好搞清楚"认识自己"的问题,然后以此为基础来理解更多的个体,理解集体的行为,进而理解共同体生活所需要的秩序环境,最终实现公共秩序与个体选择间的有机结合。只有这种秩序才是内在、可靠与可持续的。譬如说,若有人认为社区需要热心肠、参与、责任感,那他不妨先问自己作为社区居民是否能够表现出热心、参与精神和责任感。否则,己所不能,何以能苛责他人?所以,假若个体的秩序能够建设好,成员皆能严于律己,则社区的治理尽可以无为而治;否则如果个体层面尚难打理好,则社区秩序的营造和维护势必如空中楼阁,最终只能是一盘散沙。

其次,社区共同体意识的培养要从家庭做起。家庭作为微型社会,本身就是正能量秩序的有效供给源。虽然依靠家庭形式来管理具有原始简单

---

① 即如果认定主体性是基于个人的,则任何他人都是外人;但如果认定主体性是基于群体、集体或共同体的,那么,一定范围的他人也被认为是"自己人"而非外人或他者。

的社会条件下的人们互动的典型特征，但也应承认人们正是在家庭中才开始学习合作、分享及责任等社群技能，因而家庭被称为人生第一所学校、第一个课堂，起着教化社会成员的作用。因此，注重理性的社会发展到一定程度也会出现"重新部落化"的现象。

再次，社区中的国家秩序也十分重要。抽象理解"基层自治"为群众自己的绝对治理，显然容易走向治理误区，毕竟在人们有限理性和投机性交织于世界的现实条件下，国家的保护职能在社区建设中不可或缺，社区秩序天然需要嵌入国家治理秩序才能得到有力的维护。国家治理现代化大局中，社区作为社会管理的重要领域，势必将纳入其中，从而让国家治理思想贯穿到社区层面。

最后，与以血缘、地缘、亲缘乃至单位缘等"缘分"为基础的熟人社会相比，带点"兼爱""博爱""大同"色彩的陌生人社会，可能更趋于理想。因为这种社会预设，只要具有人类身份就可以平等参与和实现人际合作和资源共享，而无须区分性别、年龄乃至民族、国家、文化等身份属性。这种秩序或许还可以分化出两条分支，一种可能是走向立足个体的、任何其他个体都可以作为交易对象的扩展市场秩序，当然这种秩序的自由状态必须建立于法治保障的基础上；另一种则可能接近"各尽所能、按需分配"的共产主义理想状态，它不仅要求生产力高度发达，物质极大丰富，而且每个人都能获得全面发展，尤其是每个人都要具备高度的觉悟和最少的投机心。

2. 秩序营造与社区共同体建设

用历史看，追求良好秩序一直都是社会治理的核心要义。无论对于宏大的宇宙或人类共同体，还是对细微的家庭或社区共同体，秩序都是共同体赖以存在的必要条件。那么，新时代基层社区的秩序应该呈现何种样态？其构成要素如何？各种维度的秩序间存在何种互动逻辑？回答这些问题就势必要关注秩序的内涵。从字面看秩序的"秩"，《说文解字》解释为"积"，而"积"本身就蕴含着先后、层次的意思；至于"序"，原来是指"东西墙"，延伸为"厢房"，进而代指"议政、祭祀的场所"。所以"秩序"合起来就带有"积聚"和"理性下的次序研究"之意蕴，表示聚积在一处的人们为共生共存而在理性指导下有次序地配置和界定各自的身份、权利与资源，从而协调好彼此的互动伦理、相互信任与合作规范，最终在共同体内达成某种"有条理的情况"，① 即社区共同体的秩序。因此，治理秩序所着眼的并非具体的项目或规则内容，而更多地关注人际互动的一种社会生态，包括价值、信仰、关系、信任及伦理等因素在内，因而具有高度的复合性。

依照辅助性原则②，国家秩序介入社区的范围和程度应该取决于原始秩序和扩展秩序中市场和社会的能力和需求。由于市场和社会的能力以及原始秩序的因素在工业化及后工业化时代都在显现出深刻的变化，秩序互动的情况就会更为复杂，但最终会在复杂的互动中发生某种化合反应，进而熔铸成新常态下社区秩序的样态。应该说，对于社区治理而言，秩序的选择取决于社区建设方向和目标的确立，就像一千个人眼中就有一千个哈姆雷特，国家秩序、市场秩序乃至原始秩序所理解的社区样态也是各自不同的。因而，在形塑社区新秩序的过程中，需要统筹考虑各种行动主体的需求、利益、期待，对不同维度的理性和诉求予以调适和综合。接下来对社区秩序演化中的一些行动者要素试作分析（见表1-4）。

表1-4 基于秩序维度对社区多元主体的分析

行动主体	居民/业主	行政部门	司法部门	居委会	物业公司	第三方组织
影响社区的秩序维度	兼有原始和扩展的混合秩序	国家秩序	国家秩序	倾向于国家秩序的混合秩序	市场秩序	市场秩序及部分原始秩序
对社区的理解	生活场所；恒产恒心的财产寄托	基层治理单元	社会纠纷源之一	服务对象；也是居委会存在的依托	用以赢利的市场	广义交换、自我实现的场所
价值认同	居民安居；业主乐业	稳定、有序、和谐	守法、理性、规则	明确责权利范围	利润、商机、CSR	提供服务；实现价值
公共政策取向	既能保障权利、又可享有自由	民生福利统筹协调性政策	保护理性捍卫正义	偏好更多政府资源的介入	行业利益；劳动保护	"划桨"性事务可开放供给方式

---

① 吕青：《"村改居"社区秩序如何重建？——基于苏南的调查》，《华东理工大学学报》2015年第6期，第50~56页。

② 刘莘、张迎涛：《辅助性原则与中国行政体制改革》，《行政法学研究》2006年第4期，第9~15页。

首先，在社区主要行动主体（居民/业主）看来，社区是其共同居住的环境，包括生活场所、设备和条件等居住方面的使用价值。从基层群众角度看，居民安居、业主乐业、生活方便、恒产恒心等，都成为他们对社区秩序的朴素期望。

其次，对于国家行政、司法部门来说，社区就是基层的治理单元，其关注点在于维护一个安定、守法、和谐与文明的秩序，这是国家秩序和社区秩序交叠的诉求。因此，国家会在社区投放警力资源，维护地方的平安；而社区自身也可能委托物业服务公司选聘社区保安来维护这种秩序。此外，国家秩序在社区中的体现还表现在民政福利政策的落实方面，比如残疾人的优惠政策、养老助老政策的贯彻等，最后都需要下沉到社区来实现。因此对很多社区来讲，国家秩序的介入对于民生福利仍显重要。正因为此，居委会的社工也就常常面临双重委托、双重责任：一方面要做好居民的代表；另一方面又要在人财物等方面仰赖上级机关。这样，无论学术界如何倡导社区的"去行政化"，在社区机构层面都将难以推行；相反，社区居委会工作人员关于增强"行政化"的呼声却时有所闻，值得重视。这在笔者2014年对一些社区的实际调查中可以得到证实，譬如B市X区某社区工作人员就对于社工身份的认定以及上升渠道的开通表达过诉求，而在2016年就已有这方面的政策，即允许优秀社工直接调任公务员，或给他们事业编制。对于基层社区居委会、工作服务站等社区工作人员来讲，社区的理想秩序或许恰恰是国家秩序的强化，至于社区事务的开展，更多的都是在纳入行政体系来贯彻执行。所以说，法律意义上属于群众组织的居委会就常常被认为过于行政化，而这种局面却实际上是社区居委会及社工们所乐见的，因为这是其身份和利益的依托与保障。

再次，社区行动主体的物业公司则是社区中市场秩序的代表。早在"十五"期间国家就明确规定，商品房开发的规划、设计、销售、物业管理实行分业经营，还要求过去计划经济下的房屋管理也要彻底走向市场化的物业管理模式。但须看到，物业管理公司尽管自称是物业管理，其实并非社区的管理者，因为从属性上看，物业管理公司代表的是市场秩序，是靠服务来换取利润的经济组织。因此，定位为房地产第二次开发的物业公司，要在市场秩序中立足就必须为作为其市场的社区提供相应的服务。既然如此，物业公司与业主之间就不是谁管理谁的问题，他们在性质上只能认定为供给者与消费者之间的市场交易关系，因而也就需要遵守市场交易的秩序和规则，即以买方（业主）的意志为出发点，买卖双方通过协商确定服务的类型和价格，而不是物业公司强制业主接受服务价格，或者强制业主接受服务，否则将跟市场上的强卖或垄断没有区别。然而，现实中社区领域却矛盾频仍、纠纷杂陈，归根结底就在于物业公司忽视了物业服务的市场秩序维度，以至于购买服务的一方感觉自身消费前未能知情同意，而提供服务的一方则往往产生一种小区"管理"者的错觉，结果滥用了身份，也让问题的解决偏离了应有的秩序维度。但话说回来，从物管行业来看，物管行业已然成为维系社会民生的一大支撑。除个别专业性很强的技术工种外，大多数物业公司的员工都是进城务工的"农民工"，这类人群在就业市场上显然居于弱势地位，而人数还十分庞大，据中国保安协会2009年的内部资料，中国保安服务人员已多达350多万人。随着商品房小区的激增，这个数字到现在恐怕还会更大。物管行业在民生、维稳、吸纳就业乃至城镇化有序推进等方面具有特殊的作用。

最后，对于社区中的第三方组织（或社会中介组织）而言，它们的作用主要体现在市场秩序维度。社会能做的交给社会，市场能做的交给市场是社区治理的一个原则，而社会与市场主体究竟能做什么当然就是一个紧要的问题。事实上，在社会企业家们的推动下，社区服务的第三方组织一方面填补了市场中的空缺，把握了市场先机；另一方面也适应了政府向社会和市场转移职能的诉求，因而这些组织也将会在为社区造福、为政府分忧中实现其自身的发展。

综上所述，可以用图1-4的框架来对社区秩序的互动及演进机制作归纳。

社区秩序营造所需要采取的措施取决于社区秩序营造的目标，而目标的确立显然受到国家治理现代化目标的影响，同时社区层面民情民意、原始社会秩序的质量、市场秩序的作用、社会组织的力量以及国家秩序约束等因素，都在不同程度上对社区实际的秩序构成影响。至于最终在社区中实际呈现出来的秩序样态，自然是诸多因素共同作用下合力的结果，而这个合力的方向和力度也就成为塑造未来社区秩序的直接变量。

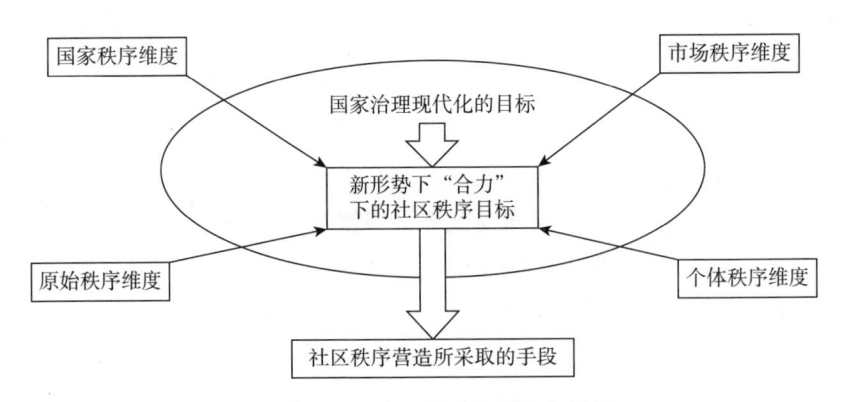

```
┌─────────────┐         ┌─────────────┐
│ 国家秩序维度 │         │ 市场秩序维度 │
└──────┬──────┘         └──────┬──────┘
       │   国家治理现代化的目标   │
       │      ┌──────────────┐  │
       └─────▶│ 新形势下"合力" │◀─┘
       ┌─────▶│ 下的社区秩序目标│◀─┐
       │      └──────┬───────┘  │
┌──────┴──────┐      │   ┌──────┴──────┐
│ 原始秩序维度 │      ▼   │ 个体秩序维度 │
└─────────────┘  ┌────────────────┐└─────────────┘
                 │社区秩序营造所采取的手段│
                 └────────────────┘
```

图 1-4 社区秩序的内涵及演化逻辑

奥尔森提出过一个观点，即个人理性会导致集体非理性，这也就意味着为实现特定的集体理性，在没有特定秩序的情况下很有可能要求集体中的某些个体暂时性地搁置自己的理性选择。为此，便衍生出理性排序的现实问题，这便进入秩序的范畴。也就是说，集体行动注定离不开秩序，否则就会失序。

总而言之，秩序的逻辑所强调的就是"先后排序"的问题。像丁煌所说："秩序无非是各有其位、各就其位，事物应该按照内在联系适当地选择自己的位置，良好秩序的特征即是合适的人在合适的位置上干合适的事。"① 布坎南也认为人们都是基于效用函数所规定的等级次序来对个人物品和公共物品进行排序和选择的。② 可见，我们研究秩序，不仅要求情绪让位于理智，还要求低位的理性服从高位的理性。对一个健全社会的运行而言，成员不能够一味按照个体所认知的理性来各行其是；相反，新时代仍需对共同体的无序或失序保持警觉与防范。就社区共同体建设领域而言，社区秩序的目标首先要求考虑国家治理现代化的整体愿景，而后按照"活力和秩序"的方针，充分倾听来自原始秩序的呼声和扩展秩序的诉求，在参与能力、选择能力、社会能力及市场能力得到较好开发和使用的情况下，使它们共同作用来形成"利民宜居"的新秩序。所以，社区秩序的质量在很大程度上就取决于社区主体从事集体行

---

① 丁煌：《西方行政学说史》，武汉大学出版社，2015，第 52~53 页。
② James Buchanan & Gordon Tullock, *The Calculus of Consent* (Indianapolis: Liberty Fund, 1962), pp. 33-37.

为的协作意愿和技能。根据变革管理理论,当旧有的秩序均衡被打破或出现"创造性破坏"时,人们常因"难于放弃过去的成功做法"而遭遇路径依赖的问题。为防止"刻舟求剑"般的拘泥做法,就需要在新型社区秩序的营造中,处理好新旧秩序的张力关系,协调好各种行动主体的利益诉求,让不同的利益找到最大的公约数,从而将无序变为有序。可见,有效的多元参与和有力的集中协调在社区秩序营造中都必不可少,而党领导下的社区协商机制也就成为新时代社区秩序营造的重中之重。如果有了社区协商机制,以及相应的原始秩序、市场秩序和党政秩序的支撑,社区共同体方能真正避免失序,成为具有良好秩序维度的生活共同体。

3. 秩序维度下政府在社区建设中的职能探讨

社区善治在于政府秩序和社会与市场秩序的良好协调。毛寿龙认为在基层社会的商业小区中,目前形成了政府真空的弱社会,也就是说,虽然政府制定了有关法律法规和条例决定之类的文件,但是政府如果没有积极介入,那业主、开发商和物业公司会矛盾丛生,若听任不管将造成社会的失灵。① 从当前遍布全国的商品房社区发展的过程看,实际上政府职能从一开始就缺位于商业小区的管理。单凭社会自身发展,社区中大部分都很容易陷于公共治理的失败之中。鉴于社会自治能力不足,政府假如不去积极作为,不履行必要的职能去提供帮助,也不去支持社会组织,那么最终会出现一个弱社会的结果,而这时候再评价社会管理的效果,就会怀疑任这种社会管理模式发展下去的合理性。所以,政府对社会要有比较高的渗透能力,并确保充分履行政府职能,提供公共服务。政府在执行法律和法规方面要充分支持社会力量依法发展,并在运作成本方面,给予充分的支持,从政府的角度替社会排忧解难,包括提供平台支持社会组织发展,支持居委会发展,支持业委会活动等。当然治理中人的因素仍然是第一位的。全国很多社区的管理模式虽然多种多样,但有一点相当关键,那就是人的因素跟制度因素同等重要,有些情况下甚至比制度还要重要。因为制度不合适,还可以通过人来调整,但

---

① 毛寿龙:《改革以来社会治理模式变革的历史与经验(下)》,2015,百度文库,https://wenku.baidu.com/view/9d0bac3dfc0a79563c1ec5da50e2524de418d01f.html,最后访问日期:2019 年 12 月 20 日。

即便有了理想的制度和政策支持，却没有得力的人去落实，这样的制度和政策也没有实际意义。所以，秩序维度下政府职能要到位，而社区居民的参与也是必不可少的。由此促进政府职能和社会职能的有效衔接，这也是保证社区秩序和活力得到兼顾的条件。既有活力又有多样性和灵活性的社区，在这样的社区共同体中，人们可以充分交流协作。①

一般来说，按政府职能介入社区治理的程度，可将社区建设路径分为政府控制模式、政府主导模式、政府辅助模式以及居民自主模式等。杨宏山认为"市场经济体制下，政府的主要职责是弥补市场缺陷，提供市场不能有效提供的公共产品和公共服务"，因而在社区层面政府更多地应将主体责任转移给社会和市场，包括企业、社区组织、居民等都应参与进来。同时，借鉴国外成熟的新公共管理理论，杨宏山认为政府对于社会能做好的事务最好"减少划桨、增强掌舵、突出服务、保障规制"。② 不过，新社会条件下的政府主导，既区别于自下而上的社会生成路径，也根本有别于我国在改革开放之前的政府控制主导路径，③ 其关键在于构建开放的治理平台，吸纳社区层面各方力量来参与治理，以便达到"分工负责、优势互补、良性互动、无缝协作"的治理模式。换言之，应倡导市场主体、社会力量广泛参与的网状治理模式，从而让政府、市场、社会的职能都充分发挥，充分释放多元主体的巨大能量。为此目的，需要特别注意创造条件来方便社会组织的设立及作用的发挥。社会组织需要"增能""赋权"，承担起社区具体服务的供给责任。比如基层生活服务、公益事业、慈善互助服务、矛盾调处等都可以在"自我管理、自我服务"的机制下进行。针对现代社区"功能碎片化、结构个体化"的现象，需要通过多中心和协商民主理论来建构"社区治理共同体"，方法就是从党建出发，依靠自上而下的协商机制，搭建起一个党建联建平台，包括上边的区级党委和下边的社区党组织，以及社区共建的单位党组织。同时，根据居民需求，还可以搭建起一个需求反馈式协商平台。

---

① J. Jacobs, *The Life and Death of Great American Cities* (New York: Vintage Books, 1961), p. 342.
② 杨宏山：《城市管理理论与实务》，中国人民大学出版社，2016，第87页。
③ 郑琦、乔昆：《论社区共同体生成的政府培育主导路径》，《北京社会科学》2010年第6期，第55~58页。

以这两个平台为基础,将治理主体的各个因素纳入协商的范畴之中,最终实现基于共同意志和目标的"社区治理共同体"的建构。①

4. 国家秩序在社区共同体建设中的偏好

新时代仍需要对共同体的无序或失序保持警觉与防范。特别是,在建设基层社区共同体的过程中,永远不能忽略国家治理秩序。国家秩序在社区共同体建设当中将始终处于统领地位。国家关于社区共同体的定位将直接影响着社区建设的路径选择,美好社区建设离不开国家强力的保障。所以,基层社区建设的第一考虑要素也应该是宏观的国家秩序。

不以规矩,不能成方圆,由于社区共同体牵涉众多组织和个体,利益纠葛甚至冲突都是难免的,为此,一定的制度约束和秩序引导都是必要的,否则很难称其为共同体,毕竟共同体就意味着某种信任的制度化。事实上,共同体与个体间的关系问题曾经激发人们提出了许多卓越的思想。亨廷顿指出,对于共同体的治理而言,"首先必须有权威",否则一个不能有效规制的政府,将"不仅是软弱的政府,也是不道德的政府。(原因在于)政府的职能就是治理国家,一个软弱并缺少权威的政府无法履行其职能,这个政府就如同受贿的法官、怯弱的士兵、愚昧的教师一样,是不道德的"。② 为此,在政府实施社会管理过程中,确保政府能够有效地树立自身的权威,将成为社区共同体建设的重要前提。

在国家宏观治理体系中,社区共同体建设应该被纳入政府的社会管理职能,当然侧重的是对基层社会的管理,虽然是基层,但也正因为是基层所以显得更加关键,因为大家都知道,没有基层的稳定,就没有全局的稳定。在工业化乃至后工业化让我们进入高度复杂的社会的今天,稳定的法治、稳定的收入、稳定的产权等都是美好生活向往的内涵。③

顺便提及,历史上北京老城门的取名就集中反映出人们对稳定的诉求,比如"天安门""地安门""左安门""右安门""永定门""安定门""广安门"等,这些名字无不体现了人们盼望安居的"趋稳心理"。

---

① 何威:《治理共同体建构:城市社区协商治理研究——以上海市普陀区为例》,博士学位论文,华东师范大学社会发展学院,2018。
② 〔美〕塞缪尔·亨廷顿:《变革社会中的政治秩序》,李盛平、杨玉生等译,华夏出版社,1988,第2、18~19、39页。
③ 景朝亮:《试论双回路维稳模型》,《山西高等学校社会科学学报》2012年第9期,第30~35页。

而我们讲求规矩、制度化、契约精神等，也无非是希望人际互动的"确定性"。张康之指出"人类在喜好必然性方面中毒甚深"，①其实也并非人们中毒太深，稳定性和确定性乃是共同体存续的必要条件。就社区建设领域而言，一个主要目标首先就是建构一个比较"确定性"的社区秩序。所以，应先有稳定的大局，再注意参与能力、选择能力、社会能力及市场能力的开发和应用，由此形成"利民宜居"的新秩序。

二　邓巴数约束下社区共同体的想象性

虽然毛寿龙的秩序维度理论显示，人类有一个从原始秩序向扩展秩序演化的趋势，然而，安德森在《想象的共同体：民族主义的起源与散布》中认为："所有比成员之间能面对面接触的原始村落更大的一切共同体，都是想象的。"②这也就意味着扩展秩序的建构与维系在很大程度上是需要人们的抽象能力与理性规则的。而更具有实质互动、群体化的秩序还是原始的。邓巴曾经专门研究过人类面对面交际的人数，在人类有限的信息处理能力之下所能够达到的数量，也就150人左右。无论我们在多大的社区共同体生活，能够有效交往、形成社会资本的成员数都是有限的。这就意味着，目前我们动辄有成千上万成员的商品住宅构成的社区共同体，在很大程度上要归于"想象的共同体"范畴。

张康之阐述过人类社会进入高度复杂性阶段的特点。所谓复杂性也就是相对于人的有限理性而言的。信息爆炸的时代彰显出人自身处理能力的不足，正因为人类理性有限，所以才显得社会公共事务高度复杂。反过来说，事情越复杂，越能凸显人类理性的有限，假如人类有无限理性，自然也就没有复杂和危机可言了。正是由于人的能力的局限才导致人们有效社交的人数通常也是有限的。人类有限的理性、有限的信息处理能力和有限的交往能力与近乎无限膨胀的信息量和复杂的共同体事务要求之间，就存在深刻的张力。下面谈谈这个邓巴数与我们建立社区共同体之间的关系。

---

① 张康之：《为了人的共生共在》，人民出版社，2016，第3页。
② 〔美〕本尼迪克特·安德森：《想象的共同体：民族主义的起源与散布》，吴叡人译，上海人民出版社，2011，第6页。

1. 邓巴数的内涵和意蕴

邓巴曾经从生理学上探讨人类大脑皮层与人类组织规模间的关系，最后根据大量生物学样本得出结论，人类能够保持的社会关系的人数一般在 150 人左右，这个数额被称为邓巴数。当然这个数值，在今天的社区明显是非常小的，现代社区人口通常都非常庞大，注定不可能出现传统社区中成员密切联系的样态；更多地，社区样态终究要从原始秩序走向扩展秩序。邓巴为人类社会共同体规模做过考古学探索，结果发现在原始社会，人们的生活方式以狩猎、采集为主，逐水草而居，居无定所，成员出入相对自由，共同体生活规模一般是 30～50 名成员；后来人们的生产活动越来越注重分工，成员之间的互赖性增强，成员规模也就增加，可以达到 500～2500 人；对居住环境的要求也相对固定，人员不是随便迁徙。在当时社会条件下相对稳定的居处环境，对于人们形成共同的语言、文化、制度都是非常重要的，相对稳定的住所客观上有助于增加人们的信任和社会资本并提高相互协作的概率。即便某些人类组织看上去很大，但是人们之间有实际互动效果的组织规模通常也就在 100 人到 150 人。有趣的是，今天在有些公司的运作中，当需要扩大经营时公司也会考虑设立独立分公司，而不是在原有公司组织上扩大规模，这应该也是受到这种邓巴数的限制的缘故。毕竟当某个互动群体人数过多时，很多人都会变得符号化。邓巴认为灵长类动物的社会组织有个特点，即一旦形成则成员通常不能再随意进入和退出，内卷化与结构化倾向明显。事实上，在邓巴看来，人们之所以要维系一个共同体，其意义就体现在需要定期聚会、见面、接触，因为人们在这种集会和多种感觉的参与下，会在体内形成一种特殊的化学物质，这种物质可以给人带来愉悦，起到某种团结与凝聚人心的作用，让人们更乐于融入这种共同体组织当中，[①]这也是马斯洛所谓的归属感需求的生理表现及机理。

所以说，能够实现定期集会和物理社交，对于真正意义上的社区共同体来说是必要的，这也就是为什么说互联网时代所谓的"脱域"社区，常常让我们感觉如同"镜花水月"一般，只能停留在可见而不可即

---

① R. Dunbar, *How Many Friends Does One Person Need? ——Dunbar's Number and Other Evolutionary Quirks* (Cambridge, Massachusetts: Harvard University Press, 2010), pp. 24, 25, 28, 287, 288.

的层面，它严格来说其实并不算一个共同体。联系到我国传统的基层社会管理制度，人们会觉得邓巴数效应也在起着作用，也就是人数规模要能确保成员彼此之间有效的联系与互动，让共同体能具有真正的意义。比如历史常见的里甲制或保甲制的核心理念是分而治之，在规定的人数规模范围内实行有效治理。

那么这个邓巴数效应对现代社区共同体的治理有什么影响？邓巴指出，能够把社区凝结在一起的力量，实际上是成员间的互惠性和责任感；但是，当共同体的规模超过了150人之后，这种感觉便会淡化甚至消失；当这种互惠性和责任感淡化后，人们就很难找到这种关系的实际用处，即便知道谁是谁，知道谁跟谁有什么关系，但都无法从他们那里得到有效的反馈、互动和协作，这也就让这个物理结合的共同体失去了社会意义。马克思论述的社会异化（alienation），也是工业时代、陌生人社会下的产物。相比较之下，费孝通用差序格局解释过中国社会的"同心圆"结构，核心就是人从亲切、小范围的核心共同体体验开始，随着识见、心量和能力的扩大，而渐次放大共同体的范围。无独有偶，邓巴也认为人际相处中每个人都以自我为中心，往外是三五个真正的朋友，然后是十个左右较好的朋友，再往外推就是三十多个泛泛之交的朋友，再往外就是常说的熟人，如图1-5所示。在这些关系中越靠里面的关系就越可以算是自己的真关系，比如在遇到困难时可以向他们寻求建议、安慰等帮助。

虽然说"博爱""一视同仁""四海之内皆兄弟"等理念听上去都极美好，但因人们的精力及注意力的有限性，人们即使在较亲密的圈层当中，往往也只保留有限的几个人当作真正的朋友。能够进入某个人亲密圈层的人数通常是相对固定的，即便有新成员加入，也总有一个旧的成员可能被置换到核心圈层以外去，这可以说是人们注意力占用的"挤出效应"。在真实世界中，能够居于内圈层的虽然不能说都是血缘亲戚关系，但这种生物因素却占到了很大比重，当其他条件相似的时候，最终"血浓于水"的效应将起到决定作用，这是人的感情属性使然。这种关系在实际中远比见面缘、兴趣缘、乡缘、地缘要可靠得多。

从生物学角度看，群类中能力强者对有困难者予以帮助会有助于整个群体长久的发展，甚至我们现代社会的社会保险制度也是希望通过

第一章 文献综述

```
        陌生人
     将近百个熟人
   三十多个泛泛之交的朋友
     十个左右较好的朋友
       三五个真正的朋友
           个人
```

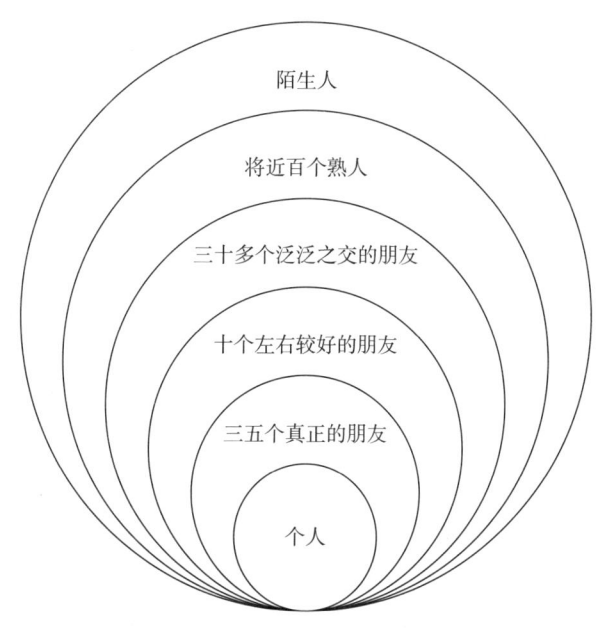

图 1-5　邓巴所说的"以三为倍数"的人际关系格局

资料来源：R. Dunbar, *How Many Friends Does One Person Need? ——Dunbar's Number and Other Evolutionary Quirks* (Cambridge, Massachusetts: Harvard University Press, 2010), p.32。

"看得见的手"，让成员之间担负起相互扶持的责任。人类虽进入了现代社会，但这种基本的共同体判定的情结仍发挥着根深蒂固的作用。在笔者所作的问卷调查中，在关于社区共同体主观感知的问卷调查中，虽然人们对共同体的标签认定不一致，但相对于居住小区而言，更多的受访者会普遍把个人圈子当作有实质意义的利益共同体，而将与所居住社区邻居认定为一个共同体的受访者仅占到了三成，更多的人还是将自己与亲戚朋友捆绑在一起；还有为数不少的人觉得工作单位更像一个共同体，如田毅鹏等人所阐述的"单位共同体"那样[①]（见图1-6）。

这种现象也可以理解为毛寿龙所说的"原始秩序"在现代社会的回归和所起的作用。比如，现在在很多小区承担保安、保洁工作的多是进城的农民工，这些人群虽然身处工业社会及后工业社会，但也十分依赖原始秩序的力量，甚至他们的工作机会本身都是靠亲戚朋友或老乡给

---

① 田毅鹏：《单位共同体的变迁与城市社区重建》，中央编译出版社，2014。

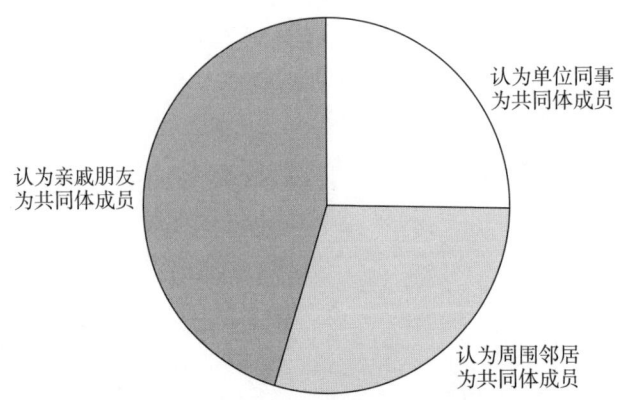

图 1-6 居民关于共同体成员的主观认定

资料来源：问卷调查。

介绍的。某年春晚曾有一个小品，描述的是介绍"同乡伙伴"到某单位工作的情况，便是真实世界中这种原始秩序的作用的反映。邓巴解释说，社区共同体之所以会给人带来温情感，或者总是跟一些美好的观念相连，就是因为人类社会早先的社区原本便是基于亲戚朋友、熟人圈子来构建起来的，严格意义上说，也只有这层关系才算是共同体。他举例说，当一个人被扔到冰冷的海水中时，只有他的近亲才愿意冒险救他。① 民间有"打虎还是亲兄弟，上阵莫过父子兵"的警句。当然，要融入这样的圈子，也是有门路的，常见的就是结亲，通过婚姻关系，实现两个家族的融合，结成更大的原始共同体。事实上，在今天的社区物业纠纷中，人们同样会指望通过熟人来寻找解决办法。比如有人就指出，当"大家都熟悉了，很多矛盾就化解掉了，（为此）业主组织可以经常组织一些活动，比如踏青、春游、采摘等，也邀请保安、保洁、物业公司一同前往"，为的是增进彼此的熟悉度和缩小距离，从而让问题能够提前得到预防，"把矛盾化解在萌芽中"。同时随着业主之间熟识，小区内关于公共事务的业主大会的参与率、办事效率也都得到极大提高。② 这就是说小范围的、亲密的、熟悉的关系，对于社区共同体的认同感以及社区共同体的治理都有着特别重要的作用。

---

① R. Dunbar, *How Many Friends Does One Person Need? ——Dunbar's Number and Other Evolutionary Quirks* (Cambridge, Massachusetts: Harvard University Press, 2010), p. 38.
② 郭于华、沈原、陈鹏主编《居住的政治：当代都市的业主维权和社区建设》，广西师范大学出版社，2014，第 77~78 页。

2. 规模变化带给社区共同体建设的难题

众所周知，我国基层的社区生态正在进行大转型。传统社区人数少，成员彼此熟悉，更多情况下甚至是沾亲带故的家族聚居一起，以至于人们更习惯使用姓氏来为社区命名，如张村、祝家庄、庞各庄等名称，本身就反映了这样的社区秩序。随着城市化，自然村落原始的社区共同体秩序被打破，流动人口增加，原有的邻里关系和熟人社会格局被重塑，原来的遍布于我国各地大量的"李家屯""王家沟""岳各庄"之类逐渐被如今的"幸福家园""世纪名园""珠江帝景""嘉禾园"等替代。原来熟悉的近邻或对门，也逐渐变成了"对门而居"的陌生人。据相关研究，目前的社区中，地理要素并不是人们发展邻里交往的必然条件，也就是说并非住在一起的人们才构成相互协作的有机共同体，相反，社会要素的影响要更具决定作用，社会距离的影响远大于空间距离。[①] 不仅社区内有机团结难以形成，就是基本需求的安全也会成为问题。比如，张晨认为一些社区门口的保安基本上只有"象征意义",[②] 这样的环境下人与人之间不可能在短时间内形成强烈的认同感、归属感。实际上，现代小区中，由于打破了过去的熟人纽带，再加上进出各家各户装修好的单元房不如过去那样自如，居民之间的交流成本空前提高，使其相互交往也逐渐减少，导致"长期互动中形成的责任意识，以及安全感和认同感的共同体意识恐怕只能是水中月、镜中花"。[③]

另外，关于社区事务，人们通常只有当觉得与自己有关时才会积极参与，否则便可能事不关己，高高挂起，这就促使"视若无睹，听而不闻"的社区参与冷漠症成为常态化现象。即便我们倡导社区参与、协商民主之类的理念，但是不同的居民民情相差很大，由此导致参与的实际效果也会大为不同，最后让各种美好的社区愿景仅仅停留在脑海里或纸面上。

[①] 赵衡宇、胡晓鸣：《基于邻里社会资本重构的城市住区空间探讨》，《建筑学报》2009年第8期，第90~93页。

[②] 张晨：《城市化进程中的"过渡性社区"：空间生成、社会整合与治理转型》，广州人民出版社，2014，第259页。

[③] 张晨：《城市化进程中的"过渡性社区"：空间生成、社会整合与治理转型》，广州人民出版社，2014，第259页。

莫斯卡提出，一个群体中小部分个体的实力或影响力往往远超大多数，① 这听上去似乎是一个悖论，但它的依据值得注意，即人数少事情才好处理；而人数多就会增加彼此协调与组织的成本，反而更容易促成集体行动的困境。很多社区中大多数居民之所以呈现出一盘散沙的局面，其实有着组织学的原因。根据布坎南和塔洛克的阐述，人越多，协调也就越难实现。这一点在社区业主组织协调当中表现得很突出，很多情况下，相比于大型社区，人数较少的小区更便于组织，人员容易抱团，管理效果也会好一点。

因此说，组织学原理对社区共同体建设很有启发。在社区中，如果大部分人不关心公共事务而暂时充当了"散沙"角色，那必须有另外一部分人，或者以党员身份，或者以居委会干部身份、志愿者身份，再或者以业主领袖、积极分子等身份，站出来为大家做事、发声，从而形成社区层面集体行动的核心，实现社区共同体的预期秩序。这种机制的实质，用一位深圳业委会主任的比喻来说，就是"在散沙之中添加水与土，按一定比例调和后，形成极具强度的混凝土"。所以，社区共同体的建设最终是人的动员、组织与管理问题。为此，我们要客观看待社区问题，社区之所以是共同体，有利益共同体的因素、市场共同体的因素，甚至还有政治共同体的因素。社区善治秩序的达成，需要各方各自遵守契约精神、法治规则，需要感情属性与理智属性的统一，需要该讲理就讲理，该讲情分就讲情分，该讲权威规则就讲权威规则。毕竟在陌生人组成的新社区中既要有传统社区的禀赋，还要从实际出发照顾现实有限的条件。有时候按照规则来互动可能是成本最低的办法，这就像每天在路上开车的司机们，尽管彼此都不认识，但既然行驶在同一条路上，就得遵守相同的交通规则。在社区里，即使人们不知道邻居姓甚名谁，但可以确定他或她将按照理性来规范自己的行动——这种内在的信任和外在的制度规则将是陌生人间核心的秩序模式。虽然不了解各自的背景，但至少每人明确都会遵守共同的规范来行动。如果缺乏这样一种秩序及对秩序的信任，和相信对方也会遵守秩序的预设，那人们就会协作失败。在规范

---

① Gaetano Mosca, *The Ruling Class* (New York and London: McGraw-Hill Book Company, Inc., 1939).

之上，再注入互利性和信任感，就会形成人们相互的默契。这其实也是一种"潜在"的规则，即"我对你好、你也须对我好"，这时候可以说陌生人的社会也在向社区回归。

三 多元共生的治理理论

1. 共生理论概述

理性选择不能脱离参照的大局，否则难免陷入"公说公有理婆说婆有理"的纠缠，貌似谁都有理但结果是各行其是。于是，这就衍生出一个命题，即理性也得有层次，是一个需要排序的现实问题，而这就进入了秩序的范畴。奥尔森关于"个人理性导致集体非理性"的说法在一定程度上解释了公地悲剧发生的原因。为实现集体预设的理性，有必要让某些个体暂时性地搁置个人角度的理性选择，这被理解为走出集体行动困境的必要选择，成为多元共生的条件，否则互不相让的结果无疑会导致共同体的衰落。所以说，集体行动注定离不开秩序，如前所述，它不仅要求情绪让位于理智，还要求个体理性照顾集体理性、低位理性服从高位理性。

某种意义上讲，人类构建组织，营造共同体的一个目的也就是为了能够做好这种多元互动的协调工作。管理学家西蒙指出："一旦任务需要几个人去努力完成时，就有必要建立一个通过有组织的努力去完成集体任务的过程，毕竟各执己见且老死不相往来总不如齐心协力执行哪怕一个很平庸，甚至较差的方案好。"① 这就像在沙漠里面，就怕方向分歧，哪怕随便认准一个方向走下去，心无旁骛的话都会比停留在沙漠里徘徊要好很多。所以方向选择一旦确定不宜轻易更改，当社区建设的目标确定后，社区各方组织要坚持一个社区共同体的战略愿景，而不能各执己见地执着于自身的利益。换句话说，就是要从"自生"的格局升级到"共生"的格局。未来，基于社区共同体化的共生理念需要在法律上得到保障，被赋予一定权威，这也决定着社区共建共治共享的实效。

张康之所说的共生共在与国家倡导的共建共治共享，其实都可以用

---

① 〔美〕赫伯特·西蒙：《管理行为》，杨砾、韩春立、徐立译，北京经济学院出版社，1988，第10~17页。

生物学的共生（symbiosis）概念来理解。所谓共生表示不同生命之间相互联结、相互依赖的一种关系，后来人们逐渐把"谋求自己过得好，必须也让别人过得好"（live and let live）的思维与价值纳入共生关系范畴。① 结合社区建设工作，我们能得到的启示就是不仅是一方生存和发展，还要兼顾其他各方的生存和发展。比如，物业公司不能只为自身的利润就肆意侵犯业主的权益；同时，业主组织也不宜将"我的社区我做主"的想法绝对化，而完全不考虑居委会的意见及物业公司与其员工的利益。无论什么时候，共同体的建设都是出于共存目标的实现，而共生的前提是生存、生活。当然，如果从广义看，人与动植物及整个地球自然界都可以称为一个共生共在的团体。在共生状态下，一方为另一方提供有利于生存的帮助，同时也获得对方的帮助，双方相互依赖，彼此有利；反过来若彼此分开，则双方或其中一方便无法生存。其实当前社区层面物业公司与业主组织之间就存在这样一种共生关系，正因为这种关系才有了共同体建设的空间。

从人类发展史来看，结成共同体是人类共生存延的必要条件。但经济学告诉我们，社会财富的源泉体现在社会分工和市场交易，《国富论》就论证了分工合作对物质生产效率提升的巨大作用。而古典管理学家也认为，人的性格、能力、技能有差异，同时人不可能同时待在两个地方，不可能同时做好两件事情，为此人际分工、合作与协调就显得十分必要。② 可见，共同体的意义及前途跟相关的"不同体"间的合作意愿与能力息息相关。《人类简史》作者尤瓦尔指出，人类最强大的能力在于其具备超强的社会合作能力，③ 正是这种能力让人类在地球上成为万物灵长。无论多大规模的组织，维系健康的"共生关系"（symbiosis）实在是共同体最重要的内核要素。这一点还能得到组织学证明。社区共同体本质上是为实现各自目标而行动的不同行动主体的总和，其中多元行动主体之所以能够共同从事某种为全体成员带来好处的活动，是因为他们

---

① 全球共生研究院：《共生概念的介绍》，http://symbiosism.com.cn/igs/introduce，最后访问时间：2020年2月3日。
② 丁煌：《西方行政学说史》，武汉大学出版社，2015，第95页。
③ Yuval Noah Harari, *Sapiens: a Brief History of Humankind* (New York: Harper Perennial, 2014), p.4.

先验性地遵守了一种不伤害他人的原则，即每个行动者的个人利益不致由此蒙受损失。这种社会结构是两名行动者所组成的信任系统的扩大，因为包括了更多元的行动者。如果这种结构中存在一名领导者，那就成了一种共同的权威结构。①

2. 社区多元"不同体"的共生共在

卢梭曾经想象过一个社会运行机制，可以让"各个部分因整体目标而被发动起来"②。事实上，社区共同体建设和维护恰恰也就需这样的多方主体相向而行。西蒙认为，当多主体合作时就有必要建立一个组织化的共同体来确保实效。③既然社区建设牵涉各方，所以一定的组织化或者共同体化将有助于协调各方共生共在的关系。社区共生性承认个人利益和共同体秩序之间存在对立统一的辩证关系：一方面社区内追逐自身利益的行动者的利益有时存在不相容的情况；另一方面，人们必须和平共处于同一个共同体中，否则任何一方的利益都不可能实现。人们相互之间如跷跷板的两端，缺乏任何一端的作用另一端也将无法存在。

同理，社区层面的各种利益主体，包括业主组织、职能部门以及市场组织间的关系也是如此。在今天的社会条件下，虽有人认为"自治将成为基本的行动纲领"④，但自治不仅意味着权利，更代表着不可回避的责任。人类从简单互动到复杂社会的共生共在是个必然的过程，而共生共在离不开必要的秩序和理性，也离不开成员的足够的自治意愿与能力。今天随着社区业主们物权意识的觉醒，社区中的居民更多时候是以市场主体来理解社区事务的，因此社区管理需要与各种主体"通过合作行动去处理一切问题"⑤，使社区主体各得其所，各项事业井然有序。

根据张康之的"共生共在"理论，不同行动主体之所以能够实现合作的关键在于彼此都有这种意识，都将行动建基于健康的理性，突出表现为多方的高质量合作。当然，合作的形成并非想当然，相反为了促成

---

① 〔美〕詹姆斯·科尔曼：《社会理论的基础》，邓方译，社会科学文献出版社，1999，第351、382页。
② 〔法〕卢梭：《社会契约论》，何兆武译，商务印书馆，2003，第188页。
③ 〔美〕赫伯特·西蒙：《管理行为》，杨砾、韩春立、徐立译，北京经济学院出版社，1988，第10页。
④ 张康之：《为了人的共生共在》，人民出版社，2016，第78页。
⑤ 张康之：《为了人的共生共在》，人民出版社，2016，第98页。

有效合作需要做大量预备工作，需要有意识地培养各主体合作意识与合作能力，只有这样才能适应现代化社会治理要求，这便是哈贝马斯意义上的"合作理性""有效交流"的意蕴。这不仅意味着每个人需要能接受不同人的观点，而且要求每人尊重对方的身份和诉求，在尊重差异的过程中寻求"同一性"，进而实现"个体的存在能够共同体化"。①

当然，这也就是"求同存异"的逻辑，正因不同才有造就共同体的需要。譬如在当前社区，有业主的物业权益诉求，也有物业服务公司的趋利诉求，还有各种专业服务人员的职业诉求等。面对这些诉求，只能寻找利益的最大公约数，注重各方利益，也就是确保社区共同体对各方的吸引或诱因（incentive）超过或者等于成员的付出，这样才能实现社区共同体的组织均衡。

在多方互动中，社区共同体中的自主治理将发挥重要作用，否则若过度倚重政府干预则会出现逃避责任、"搭便车"倾向。共生共在理论在社区共同体建设中的启示就在于：政府、社会、市场、个体实现有效的功能耦合；政府切实转变职能，改变整体管理的路径依赖，强化居民自治、鼓励业主自治，相信群众智慧，社会能做的大可以交给社会，赋予居民足够的权能来解决各种问题。要在健全的法律框架下依靠社会自身的力量妥善解决社区问题。事实上，在这一点上，全国已经有了很多案例，后面将用案例来具体阐述这一观点。

3. 社区从管理到治理

制度的形成与基本的国情、民情、社情总有某种内在关联。行政学家古德诺指出，社会治理的参与模式跟大众教育、民主参与政事的社会习惯紧密相连。所以，现在社区治理中提倡的"自我管理、自我教育、自我服务"和"共建共治共享"的理念，是随着国家整体的进步、技术的发展、全民教育水平和觉悟水平的提高而产生的，也就是说治理概念的提出具有时代性。众所周知，"治理"一词是世界银行早在1983年提出来的；而治理理论则兴起于20世纪90年代，强调的并非是一套具体的规则，也非一种特定的活动，而是一个过程。治理过程的基础不是控制，而是多元主体间的协调，涉及公共部门，也包括私人部门；同时治

---

① 张康之：《为了人的共生共在》，人民出版社，2016，第16、40、198、271~272页。

理不是特定的某种制度，而是一系列的互动和协调，其目的就在于使社会主体之间建立起互助合作的良性关系，实现国家对社会公共事务的有效管理，保证公共利益的最大化，达到善治。新时代社区治理呼唤社会治理重心的下移，发挥社会组织作用，其实就是这种治理理念的体现，就像习近平总书记讲的："要发挥社会各方面作用，激发全社会活力，群众的事同群众多商量，大家的事人人参与。""治理和管理一字之差，体现的是系统治理、依法治理、源头治理、综合施策。"① 实现政府治理与社会调节和居民自治的良性互动，也就是从依赖传统管理转到多中心治理。

从词源看，治理（governance）与政府（government）相同，都表示掌舵、操纵或引导。不过，"government"侧重于统治，而"governance"则被用于组织或社会自我掌舵的过程，而沟通和控制则是该过程的核心。尽管对治理也并没有十分精确的定义，但一般人们提到治理往往就会想到"小政府""企业家政府""新公共管理""善治""社会网络"以及"自组织系统"等概念。联合国全球治理委员会于1995年把全球当成一个社区共同体，提出全球治理的概念，强调治理就是"各种公共、私人机构与公民个人管理共同事务的多种方式的总和，是协调各种利益并共同行动的持续过程，其基本特征为参与、公开、透明、回应、法治和责任"②。随后罗茨进一步阐述了治理的属性，即补充市场与管理组织的不足，体现在减少政府职能、引入公司管理模式、新公共管理的应用、善治、社会化控制体系及自组织网络的构建等。库伊曼则将治理范式概括为"社会—政治"的互动网络，参与者包括公私行为主体，目的是为解决社会问题，创造机会、平台和条件；同时库伊曼还提出了治理的三层秩序，即问题应对、制度选择、元治理。③ 这酷似奥斯特罗姆为代表的布卢明顿学派提出的制度分析层次理论，即IAD框架。为强化行动者参与治理中的互动性，彼得斯还在阐述未来政府治理模式中特别强调了政府放权给社会力量的意义，描画了治理中的"市场模式、参与模式、弹

---

① 中共中央文献研究室编《习近平关于社会主义社会建设论述摘编》，中央文献出版社，2017，第127、137页。
② 孙萍：《实用社区管理学》，高等教育出版社，2017，第20~21页。
③ Jan Kooiman, *Modern Governance*: *New Government-Society Interactions* (London: Sage Publication. 2002).

性模式和放松管制模式",这些模式无非是要强化民众参与在公共事务管理中的作用。① 参与的目的就是减少个人决策的武断性,增加制度选择的理性。尤其是要通过非政府组织(NGO)特别是跨界组织来解决某些公共物品的供给问题,而由于集体行动的困境,当由分散主体来理性选择的时候,可能出现组织化的局部理性影响全局理性的现象。

就社区治理而言,治理是指让社区的公共事务由政府、社区自治组织、驻区单位、营利性组织与非营利组织、社区居民等参与治理。它们基于市场原则、公共利益和社区认同感,利用协商谈判,资源交换,协商互动的方式,来满足社区成员需求,增进社区凝聚力,优化社区秩序。孙萍为管理与治理做了细分,比如社区管理的终极目的是"稳",而社区治理的终极目的则是"和";管理强调权力导向,是一种命令服从关系,而治理是事务导向,强调问题解决至上;管理的主体主要是政府和相关职能部门,而治理则是多元主体参与;管理更多是自上而下管控,而治理则强调以互信为基础,协商民主;管理是科层制的、单向度的,而治理的架构则是上下左右交互的。②

应该说,治理理论是随工业化社会的出现而兴起的。相较之下,农业社会的基层社区"安土重迁",对土地十分依赖。人们依附于土地,对社区土地的管理就代表了对依赖土地的人们的管理。工业社会将先前对土地的依赖性打破,比如工业革命的一个社会后果就是造就自由的劳动者,使得民众可以在社会中自由流动,可以迁徙到市场召唤的地方。随着分工的发展,社会管理的模式发生变化。随着后工业化社会的到来,管理也受到影响,不仅组织管理趋于扁平化、开放化,而且社区治理也在解构旧有的种种范式。

有观点认为国家倡导社区建成"共建共治共享"的、"人人有责、人人尽责、人人共享的社会治理共同体",理论上是对的,但实践中却"普遍存在重'区'轻'社',甚至有'区'无'社'的问题,社区共同体建设整体上比较滞后",③ 其原因在于居民间缺乏应有的联系,使得

---

① 〔美〕盖伊·彼得斯:《政府未来的治理模式》,中国人民大学出版社,2001,第23页。
② 孙萍:《实用社区管理学》,高等教育出版社,2017,第22页。
③ 龚维斌:《以社区为重点建设社会治理共同体》,《光明日报》2019年12月23日,第16版。

本可自主自决的事务都习惯上推给政府，使政府治理负担日益加重，耗费了公共资源、人力物力，事倍功半，成效不足。为此，有人就主张社区共同体建设要先从培育社会治理的民众入手，强化社会承接这部分职能的基础条件，这显然是说我国社区共同体的治理需要大的转型。

治理理论跳出政府垄断和放任自由的两个极端，属于吉登斯所谓的"第三条道路"。吉登斯认为，如果政府妥善处理好自身的职能，也能够有效与非政府组织做好协调，那政府将能更高效地做好管理，这能有助于社会的团结和凝聚力，也势必强化执政的合法性，扩大政府的社会基础。这些思想后来移用到社会管理范畴，产生了较大的影响。就社区治理而言，政府属性较强的街居制管理和市场属性较强的物业管理，一度成为普遍采用的社区建设范式，然而现在越来越多的人注意到还有社区建设的第三条道路，它能够更好地契合当前情况，特别是能鼓励人们自发形成自己的组织，它用"社会被唤回"的治理路径对所居住区域的公共事务进行集体决策，使社区"把群众的事当自己的事，用心用情，尽职尽责地加以解决"①。其实，这种做法在我国也不完全新鲜，在古代，人们就开始依赖民间自治力量来确立并维护基层秩序，比如清朝知县在基层管理中总是会求助于地方精英等。根据政府与社会力量的强弱对比关系，可得到基层社区治理的如下类别：(1) 强政府强社会类型（要求政府职能合理转变，实现政府职能到位而不缺位或越位，同时社会与市场的补位作用也可以充分发挥）；(2) 强政府弱社会的类型（整体型社会下，政治吸纳社区）；(3) 弱政府强社会类型（"皇权不下县"乡绅治理、宗族治理等模式）；(4) 弱政府弱社会类型（各行其是，秩序难立，一盘散沙，无社区共同体可言）②。中国的基层社会建设、社区共同体建设由政府倡导本身就说明，政府成为推动社区共同体建设的强大力量。为了有效地合作治理，有必要给社会一定的空间，通过有限政府的打造将社会力量扶助起来。当然，这种扶助是有针对性的，那就是要求社会力量承担政府希望转移出去的那部分职能。

---

① 郭声琨：《用为民服务的实际行动践行党的初心和使命》，《人民日报》2019 年 9 月 20 日，第 3 版。
② Yan Jirong et al., *China's Governance: Road of Rejuvenation of Eastern Power*, trans. by Huang Fang (Beijing: China Renmin University Press, 2017), pp. 181–183.

第四节 对社区建设路径的"拿来与送来"两分法

综上所述,随着经济、社会条件变化,随着美好生活具体内涵的变化,政府职能也在寻求转变,但万变不离其宗的就是维护最广大人民的根本利益。在新时代社区共同体建设领域,需要协调不同主体的利益、关切与秩序诉求。就社区中政府职能而言,宏观社会管理层面的价值必然也体现在基层社区当中。无论多元主体如何互动,党建引领的原则都要贯彻。在这个基本要求上建设社区共同体,势必就要保留一些"送来"的元素,包括机构、人力、财力资源,以及相应的制度与秩序。也就是说,社区建设的基本站位与发展方向,应该是由国家整体的治理体系所决定的。典型的制度安排就是街居制领衔的公办社区建设模式。这并不意味着社区失去了活力与主观能动性;事实上社区仍然被期待创新基层社会管理思路。在住房商品化的今天,各方利益时有冲突,不和谐的音符时常出现,特别是围绕物权收益产生的纠纷越来越多,这种情况下,社区业主呼唤新秩序的建立。随着社区不同体的出现和壮大,也宜用开放和"拿来"的态度,与时俱进地利用治理理念,选择适合的治理制度与办法。

特别是,随着物理居民向产权业主的身份跃迁,社区共同体建设中出现前所未有的自主治理需求,这激发出更多的群众首创精神,譬如商品住宅小区业主在基层社区治理中扮演起越来越重要的角色,由此在送来的街居制之外,逐渐兴起了"拿来"的自主自决模式。这恰好也契合国家政府职能转变的整体思路,即将社会能做好的交给社会。为了实现政府在基层社会的职能,也为了促成社区共同体建设中不同主体的和谐有序、共生共在,需要国家利用立法与司法力量来保障社区群众合法的物权能够实现。这便是新时代基层社区对民之所望的有效回应,也是政府职能在基层的切实转变路径。正如郑中玉所说的,目前促进社区多元主体合作机制已成为社区共同体建设的共识。[①]

[①] 郑中玉:《社区的想象与生产》,中国社会科学出版社,2016,第19页。

第二章　社区共同体建设的理论研究

通过梳理社区共同体建设的相关文献，可见目前关于社区建设的理论认知已很丰富，但笔者同时也注意到，已有研究数量虽然很大，也的确给我们提供了很多启发，但整体上还需要进一步系统化，各种不同理论之间还存在互相"盲人摸象"式的理解。为此，需要通过某种方式使理论实现跨越，本研究于是将融合多个视角，跳出固定模式，设计出分形理论框架，来说明基层社区建设与国家治理体系的映射关系，也用来分析和预测我国社区共同体在政府职能转变背景下的建设方向。

分形理论框架其实是借鉴社会物理学的思考范式，用自然定理来探讨社会问题，通过将"自相似性"引入制度层面，尝试连通微观社区和宏观政府职能转变两个领域，寻找其间内在的契合性。操作上将进行三节论述。第一，先从德鲁克目标管理理论出发，证明目标设定的决定意义。特别是终点和从什么条件下出发的起点问题，如果搞明白了，那么路径自然也会水落石出。不过，恰恰是本来应该明确的终点和起点问题反而出现了一定程度的模糊。第二，对目标设定与环境、历史、制度惯性之间的关系进行阐述。这也归入第二小节，也就是说，从惯性原理来探讨我国基层社会管理的历史惯性，或诺斯所说的路径依赖问题；同时，借鉴里格斯棱柱型分析范式，探讨时代给予新时代社区共同体的衍射性特征。不同于整体型社会要求完全管控社区，衍射型社会势必造就职能分散，由此也就促成了多元共生的社区秩序。第三，探讨分形理论，开发出社区共同体建设的分形理论框架。根据这个框架我们试图沟通宏观的政府职能与微观的社区建设两个维度，试图解释一些现实问题，进而对未来社区建设路径提出一个较为确定的方向。下面分别阐述。

第一节　社区共同体建设的目标管理视角

我们知道，关于政策分析或路径探索的研究应该首先确定目标设定的问题，目标即"要实现的特定对象"①。目标确定和阐释本身就具有路径的规范性。那么社区共同体建设的目标是什么？可以说，对这个基本问题的回答本身便代表社区建设的思路。战略管理认为最重要的就是确定愿景，就社区共同体建设任务而言，自然也就要首先确定社区共同体建设的愿景、任务与目标。在政策分析学家看来，路径选择的效率问题只是"低层次"问题，而选择什么当目标才是"高层次"问题。目标决定着手段，也在评判着效率的意义。当目标较多（甚至有冲突）时，要考虑的参数和要素也就越多，这时候可能更需要判断。所以，发现目标乃解决问题的前提。然而，与经济学通常清楚地给定目标的情况不同，政策分析中的决策目标并非总是清楚，社区共同体建设的价值目标便格外具有张力。比如，是要把社区建成便于控制的社会单元，还是为了"找回随着城市扩张和交通快速化而消失的亲近感和归属感"②而建设社区？一般管理论认为，方法应适用于目的，③所以，社区共同体建设的路径选择势必取决于社区共同体建设目标的设定。关于社区善治的种种原则，也只有当目标确定时才能制定。目前我国社区建设的理论之所以还不够系统化④，笔者认为一个主要原因就在于人们在探讨社区问题时对社区本体的理解存在游移。为此，解决社区建设的路径问题首要明确社区的内涵、目标和起点问题，而后才能有效探讨从起点到终点的路径问题。

一 社区共同体建设的终点和起点

不谋全局者，不足以谋一域。如果说社区只是国家治理体系中的一域，那么，这个治理体系自然会对社区建设的方向有所规范，这便是整体决定论的含义。然而，简单的事情有时反易被忽视。譬如，前面提及的社区建设各种路径，包括"党建引领""业主自治""市场化、专业化""多元参与"等，虽然总的归宿均为社区善治，但若严格分析则可以看出这些点还需要串起来，也就是系统化。各种学说主张所依托的立

---

① 丁煌：《西方行政学说史》，武汉大学出版社，2015，第227页。
② 张纯：《城市社区形态与再生》，东南大学出版社，2014，第5页。
③ 丁煌：《西方行政学说史》，武汉大学出版社，2015，第49页。
④ 吴晓林、郝丽娜：《"社区复兴运动"以来国外社区治理研究的理论考察》，《政治学研究》2015年第1期，第47～58页。

论基础不一致,它们关于社区建设的愿景、目的或终点本身就存在某种质的差别,它们与宏观治理体系的匹配度也不尽相同。换言之,各种主张对于社区建设的终点和起点的理解分歧造成了各种各样的社区建设主张。事实上,中国政府正在努力强调资源下沉社区,利用有效的社区公共服务,团结最广大的人民,其中起主导作用的是社区党组织,是街道居委会的科层制体系,而不是在社区治理层面完全放任业主自管。

人们在讨论社区建设路径时,常常在操作方面讨论,而对于社区建设的战略愿景或基本目标方面却照顾不多。借用卢鲁明顿学派的 IAD 框架①来说,"操作层面(operational level)"的制度分析较多,而"集体选择层面(collective choice level)"的讨论则不足。而后一个层面的分析其实更带有规范性。

在中国,社区共同体目标其实是在政府职能转型与国家治理体系中确定的。为说清楚社区建设的目标,需要对社区的内涵做进一步挖掘,否则,会让我们对社区的理解碎片化。建设社区首先要明确社区内涵和目标,下面就对社区共同体的目标试着作"微"分析。

二 社区共同体目标的"微"分析

如前所述,在理解为什么之前先要弄明白是什么,在搞清楚怎么做之前要先确定为什么做的问题。社区研究已有多年,对建设目标的描述多种多样,比如"人民群众安居乐业的家园""国家政策落地的最后一公里""党执政的基础"② 等。整体来看,这些社区管理的目标思想既不单一也不确切,还需进一步系统化。社区目标的设定乃至有无,在很大程度上取决于宏观制度的愿景。从社区建设的目标内涵看,可依照马斯洛需求层次来分析,社区共同体包括人类需求各个层次:既是满足人们居住需求的基本生存平台,也在给人们提供生命和财产安全的基本秩序,也是人们邻里互助、社交团结的重要场域;同时,人们还能在共建共治中培养归属感、身份感、荣誉感;社区还让人感到被尊重、让人实现自我价值等。所以,从任何一个层面理解社区共同体都是可以的,但由此

---

① E. Ostrom et al., *Rules, Games and CPR* (Ann Arbor: University of Michigan Press, 1994), pp. 25-49.
② 北京市西城区民政局:《西城区社区工作者手册》,北京出版社,2018,第 1 页。

导致的问题就是：社区具有了复合性和相对性。

1. 社区的词源学理解

定义是研究的前提①，社区的定义决定社区建设的愿景、目标与路径选择。现代社区概念虽是舶来品，但也不能由外来概念完全涵盖。②在西方，一座城市、一个学区、一所大学、一类族裔乃至一个网上群落均可称为一个社区（community）。③事实上，不同时代、不同国家、不同语境的学者所谈论的社区或"community"，往往并不一致。

《现代汉语词典》认为社区是"在一定地域形成的社会生活共同体"，是"我国城镇按地理位置划分的居民区"④。此外，将整个人类称为一个大社区的语用也是有的，可见"共同体"和"社区"经常混用。⑤不过，当"社区"拿来与"community"作对应时，"community"上述的复杂内涵也便流注到中文对应的"社区"概念中，使这一概念更富张力。当然，从词源学还无法把握我们当前要建设的社区内涵和目标。

2. 社区共同体的古典内涵与现代属性

社区的古典内涵带有一种温馨美好的共同体想象，⑥如亲近的人际关系及温暖、关爱和包容的氛围，同时它还意味着共同的价值与道德理念，意味着社会团结及时间空间的某种连续性，甚至人们还会因为现代社会中社区共同体的衰落感到某种哀伤。特拉克腾堡（Zev Trachtenberg）指出："社区会带来人们的这种美好想象，与社会带给我们的陌生感不同，社区会令我们重视乡梓之情、风俗文化和共同记忆，因而总是引发我们产生一种憧憬和依恋的心结。"⑦这种想象造成一种回归社区的渴

---

① 〔日〕大前研一：《洞察力的原点》，朱悦玮译，中信出版社，2013，第108页。
② 黄仁宇：《中国大历史》，生活·读书·新知三联书店，2007，第334~335页。
③ Arcuri Graig and Chaoliang Jing, "The Paradigm Shifts about Chinese Community Governance," *Baltic Journal of Real estate Finance and Management* 3 (2019): 30 - 59.
④ 中国社会科学院语言研究所词典编辑室编《现代汉语词典》（第6版），商务印书馆，2014，第1149页。
⑤ 王同忆：《英汉辞海》，国防工业出版社，1987，第1039页。
⑥ 杨敏：《公民参与、群众参与与社区参与》，《社会》2005年第5期，第78~95页。同时可参考 D. L. Philips, *Looking Backward: A Critical Appraisal of Communitarian Thought* (Princeton, NJ: Princeton University Press, 1993), p. 3.
⑦ Zev Trachtenberg, "Good Neighbors Make Good Fences," *Philosophy and Literature* 3 (1997): 114 ~ 122.

望，这种回归的努力还被视为解决现代社会各种弊病的一剂良药。

古典的"社区—社会"两分法认为，相对于社区的温馨，社会则带来诸多异化现象，像关系短暂、非人格化、支离破碎乃至逢场作戏等，让人们的归属和附着需求难以满足，结果是人们的一体感淡化而疏离感日深。也许正是这样一种心结，让我们对社区产生一种莫名的向往和归属需求。雅各布斯在《美国都市的生与死》中阐述，由社区带来的亲切感甚至可能影响到现代城市的规划，过浓的社区情绪常干扰理性的城市规划与城市生活。① 其实，这个问题也是一个世纪前滕尼斯在德国所感受到的工业社会对社区共同体的冲击问题。滕尼斯用社区来解释未遭受"破坏"的传统共同体秩序，而用社会表示被"异化"后疏离感明显增强的现代社会样态。毛寿龙等学者针对中国"后乡土时代"的社区"离土又离乡"的特点也曾做过类似的思考，② 而《中央城镇化工作会议公报》这样官方文件，也曾用诗一般语言来阐述社区建设的愿景："让居民望得见山、看得见水、记得住乡愁。"③ 滕尼斯关于社区和社会的区分影响深远。据费孝通介绍，社区的英文 community 在民国时相当长时间里被学者们译为"社会"，以至于 community 和 society 两个概念经常互换，但这种缺乏区分的理解在碰到滕尼斯作品 *Community and Society* 时就陷入困境，因为无论如何不能译为"社会和社会"。同时，美国芝加哥大学社会学家帕克教授（Robert Park）多年前来华讲学时提到的"Community is not society."当然更不能译成"社会不是社会"。为此，就不得不另找一个中文词来表达 community。正是在这种理解下，费孝通开始了他的社区研究，其代表作《江村经济》成为社区研究领域的里程碑。但也应指出，其作品里的那个时代的社区仍只是一个自然村落，"其特征为农户聚集在一个紧凑的居住区域内，这个社区具有特定的名称，也是一个由各种形式的社会活动所组成的群体，而且是一个人们所公认的、事实上的社会单位"。④ 或如另一位社区研究专家吴文藻所指出的，社区研

---

① J. Jacobs, *The Life and Death of Great American Cities* (New York: Vintage Books, 1961), p. 112.
② 毛寿龙：《农村社区发展的秩序维度》，《和谐社区通讯》2017 年第 5 期，第 1~4 页。
③ 转引自左中甫《"记得住乡愁"是城镇化的新标尺》，《南京日报》2013 年 12 月 16 日，第 2 版。
④ 费孝通：《江村经济》，戴可景译，北京大学出版社，2012，第 5、11 页。

究乃是"不同地域的人类文化学研究"。① 除费孝通、吴文藻等学者从描述性研究看待民国社区外，晏阳初在河北农村社区进行过规范研究，他认为中国基层社区的弊病在于社区成员的"愚穷弱私"，为此社区建设工作无非通过"平民教育"来"开发脑矿、教人做人"，把缺乏教育的农民培养成"有知识力、生产力、健康力、团结力"的新民。② 或许，这一范式到今天仍有回响，如今社区中关于社区教育及精神文明建设的工作，大约可跟晏阳初的社区建设理念相比拟。③ 应该承认，费孝通、吴文藻、晏阳初及梁漱溟等前辈的社区研究，是我国社区领域宝贵的文献，他们的社区观在很大程度上契合了滕尼斯的社区概念。鉴于社区研究言必称滕尼斯，那不妨查阅一下滕尼斯在《共同体与社会》一书中给社区的定义。滕尼斯的社区主要指那种由自然意志形成，以熟悉、同情、信任、相互依赖和社会黏着为特征的社会共同体组织。④ 这样的社区被理解为是以鲜明的情感性为基础的，⑤ 这种强调情感和传统的共同体，与强调理性原则的"社会"归入不同的范畴，见表 2-1。

表 2-1 滕尼斯范式下的社区与社会

组织形式	比较指标		
社区	情感	共同联系	自然、传统因素
社会	理性	个人主义	制度、规则因素

也就是说，滕尼斯笔下的古典"社区"观更多强调一种团结、友爱与密切关系，尽管人们依然乐于沿用这一范式，突出社区内部"认同感""自己人意识"或"凝聚力"，⑥ 但须指出，若按此标准则我国现在大部分社区都将有问题。譬如现在许多人虽同住一个社区、同一栋楼、

---

① 吴文藻：《吴文藻自传》，《晋阳学刊》1983 年第 6 期，第 44~52 页。
② 晏阳初：《定县的实验（节选）》，《中国改革》（农村版）2003 年第 5 期，第 58~59 页。
③ 刘晶：《晏阳初乡村建设理论及其启示——以定县为中心的考察》，《文史博览》（理论）2015 年第 2 期，第 74~77 页。
④ F. Tonnies, *Community and Civil Society*, trans. by Jose Harrisand and Margaret Holls (Cambridge: University of Cambridge Press, 2001), p. 17.
⑤ 向德平、华汛子：《中国社区建设的历程、演进与展望》，《中共中央党校（国家行政学院）学报》2019 年第 3 期，第 106~113 页。
⑥ 黄平、王晓毅：《公共性的重建》，社会科学文献出版社，2011，第 2~3 页。

同一个单元,但也未必能形成一种团结、友爱关系,甚至对门居住生活十多年的人,都不一定知道对门人家姓什么。结果就像学者揭示的:"他们回家只为睡觉,对于他们碰巧居住的那个地理区域的利益并不关心。"① 这个问题又宛如克鲁泡特金所揭示的"毗邻而居不问其谁"(people live without knowing who are their next-door neighbors)的问题。② 不过这种现象在帕克看来有违社区的性质,因为他认为社区就意味着地域、人口、人地关系还有相互依存的社会网络,而过度离散将失去社区之本意。③

当然,悖论似乎也是难以避免的。人们聚集度越来越高,用于联系的技术也是越来越发达,但所有的联系与协同必须基于一个前提,那就是愿意,"有愿才有缘",才有办法和路径,若无相互联系的心愿,则即便对面也不会相识,这就是即使物理上居民构成了一个共同体,但其是否能够称得上真正的共同体,最终还取决于居住其中的人的态度的原因。现代商品住宅社区缺乏"原始秩序"中血缘、亲缘、同乡缘的勾连,也不再有单位缘的约束,与滕尼斯所讲的社区已大不同;倒颇像是滕尼斯笔下的社会,即由理性意志形成的社会结合体组织,其典型特征为分别、独立、不熟悉、不信任甚至反感等。所以说,滕尼斯意义上的"社区"是"熟人社会",而"社会"则偏向"陌生人社会",因此我国当前的商品住宅社区严格来说可以归入"社会"范畴。对此夏学銮有准确的观察:"城市社区"和"社区建设"概念都不是滕尼斯社区概念的本义,而是理性规划和建设的结果。④

3. 作为社会细胞的社区:建设社区即管理社会

众所周知,社区研究领域有些流行说法,有的认为社区就是社会的细胞或缩影,⑤ 有的认为"社区是一定区域内人口组成的社会",⑥ 有的

---

① R. E. 帕克、E. N. 伯吉斯、R. D. 麦肯齐:《城市社会学——芝加哥学派城市研究文集》,宋俊岭、吴建华、王登斌译,华夏出版社,1987,第109~110页。
② Peter Alexeyevich Kropotkin, *Mutual Aid: a A Factor of Evolution* (New York: McClure Phillips & Co., 1902), p.137.
③ 张纯:《城市社区形态与再生》,东南大学出版社,2014,第24页。
④ 夏学銮:《中国社区建设的理论架构探讨》,《北京大学学报》(哲学社会科学版)2002年第1期,第127~134页。
⑤ 周长城主编《社会管理》,中国人民大学出版社,2016,第75页。
⑥ 郑杭生:《社会学概论》,中国人民大学出版社,2015,第86页。

认为"社区就是城市街道办事处及以下的社会"①。这种理解其实都在描述一种关系，如图 2 - 1 所示。

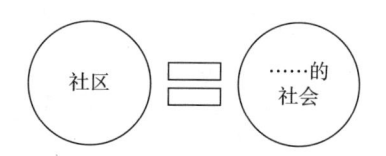

```
    社区  =  ……的
                  社会
```

图 2 - 1　社区相当于特定社会的范式

这类理解虽很普及，但其实语义也相当模糊。滕尼斯当年写《共同体与社会》的目的在于区分社区和社会，是在为两者划界；而现在通过把社区纳入社会范畴，将两者等同起来，造成社区在某个维度上外延的印象，连教科书也如此界定，像娄成武和孙萍就写道：社区是指一个相对稳定和独立的地理空间中人们在生活中发生的各种社会活动及关系。②

对此，须从我国基层社会管理的传统来理解。我国原有的基层社会管理模式，主要是依靠单位让国家与民众形成一种复杂的"藤蔓与瓜"的共生互赖关系。然而，情况变了，方法也应变。特别是随着单位在保障社会成员生活物资方面的负担的加重，由单位提供福利的方式来进行社会管理的方式，渐不可行。③ 刘继同说：我们为妥善应对社会迅速转型中盘根错节的社会问题，让社区建设成为时代任务，承担起政府和单位转移出来的社会管理职能。④ 在我国政府职能中，社会管理职能居于基础地位，其职能效果的实现正在于社区治理。无论是基本公共服务的供给和落实，还是社区经济的扶持与引导，再或是基层矛盾的排解，以及多元主体的互动和协作，乃至和谐社会的构建和维持，无不有待政府在社区层面投入资源。一方面，社区层面更加接近民众，因而对于基本公共服务的需求有更好的把握、更及时的反应；另一方面国家在单位制解体过程中，原本有人管理的很多社会职能也可以找到一个承接主体来兜底。

---

① 范耀登：《城市社区管理》，中国社会科学出版社，2010，第 1 页。
② 娄成武、孙萍：《社区管理》，高等教育出版社，2003，第 3 页。
③ 金冲及：《周恩来传》，中央文献出版社，1998，第 647 页。
④ 刘继同：《中国城市社区建设发展阶段与主要政策目标》，《唯实》2004 年第 3 期，第 73～76 页。

4. 社区即街居部门：社区建设体现为管理体系的完善

民政部正式提到过"把社区定位为居委会"，① 而学界对此也基本认同，如张纯认为："有明确地理边界的社区居委会简称社区。"② 可见，社会中人们似乎已经接受了这样一个共识，即社区多是指居委会。学者和政府工作人员一般也认为居委会作为社区要承接政府许多管理职能，③ 同时也有观点认为这会让居委会不堪重负，④ 因而民政局曾倡议"给社区减负"⑤ 等，在这些语境下，这样的措辞似乎在表明社区概念就等同于居委会。北京海淀和谐社区中心一位研究员还曾表示社区是我国最小的行政划分区域，如图 2-2 所示。

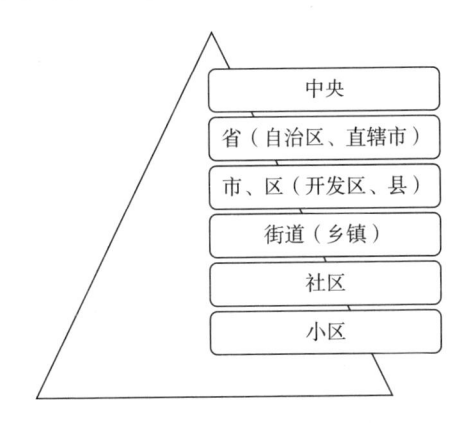

图 2-2 部分学者关于社区定位的通俗理解

资料来源：公益思想网：《小区与社区组织在社区治理中的角色探讨》，http://www.gongyisixiang.org/yanjiu/news-id/9979/最后访问日期：2019 年 8 月 10 日。

事实上，很多社区的基本定位正是如此。例如北京市东城区革新西里宣传栏里所张贴的通知，据笔者观察，其落款中经常用"革新西里社区"，从通知所述内容看，这里的社区显然就是社区党委或社区居委会。同时从网上的陈述文本看，东城区政府也事实上把社区定位为一个微型

---

① 中共上海市委党史研究室等：《社区建设》，上海教育出版社，2015，第 7 页。
② 张纯：《城市社区形态与再生》，东南大学出版社，2014，第 5 页。
③ 马国杰：《北京市朝阳区基层社会治理探索与实践》，人民日报出版社，2017，第 109~114 页。
④ 陈颐：《社会管理创新和城市社区管理体制创新》，《江海学刊》2012 年第 2 期，第 99~103 页。
⑤ 北京市西城区民政局：《西城区社区工作者手册》，北京出版社，2018，第 110 页。

行政单元了。① 社区在行政体系当中常常被理解为基层政府的末梢代办机构，而在社区之内还存在自己的统辖范围与管理对象，甚至也有自己的一套更微小的行政体系，如居民小组、网格员、楼门长、居民代表、志愿者等，如图2-3所示。

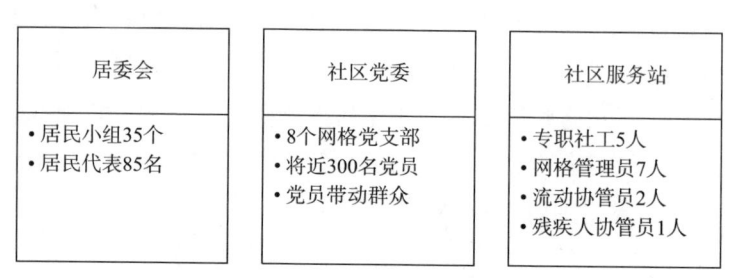

居委会	社区党委	社区服务站
• 居民小组35个 • 居民代表85名	• 8个网格党支部 • 将近300名党员 • 党员带动群众	• 专职社工5人 • 网格管理员7人 • 流动协管员2人 • 残疾人协管员1人

图2-3 东城区和平里社区的管理人力配置
资料来源：北京市东城区人民政府官网。

社区的职能从规定上看，就是八个字：宣传、执行、协调、处理。但今天的社区，包罗万象，除了没权限，什么都干。比如疫情期间，去医院，去购物，都得要它开证明。由此可见，虽然《居委会组织法》规定居委会是一个自我管理、自我教育和自我服务的群众组织，但实际上它是我国宏观管理体系的末端，担负着社区管理的职能，包括调节矛盾、缓解冲突、维护秩序和保持稳定等方面，还充当着居民与政府部门之间的桥梁。同时，由于社区居委会在实践中在经费、人事与项目等方面均有赖于上级机关，因而其独立性较弱，而行政性渐强，以至于人们将社区服务与政府管理就等同起来了。② 其实，社区居委会（从前只称居委会）之所以被描述为"上面千条线下面一根针"，是因为它从设立伊始就被注入了政府管理的基因，包括它的定位和职能，都受到国家宏观治理政策的影响，而且这有着法律的支撑。

可见，在国家诸多法律法规规定之下，社区的职能日渐丰富。除上面这些给居委会规定的责任之外，还有一些法律法规规定了社区居委会的职责。

---

① 《和平里社区概况》，北京市东城区人民政府网，http://www.bjdch.gov.cn/n1708646/n2680395/c2731741/content.html，最后访问日期：2018年8月8日。
② 郭俊虹：《北京市朝阳区基层社会治理探索与实践》，人民日报出版社，2017，第192~196页。

此外，来自各职能部门的评比考核工作也是非常烦琐，社区参加的评比达标项目，从老干部服务评比到智慧社区、绿色社区评比，从文化社区评比到节水型社区、文明养犬社区及垃圾分类社区评比等。各种评比达标项目折射出社区部门需要承担的种种职能（详见附录一）。这些职能从上而下，自然形成"千线一针"的结构。当然如前所述，居委会这根针下面还有更多"分针"，换言之，居委会组织内部又有一套微型科层体系，比如，在居委会下除了设有各种委员会之外，还有社区居民小组。居民小组是我国现在最小的居民自治基本单元。一般15~50户设立1个居民小组，每小组设置2~3名居民代表，推选产生1名居民小组长。现在社区鼓励制度创新，用楼委会、院委会等形式来替代居民小组，于是形成楼委会、院委会、楼宇自治理事会等样态的居民组织，目的是吸引更多居民参与到居民自治的事业中来。

在程序上，社区居委会具有固定的群众工作制度，像分片包户、入户走访等密切了社区居委会干部与居民群众的联系。同时政府也通过社区居委会问政于民、问需于民、问计于民，真正让居民群众困有所助、难有所帮、需有所应等。而在民主治理方面，居委会也注意运用社区议事厅、楼院议事会、小区协商、业主协商、民主评议等形式，规范各类协商规则和流程，充分利用新技术、新媒体（公众号）为城乡居民搭建社区网络协商平台。总之，所有这些都让居委会管辖的社区很像是一套行政管理体系。因此说，居委会实际上兼具内在独立、外在依赖的"二象性"：内在独立体现事务处理的属地性；而外在依赖于政府资源，包括居委会办公条件也都需要由政府财政来提供，无论是居委会的办公电话、电脑、传真机，还是办公场地、家具、议事设备等，都需要政府来出资支持。从政府角度来看，社区管理必须纳入行政体系加以管理。从这个行政管理意义看社区建设的话，其实质也就成为"以街道为主导、居委会为协同来促进社区经济和社会协调发展的过程"[1]，因此为基层社会管理搭建起的街居体制天然带有自上而下的特点。从这个角度看，社区变成了政府管理社会的基本单元，[2] 社区

---

[1] 周长城主编《社会管理》，中国人民大学出版社，2016，第75页。
[2] 朱婧：《创新网格化运行机制的探索与启示》，载董伟主编《北京市朝阳区基层社会治理探索与实践》，人民日报出版社，2007，第74~76页。

是受政府资助和领导的组织,① 其职责就是要完成政府交办的各项基层治理事务。因此说,社区在这种语境下已从地理概念迁变为一个组织化概念,即社区被实际上视为一个行动组织,而居委会与社区两个概念在行政管理实践中也被模糊化地合二为一了,以至于人们往往把社区建设理解为政府行为,难怪许多人认为"居委会即政府部门执行层"②。

5. 社区作为市场:社区建设确保公平交易的秩序

有观点认为,人们在社区中互动,为彼此提供生活的条件、满足彼此的需要,营造出一种共生秩序,③ 实际上这是把社区当作市场,人们通过社区平台来交换信息、资源与服务。这似乎更有现实意义,因为在当下社区,方便生活的种种交易已成常态。多层面、多主体之间复杂的合作交易最终造就了宜居的社区生活共同体。从程序上看,首先是一级市场实现土地使用权的交易;再就是二级市场实现住房所有权的横向转移,也就是开发商把房子卖给了业主;最后是三级交易市场,属于消费市场的重新配置。从交换的市场属性看,当今社区中的居民更多体现出真正的"市"民属性,因为社区本身就是由交换而来的,即社区是在房地产市场上通过交易而结成的,这样的社区在一定程度上就是市场的结果。不仅如此,社区建成后,维护工作也需要人们与大量专业机构进行交易来完成。于是,房产、物业、物权、价值、"房产带来的收益"④等,均会成为"市"民化的居民所关注的焦点,甚至有人将缴纳物业费的标准与物业财产的保值增值挂起钩来:人们认为交物业费是一种消费行为,他觉得应该越低越好,但服务费呢?越高越好;缴纳物业费是一种投资行为,缴纳合理的物业费,是为保证你这个楼盘的保值、增值的一个必要的投入。⑤ 这种想法或也无可厚非,毕竟房产不能说不是一种

---

① 董伟主编《北京市朝阳区基层社会治理探索与实践》,人民日报出版社,2007,第1、137页。
② 陆丽琼等:《北京城市居民社区归属感对社区治理影响的调查研究》,气象出版社,2015,第148页。
③ William G. Breggemann, *The Pracctice of Macro Social Work*(Wadsworth: Wadsworth Group, 2002)。
④ 代春泉:《房地产开发》(第二版),清华大学出版社,2019,第39页。
⑤ 郭于华、沈原、陈鹏主编《居住的政治:当代都市的业主维权和社区建设》,广西师范大学出版社,2014,第77页。

资产,甚至经济学上还将其视为"真正的资产"。同时在国际上物业经理也常常与房产价值联系在一起讨论。像罗伯特·清崎在总结致富经验时就如数家珍地介绍过其用房产来迅速致富(pump money)的心得。①市场经济中的房地产除本身物理功能之外,还被赋予更多财产功能,即兼具了使用价值与价值双重属性。原来人们只重视使用价值的居住层面,使居民身份较为突出,现在房产买卖形成的社区注重价值层面,因此购房人(业主)就形成了一个利益共同体。

此外,对众商家而言,每个社区还是消费者聚集地,② 成为商品供给者瞄准的市场;相应地,政府职能在社区层面也要有必要的市场监管(包括物业服务市场的监管),确保产品与服务公平交易的基本秩序。可见,新兴商品房小区的治理问题充满着市场的元素。现代新型商品住房小区从开发建设开始其实已有商品的先天属性。可以说没有市场也就没有现代大量的住宅小区;同样若无市场秩序,则现代社区的维护也会出现困境。所以说,现代社区的市场属性要求社区共同体的建设也应遵守一定的市场秩序。往大里讲,新型商品住房小区的市场秩序营造也在为我国经济发展和民生就业作出贡献。世界的整体发展趋势是服务业在取代制造业,③ 服务业成为吸纳劳动力最多的领域。而社区就是各种服务业赖以兴盛的重要土壤。且不说餐饮、零售,就是保安、保洁等工种,在社区各项工作中也占了相当比重。社区物业管理是吸纳劳动力的劳动密集型行业。随着房地产业繁荣,物业管理也就如雨后春笋般在各地迅速出现,让传统的"房管式"住宅管理模式逐渐变为企业化、一体化和专业化的物管模式。物业管理的职责包括常规性的公共服务、针对性的专业服务和委托性的特约服务,具体包括:房屋建筑主体的管理,住宅装修的监督、房屋设备设施的维护,环境卫生的管理,绿化管理,配合公安和消防部门做好住宅区内公共秩序维护和安防工作,车辆道路管理,代理中介服务等。不难看出,物管行业就是把分散、分工的社区服务汇集起来,统一供给,

---

① Robert T. Kiyosaki, *Rich Dad, Poor Dad* (New York: Warner Books Inc., 2011), pp. 87, 116.
② 王鲁娜、张秀芬:《城市社区治理研究》,载陆丽琼、孙龙飞编《北京城市居民社区归属感对社区治理影响的调查研究》,气象出版社,2015,第43、58、91~95页。
③ M. Gotdiener & R. Hutchison, *The New Urban Sociology* (Boulder: Westview Press, 2011), p. 271.

也就是业务的一体化，如机电设备维修由专业设备维修企业承包，物业保安由保安公司派保安人员负责，园林绿化可以由专业绿化公司承包，环境搞卫生也可以交给专业清洁公司。从管理分工协作上，物业公司的管理实际上是把各个工作板块作了组合，让物业服务互动变成"一部大机器"，一个有机结合的整体。这样，随着我国房地产市场不断发展，物业服务由房地产附属产业，发展成为与人们生活息息相关的行业，而且由物业公司整合各种专项服务，可以营造出一套由业主缴纳物业费以获得所需服务，同时也方便基层社会管理和秩序维护的机制。

这种物管制度也并非没有问题。作为房地产市场交易的延伸服务，物管消费的满意度不容乐观。很多小区物业服务质量堪忧，且收费不透明，致使业主与物业矛盾不断。众多案例显示，不良物业对业主存在侵权的问题，比如肆意提高物业费却降低服务质量，侵夺公共收益、套取维修基金，对所招聘的保安、保洁员苛刻，通过分包业务规避法规约束等。这样的物业公司即使一时能顺利经营，但终归会受到制度和市场的惩罚。特别是当物业管理的委托人——业主——对自己的物权开始觉醒时，他们便会用法律维权。2018年中共中央、国务院发出《关于开展扫黑除恶专项斗争的通知》，其中对物业侵权现象也予以了高度重视，指出要在全国开展扫黑除恶专项斗争，包括在物业服务行业领域进一步开展扫黑除恶专项斗争活动，以此打击物业管理领域中的恐吓、威胁、暴力、欺骗等，维护物业服务市场的健康。在国家对市场的有效监管下，只有那些真正提供优质服务、收费合理、处处为业主着想的物业，才能得到作为消费者的业主群体的拥护，毕竟这是市场的逻辑和消费者的选择。

总而言之，新时代的社区经常被理解为一个物业管理区域，成为众多经济组织瞄准的对象。从一开始房地产开发商就将这片"住宅区域"理解为"项目"到期后的物业管理区域，各类专业服务商（比如修理、装修、家政、外卖等服务供应商）也都将社区作为企业安身立命的场域，以研究住宅小区物业问题著称的北京市海淀区和谐社区研究中心，在民政局注册中填写的责任是："以研究社区问题、服务社区、促进社区和谐为宗旨。"该中心所办的专业期刊《和谐社区通讯》所登载的论文几乎都是关于商品住宅小区的管理问题的，以2018年第1期为例，如表2-2。

表 2-2 《和谐社区通讯》2018 年第 1 期采录文章的题目

序号	类型	题目
1	住宅小区	构建生态绿色和谐——垃圾分类和谐中心减量实践基地案例
2	国际经验	办理驾照体验美国公共服务
3	社区治理	多中心治理的政治经济学埃莉诺的思想演进、主要贡献及其启示
4	社区治理	《关于加强和完善城乡社区治理的意见》精读
5	住宅小区	新形势下社区治理中的物业管理定位
6	住宅小区	上海特色社区治理与小区自治制度、模式与经验学习交流研讨会
7	住宅小区	应用奥斯特罗姆理论分析城市社区治理与服务选择、绩效与对策
8	住宅小区	幸福都是奋斗出来的——大型社区业主大会投票纪实
9	住宅小区	我们小区业委会五年做了什么
10	住宅小区	"公共治理与政策的秩序维度"学术研讨会会议纪要
11	住宅小区	新时代的新思维：秩序思维
12	国际经验	从美国沃特顿镇的自主治理看中国基层治理
13	住宅小区	192 万元的配套公建权属与成本争议官司业委会赢了
14	住宅小区	关于《深圳经济特区物业管理条例》的修改建议
15	住宅小区	业主对物业服务不满，拒交物业费，亟须建立第三方物业服务评估制度
16	住宅小区	民法典合同编的修改与完善（实录摘要）

资料来源：《和谐社区通讯》2018 年第 1 期。

可见，《和谐社区通讯》及其主办方和谐社区研究中心所理解的"社区"，其实都是特指新时代的商品住宅小区。尽管这种小区在官方文件中一般称为"住宅区"或者"物业管理区",[①] 但是现在很多学者和实际工作人员已经将两者混同起来。笔者参加的很多全国性的社区治理研讨会，会议的主题基本上也是以商品住房小区的治理为主。就在本书稿进入最后修改阶段时，笔者又在"中国业主沙龙一群"看到长沙某小区业主委员会在向物业公司申请公共收益公开时，明确将物业小区理解为了一个市场，这样一来，相关的物业服务清晰地带有商品交换的市场

---

① 北京市住建委、民政局、社会办：《北京市住宅区业主大会和业主委员会指导规则》，载中共北京市委社会工作委员会、北京社会建设工作办公室编《北京市社会建设政策文件汇编（2008.1~2013.9）》，西城区人民政府内部资料，2013，第 203~221 页。

属性。

6. 社区建设目标的虚拟化和脱域化

有观点说城市社区居民生活环境将随计算机与通信技术而改变,① 这一点目前显得越来越真实。在未来学家看来,我们的社区生活是一个碎片化的时代。碎片化（fragmentation）是指完整的东西被破成诸多碎块,曾经被用来分析传统社会向现代社会的转型过程。当社会人均收入到了 1000～3000 美元时,这个转型就会发生,相应地,传统社会关系、市场结构以及社会观念的认同感——无论是精神家园、信任体系,还是话语交流模式,都将逐一瓦解,被分割到林林总总的细微"文化部落"之中。与此同时,人们的生活节奏加快,信息更新量巨大,时间被更细致地分割,而空间感却反而淡化,相应地,人们在空间的转换频率持续提升,地理条件对人际互动的约束力也被大大降低。在这种可替代性人际互动空前增多的情况下,社区内的人际交流反而被压缩了许多。这是一种趋势,毕竟人的时间、精力有限,在虚拟空间里投入的注意力多了,对实体社区里的公共事务自然就不太关心。在网络时代,不仅信息在碎片化,人群与他们所处的社区生活也在虚拟化、碎片化。② 新时代社区居民也在促使社会组织结构从传统走向现代。在此趋势下,无论人们对"乡愁"情结如何怀念,也不管对传统秩序怎样眷恋,都必须面对一个实际,那就是：现代化、城镇化、工业化乃至后工业化、信息化都将不可逆转,而传统意义上的社区共同体或许会像梁漱溟所理解的已被"破坏百年"的乡村那样,要经受一个"创造性破坏"的洗礼过程。③

德鲁克在《下一个社会的管理》中指出,铁路对工业化起到革命作用,不仅创造了新经济区域,还迅速改变了人们的"心智地理"（mental geography）。④ 这种情况在高铁普及的今天将更为强化,导致人们的空间距离感越来越表现出相对性,让原先毗邻而居、相互守望的"小区域"生活共同体逐渐让位于更大范围的共同体。与此同时,如果说铁路还只

---

① 〔日〕大前研一：《洞察力的原点》,朱悦玮译,中信出版社,2013,第108、197页。
② 朱海松、李晓成：《微博微信政务：中国政务微博与政务微信的应用方法与原则》,南方日报出版社,2016,第1～4页。
③ 梁漱溟：《乡村建设理论》,上海人民出版社,2006,第10～11页。
④ 〔美〕彼得·德鲁克：《下一个社会的管理》,蔡文燕译,机械工业出版社,2006,第6、8、41、52页。

是拉近了人们的"心智地理",那么互联网的出现则彻底消灭了人们的距离感。人们在互联网上购物、阅读、社交、聊天、游戏等。东南西北、天涯海角的亲戚朋友及陌生人,都涌入网络空间,在那里实现着另外一种互动。这种互动不仅发挥着活跃的市场功能,而且也在相当程度上方便了人们的社会交往。正如毛寿龙教授在接受笔者的课题咨询时所揭示的那样:现代社会的快节奏,使人们坐下来相互了解的机会和时间都在减少,加上很多中国人又不擅长面对面的深谈,结果就影响了相互了解的质量。随着互联网(尤其是移动互联)技术的广泛应用,人们意外地发现社交成本在降低,而效率却在提高。人们可以接触、认识更多的人,而朋友和熟人的概念也在被重新定义,比如微信的出现帮助人们开启了新的组合形式,不仅让传统的社会结构得到复兴(比如诸多的家族群、亲戚群、同学群等),还在形成新的社会结构。

可见,未必只有老派的乡土秩序才算社区,也未必只有"关系亲密"的人才能结成共同体。随着科技推动的社会变迁日益加速,共同体概念已不是原始秩序所能定义的了。早期人类的社交范围或许只限于家族、村落、乡里,但今天人们却拥有着更广阔的社交区域。远隔千山万水的人们,可在同一时间接受同一个新闻,思考并参与讨论同一个话题。有的网民间的自发救助,事实上担负起了传统社区的"邻里守望、相互扶助"的职能。比如网上捐助、预约献血等事件就在诠释"一方有难八方支援"的共同体内涵。所以,与其为传统社区的衰落而哀伤,不如放开视野,跟着人们诉求偏好的转移轨迹,对社区的互联网元素予以充分尊重。与多地政府打造的社区一刻钟服务圈(其中包括市场购物的就近原则)不同,今天网购让供需之间实现了"天涯咫尺",从而在事实上已经消解了就近服务的价值。此外众多社区服务电商,诸如"社区001""叮咚小区""嗨客""云家政""小区管家""阿姨帮"等,都在见证新时代里社区共同体与市场共同体的有机融合。[①] 人毕竟是社会动物,人们之所以逐渐淡出某种社区活动,是因为人们对那种活动已不感兴趣,与此同时,他们已为自己的社交和归属感需求找到了成本更低、效果也

---

① 何志荣:《"独自打保龄球"与"一起跳广场舞":中国社区的现状与社区O2O实践》,《广告大观》2014年第12期,第43~44页。

许更好的供给渠道，人们正在新的空间寻觅共同体的感觉。尽管太多的资讯和虚拟社交有时候也会让一些人产生信息焦虑症，尽管人们注意的信息很快又会被新的信息"海浪"卷走，但许多人们仍然乐此不疲，不断在海量的网络数据中寻找着能够吸引注意力、刺激其神经的信息点。可以说，新技术给社区层面的人们互动和对公共事务的参与都带来重大变化。当年，滕尼斯之所以要刻意地将"社区（共同体）"与"社会"区别开来，就是感受到了当时工业化的强劲冲击，而今天的信息化无疑也在对我们的社区概念进行颠覆性的重塑，特别是公共领域也将在网络空间的"公共领域"中重建。事实上，在互联网上经常有"某某社区"的表述，比如"天涯社区""腾讯网用户社区""oppo 社区"以及"国安社区"等，社区俨然已经与频道、群组等成为当今互联网用户组织的基本单位了。

然而，尽管脱域化在增强，但物理的地方并非变得无关紧要，而是地理意义的社区始终有其独特意义，如罗伯特·桑普逊（Robert J. Sampson）所著《伟大的美国城市：芝加哥与持续的邻里效应》（*Great American City: Chicago and the Enduring Neighborhood Effect*）所述，社区依旧很重要，人们居住的社区会在很大程度上影响个人生活，他进而提出了关于"邻里效应"的系统理论，通过实证阐述了社会过程在社区尺度上的差异。[①]

无论如何，社区之所以被称为共同体，就在于其成员依靠较强的共同体意识而凝聚在一起，并能对本社区事务予以强烈关注和积极参与。然而，旧有的共同体理念已在显著的行政化、个人行为的"惰性化"及科技现代化冲击下有所变异。人们对所居住社区的活动缺乏了参与的热情，即便有参加者，也多是些退休老年人，或者是寒暑假中的中小学生；相比之下，作为社区主力的青壮年却在社区中似同隐身，但这绝不代表他们的社会参与需求减少，恰恰相反，他们已经找到另一种空间，可以更好地照顾其各个需求层次。于是，他们就将宝贵的注意力投在了他们所认同的平台。无疑，这将对"线下"的行政化色彩的社区建设构成新的挑战或竞争。假如社区建设不能提供现代人喜闻乐见的活动，那就很难吸引他们走出自身的

---

① Robert J. Sampson, *Great American City: Chicago and the Enduring Neighborhood Effect* (Chicago and London: University of Chicago Press, 2012).

"惰性",或者让他们放弃更感兴趣的"脱域社区"。当然,假如让某些社区活动也搬到线上,或许会是个不错的选择。如前所述,这种趋势也在逐渐变成现实,人们期待着通过这种方式可以实现社区氛围的复兴和社会资本的回归。

第二节 中国社区共同体建设的目标内涵

综上可见,社区的多元内涵容易导致对社区的讨论陷入只讨论枝蔓的状态。行政生态学家里格斯为此强调,离开语境就不能理解概念,而且在一国所适用的事物未必也能在别国适用。[①] 因此,人们必须在社区问题的研究中具体分析。社区共同体建设的起点因时、因地、因小区类型、因人而异。社区共同体建设的目标是复合的,这就决定了从起点到终点的线路也将是复杂的,或者说社区建设路径也是多元化的,如图2-4所示。

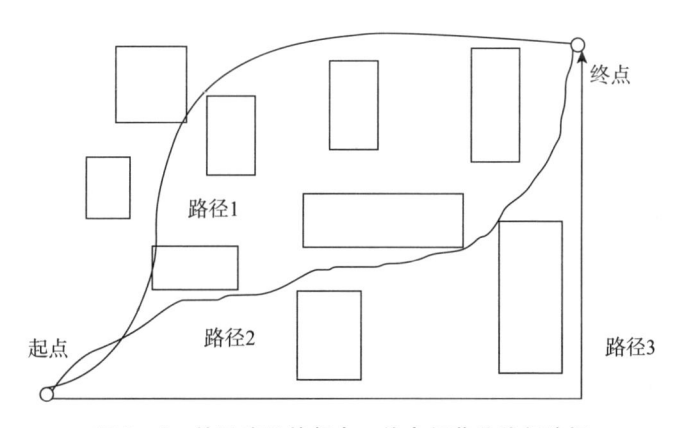

图2-4 社区建设的起点、终点规范着路径选择

虽然两点之间直线最短,但真实世界中很难选择直线的路径,所以绕道而行概率是大的。从起点到终点并非只有一条路径,会有多重选择,然而,再多的路径也在客观上限定在一定的范围内,而不是无限多的选项,比如限制条件方面有成本的考虑、效果的考虑等。路径选择貌似是

---

① Fred Riggs, "The Econology and Context of Public Administraion: A Comparative Perspective," *Public Administration Review* 2 (1980): 106~115.

主观的与偶然的，特别是最佳路径的标准带有权变色彩，但总体上存在一定的客观必然性。目的本身带有层级体系，由此构成一个"手段—目的"链，每一层及对下一层级来说是目的，但对上一层级来说却是手段。换句话说，所有手段都可以作为目的，而大部分目的也可以理解为某种手段。西蒙告诫人们，虽然组织或个人在做事时都不能只求目的而不择手段，但也必须明确：结构的设计首先要从确立或改变共同体的目标体系入手。① 但无论如何，路径的选择最终都将取决于这个前期目标的选择，当人们说某种路径或者制度是好的时，别人有必要追问一句"究竟对什么好"。路径适当与否乃是相对于要达成的目标而言的。② 譬如，2020年初的疫情防控需要使得社区作用陡然上升，那么，"战时"状态下与"平时"状态下的社区共同体建设路径是否有所不同？答案是肯定的，因为具体建设的路径自然会随目标预设的不同而有所差别。

就目前而言，社区定义总体来说比较多元，而社区职能也因此"没有了统一的标准，社区权限不明、职责不清，造成了诸多管理问题"。③ 这样看来，社区共同体建设朝什么方向走这个问题的确定，是路径选择的先决条件。譬如若将社区理解为基层单位，则建设路径是一套逻辑；而若将社区当作市场来管理，则建设路径呈现另一套逻辑；当然还可以将社区看作虚拟空间或满足人类情感需求的温馨港湾等，那么各种路径也会各有不同。路径多了，就可能展现出某种"有组织的乱象"。④ 诚然，每一种社区内涵都有各自的可取性，⑤ 都蕴含着建设的目标、决定着建设的路径选择。沃尔多认为，虽任何观点都有毛病，但任何观点也都含有某种有益的东西，⑥ 人们对社区的理解也是如此。如果说古典的社区概念强调血缘、亲缘、地缘的自然联结，那么新中国成立后社区基

---

① 丁煌：《西方行政学说史》，武汉大学出版社，2015，第143~144、160页。
② 〔美〕杰伊·M. 沙夫里茨、艾伯特·C. 海德、桑德拉·J. 帕克斯编《公共行政学经典》第5版，中国人民大学出版社，2010，第181、185、186页。
③ 周长城主编《社会管理》，中国人民大学出版社，2016，第92页。
④ Michael Cohen, James G. March and Johan P. Olson, "A Garbage-Can Model of Organizational Choice," *Administrative Science Quarterly* 1 (1972): 1-25.
⑤ 〔美〕杰伊·M. 沙夫里茨、艾伯特·C. 海德、桑德拉·J. 帕克斯编《公共行政学经典》第5版，中国人民大学出版社，2010，第187页。
⑥ 丁煌：《西方行政学说史》，武汉大学出版社，2015，第184页。

本上是"单位制+街居制",住房改革后人们又由共同的物业"业缘"而联结起来。综观现代对社区概念的应用,目前社区共同体的外延包含的内容比较多。之所以社区建设路径各不相同,一个重要原因就是人们对社区概念的理解多样,这直接影响着社区共同体建设理论的内在统一。有的人主张社区建设应该回归传统的温情而熟悉的部落状态;有的人主张社区应该建成物权利益俱乐部性质的联合体;有的人认为社区建设目标就是让民众得到更多的福利;也有的人主张社区不外乎是政府管理社会的基本单元;当然还有人认为互联网时代社区的概念早已突破地域限制,使得原始秩序过渡到扩展秩序成为一个趋势;滕尼斯认为社区过渡到社会是不可避免的,费孝通认为熟人社会走向陌生人社会是不可避免的。今天谈社区共同体建设,必定要考虑到当下的时代环境、社会生态,甚至技术条件,而不能孤立地就社区谈社区。

第三节 社区共同体建设的社会物理学视角

自孔德倡导"社会物理学"(social physics)以来人们渐渐尝试用物理学(后来扩大为自然科学)的思维方式和基本定理来研究社会问题,[①]接下来将集中利用这种社会物理学思维重点讨论三方面命题:惯性定律在社区建设中的体现;社区从融合、到棱柱再到衍射的发展趋势;共同体建设与政府职能互动中的"制度自相似性"与"分形理论"。

一 惯性定律在社区共同体建设中的启示

物理学中的惯性定律告诉我们,一个物体如果没有外力作用其上,则将保持匀速直线运动或静止状态。后来很多社会科学都用这个物理学定律去阐释各种不同的社会现象。比如说,当一种行为方式或者制度格局形成之后,除非是有更大的力量施加到它的体制之上,否则,它的体制将保持不变,或者按照它既有的节奏运行。同理,社区共同体建设路径的变迁也是一种运动过程,也表现出类似的属性,诺斯把这种制度选

---

① 牛文元:《社会物理学与中国社会稳定预警系统》,《中国科学院院刊》2011年第1期,第15~20页。

择受历史惯性影响的属性叫作"路径依赖"。①

同理,假如对习以为常的模式作出改革,也须有外力作用,使原先平衡出现变化。在我国,社区共同体建设的思想承袭着我国传统社会管理中对基层社会管理的思想。这种思想就是国家大一统范式下整体性社会管理的模式。古代社会安土重迁,"编户齐民"的制度,意在让人与人、户与户之间构建起稳定的连带、协同、守望与监督关系。虽然我们已摒弃了旧制度,然而,某些文化思想根深蒂固。现代社区作为基层社会管理的抓手,很难说就是全新的事物,事实上历史中也不乏基层管理的经验。从物理学惯性定律视角看,这种力量可能还非常强大。除非有一个足够大的力量施加到原有的基层社区管理体制之上,否则旧有的路径制度会展现出相当大的惯性力量。事实上,我国基层管理体制(包括现在的街居制)本身就滥觞于新中国成立时基层政权建设的经验。当时基层管理沿用了旧有的一些管理模式,而旧有的管理模式虽几经变化,但总体上仍以古代保甲制为蓝本。所以说,我国现代社区共同体建设路径的选择有着持久的历史惯性。

从当前看,市场化改革让单位化社区模式逐渐弱化,居民参与社区治理有着物权驱动的原因,很有可能对既有的街居体制造成一定冲击。

二 衍射效应与生态学的启示

作为生物学的分支,生态学研究生命有机体在生长中与周围环境发生的相互作用,里格斯创造性地将生态学引入行政管理后,"自然及人类文化环境与公共政策运行之间相互影响的情形"就受到特别的重视。② 社会管理的环境是复杂的,包括社情民意、制度背景与传统因素等。在这种范式下,社区建设路径的演进乃是一个自然选择和适应环境的过程。后来更多生物学、生态学观点被引入公共事务管理中。里格斯开创的行政生态学注意用自然科学原理分析社会管理问题。他认为,在农业社会下,经济主要靠农业,土地分配和管理自然成为政府的重要职能,行政管理多带有浓厚的家族与亲族主义色彩,政治与行政也浑然一体,政府与民众较

---

① D. C. North, *Institutions, Institutional Change, and Economic Performance* (New York: Cambridge University Press, 1990), pp. 94 – 97.
② 彭文贤:《行政生态学》,(台北)三民书局,1988,第19页。

少沟通。这种等级森严、铁板一块的状态就像折射前的白光一样,这种管理以集中、融合为要义,被称为"融合型管理模式"。随后,在农业社会与工业社会之间有个过渡型的社会阶段,兼具农业社会与工业社会的管理风格,这种社会虽有分化倾向,但尚未彻底分开,犹如白光处在三棱镜中,虽已开始折射,但折射尚未完成。这便像今天我们的社区共同体状态,社区居委会、社区党委统筹社区一切公共事务,但客观上也存在市场组织、社会组织、业主组织的积极活动。过渡时期的社区中存在有限的市场经济。未来社会将进入后工业化状态,社会多角色、多参与、多中心、多专业的多元协作模式将成为常态。这时候的社区管理将突出分化和专业化基础上的协调,讲求的是效率与科学,这时的政府职能是有限而明确的,这样的社会管理模式也被描述为"衍射性管理"。

根据里格斯的行政生态学描述,笔者认为社区共同体作为社会缩影,也可以拆分为各种"不同体",如党委管党建,居委管秩序,服务站管民生,物业服务公司管日常维护,业主大会捍卫物权,业委会落实业主意志,居民自发团体照顾个性需求,水电气部门、公安部门、街道办等则在外围给社区保驾护航、提供便利。与此同时,社区建设的目标自然也就可以相应拆分为党建基地、社会管理单元、政府服务落脚地、物业费收缴场域、业主自治的试验场等。总之,社区共同体建设也经历一个从融合到过渡再到衍射的过程,同时各个部门职能分散,互相配合,共同维护社区的安宁。里格斯理论对社区共同体建设的意蕴在于:人类社会经过了农业社会、过渡社会、工业社会(现代社会)三种模式或阶段,而作为社会缩影的社区,其内涵与建设路径自然也受到社会转型的深刻影响,表现为三个阶段。

首先是传统秩序或者滕尼斯意义上的社区样态,是与农业社会中人们的生活方式相关的,就像中国封建社会中故乡情结。当然向传统社区回归的建设模式可带来较强归属感、依赖感与身份认同感,但也会给个人施加较强的约束感。其次,随着工业化社会的到来,人们逐渐走出了上述模式。人们随市场指引、生计驱动,可以自由迁徙,让原来铁板一块的社区样态遭到冲击,社区进入过渡性社会样态,在这种样态中,传统的力量和社区情怀仍在人们心中起作用,但各种分化的因素开始解构传统的社区共同体意识。我国现阶段的社区既有农业社会的封闭管理模式,也在部分领域出现社区职能分工协同趋势。这种趋势到了后工业社会还将加速。混沌未分的社区共同体秩序经过"棱柱"的融合与发散，最后衍射为"七彩"的拓展秩序，具体表现为：社区秩序成为房地产开发商、物业服务企业及广大电商、物流、快递等组成的市场的秩序，业主组织的社会秩序以及包括律师、会计在内的众多专业秩序。如图 2-5 所示。

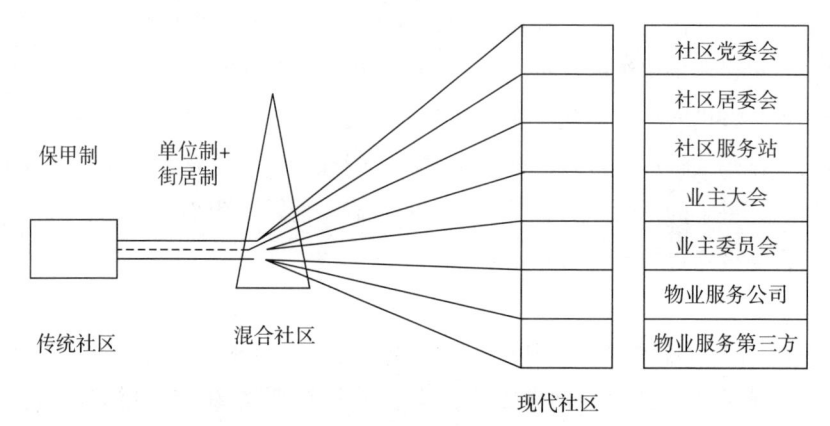

图 2-5 传统社区、混合社区、现代社区的演化
资料来源：笔者根据里格斯的行政生态学理论制作。

三 分形理论透视社区共同体建设策略

当社区层面受到新力量的冲击而导致建设路径发生变化时，社区层面的微调也会给社会结构带来深刻的变化。中央强调要抓好基层工作，那么，微观的基层与宏观的国家治理体系的关系为何如此紧密？下面将运用分形理论来解释。

1. 分形理论的提出

1700 年，数学家莱布尼茨（Lebniz）在研究自相似性（self-similarity）问题时，发现世界上大部分看似不规则的碎片分形（fractals），都可能居于某种规模可变的缩放体系当中。依照普通几何学中的相似性概念，人们认为这些可缩放的分形（scaling fractal）具备了"自相似性"（being self-similar）。[1] 早期分形理论主要研究的对象就是自然界中很多非欧几何

---

[1] Benoit. B. Mandelbrot, *The Fractal Geometry of Nature* (New York: W. H. Freeman and Company, 1983), pp. 111 – 113.

的不规则图形,如一朵并非球体的云彩、一座并非锥体的山脉、一段绝非完美弧度的海岸线、一株树皮并不光滑的大树、一道并非直线行进的闪电等。那么,这些司空见惯的不规则图形是否存在某种规律?

分形理论认为,这些规模、尺寸不同的貌似不规则、无秩序的样态之间的确隐含着一定的相似性。就像对海岸线的拓扑研究中,海岸线虽然看上去很复杂,但经过拆解分析,仍可在该结构中找到某种秩序,不同比例尺下的海岸线虽存在局部差异,但在几何学上却是等价的。这种自相似性分析旨在强调用简单而非复杂晦涩的逻辑,将貌似棘手与复杂的现象联系起来,寻找简单元素,用清晰的逻辑展现出来,而非让简单问题变得艰深。这种研究的便利性使得分形理论很快引起很多数学家、生物学家、物理学家、地理学家的兴趣,这一理论相继被应用到这些领域,形成某种分析范式。它相当于提供了一种理解世界的建模方法,它虽然最早只是针对自然现象进行的数学推导,但非数学专业人群也逐渐理解并尝试使用它及相关结论。在社会科学领域人们也开始意识到这种认识和方法的价值,并尝试用它来阐述和解决具体的社会科学课题。

其实早在1845年,法国科学家M. A. 安培就设想建立一种国家管理(statecraft)的科学,将零散甚至随意的治理理念统合在一个系统的理论框架之下。1975年曼德布罗特发表《分形:样态、随机与维度》(*Fractals: Form, Chance and Dimension*)①,提供了一种有用的桥梁,该作品也被视为分形理论正式进入成熟阶段的标志。这套非常有趣的理论,旨在揭示貌似离散和不规则的一些图形背后的逻辑,目前在经济学、社会学乃至语言学等领域都有可观的应用价值。②

他之所以把这种理论命名为分形理论,是因为他发现自然界很多不规则形状的物体往往都有着与其酷似,但大小不同的分形(identicial fractals at all scales),这些分形组成一个分形集合(fractal sets)。原本作为纯数学理论的分形研究后来被迅速而广泛地应用于物理、地质、天文学、工程学等学科,产生出大量基于分形的洞见,涉及领域非常广泛,

---

① Benoit. B. Mandelbrot, *Fractals: Form, Chance and Dimension* (San Francisco: Freeman, 1977).

② Benoit. B. Mandelbrot, *Fractals: Form, Chance and Dimension* (San Francisco: Freeman, 1977), p. 239.

包括海岸线的结构、强噪声干扰的电子通信、月球的表面、地貌几何性质等典型的自然界的分形现象，这进一步强化了分形理论的交叉应用价值。由于它"在数学、物理学、冶金学、材料科学、计算机科学、生理学、人口学、经济学、电影、美术等领域都有应用"，因而被喻为"串起多种学科的一条线"。① 近来人们又开始用这一原理来理解社会管理的制度设计中存在的"自相似性"现象。②

2. 分形理论的内容

分形理论本来是为了弥补欧几里得几何学的缺点而提出的一种理解自然现象的范式。欧几里得关于规则图形的各种定理固然非常适用，但生活中更多的事物是不规则，比如，虽然我们在素描中可以把云的图像画作平滑的边，但如果放大来看，就像气象卫星拍摄的云图显示的那样，云团边往往有各种曲折，那么对于这种图像的研究就用得着分形理论了。③ 通俗地说，分形理论告诉我们，当我们将一个图形的一小部分放大时，常常会得到一个类似整体的图像；而更有意思的是，那个放大了的图像仍然包含同样参差不齐的许多小图像，而且各自也都像整体的图像。曼德布罗特提出的这一理论很快产生巨大影响，有人为此还构建过一种叫 Koch 曲线的分形模型来作说明，如图 2-6 所示。

在这幅图中，可以清楚地看到一条线段，中间隆起一个等边三角形（抽掉了底边）。这个图形带有四条线段，在这四条线段上再各自制造一个等边三角形，就得到中间的样态。倘若继续在中间图形中所有的线段中间各制造一个更小的等边三角形，就会出现相当复杂的第三个图形。这时，我们再把图的任何一部分放大，都可以得到与整体形状相同的样子，也就是说，Koch 曲线的微小部分会以跟原来曲线相同的模式不断重复。不仅如此，还有人指出，这样的曲线不断重复下去就会构成自然界的雪片图案。

---

① 孙洪军、赵丽红：《分形理论的产生及其应用》，《辽宁工学院学报》2005 年第 2 期，第 113~117 页。

② 周莹、王巳龙：《宇宙自相似性在中国古代社会的体现——中国传统"家国同构"式社会的自相似性》，《西藏民族大学学报》（哲学社会科学版）2016 年第 1 期，第 104~109 页。

③ 〔美〕托马斯·L. 皮纳德：《身边的数学》（英文版），机械工业出版社，2003，第 497~505 页。

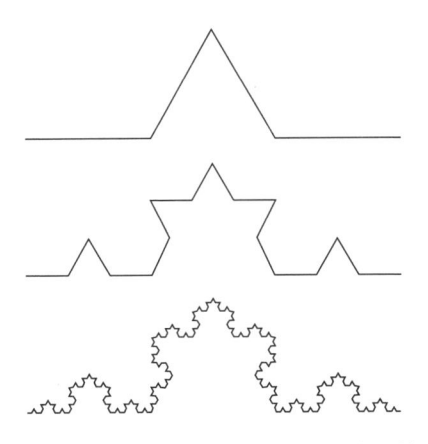

图 2-6　分形理论下的 Koch 曲线与雪片曲线示意

资料来源：Clifford A. Pickover, *A Passion for Mathematics: Numbers, Puzzles, Madness, Religion, and the Quest for Reality* (Hoboken, New Jersey: John Wiley & Son, Inc., 2005), p. 347; Theoni Pappas, *The Joy of Mathematics* (San Carlos: Wide World Publishing, 1989), p. 78.

分形理论对我们的重大启示在于，部分和整体图形之间存在着一种类似遗传密码一样的机制，部分放大后仍然不失去其原有的属性和形态。[①] 分形机制由此可以形成大小不一、内在相通的各种图形，这就意味着很简单的事物叠加就可以形成很复杂的事物；反过来看，很复杂的现象背后其实也很简约。简单的指导原则却具有无比强大的建构能力。这样一种几何学上的分形理论，既可以回答为什么无数小线段可以组成圆形的问题，也可以为许多自然现象构建起非常瑰丽的图景模型，比如用分形理论来展示空中的闪电、树枝重复性分叉等。以树木的枝杈为例，不难看出，其轮廓虽然看似复杂，但结构极具章法。从图 2-7 可看出，自树干往上，逐渐出现枝杈，枝杈按一定走向或分形模式伸展；而后每枝又在生长一段后进行相同模式的分叉，这样循环若干次之后，就整体上出现了我们看到的样子。就整株树的结构来说，无非是由简单分形"积分"而来。也就是说，掌握了基本分形，整体的图式便可把握。

以上分形理论的意蕴给我们的社区研究带来一种很重要的启示，即社区与社会，社会治理与宏观社会治理具有相似性。

[①] Theoni Pappas, *The Joy of Mathematics* (San Carlos: Wide World Publishing, 1989), p. 78.

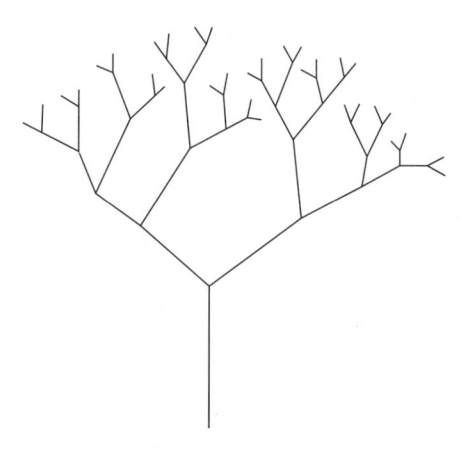

图 2－7　树状分形实例与结构示意图

资料来源：笔者拍摄并制作。

3. 分形理论与自相似性

分形理论常常跟与自相似性联系在一起，"自相似性"是自然科学领域的常见现象，其主要特征就是部分和整体在不同规模上呈现出高度的相似甚至是自我复制的样态（they consist of self-repeating patterns on all length scale）。[1] 就像图 2－7，当把一根树枝和这棵树相比较时，便不难看出，它们在结构形式上几乎完全相似，甚至在树枝上长出来的更细小的枝条仍具有大树的特点。这样我们可以在树枝与树枝之间，树叶与树叶之间看到类似的结构，甚至连众多树叶的叶脉都呈现类似的结构。

于是，科学家就把某一事物或结构的整体形态跟它的每一部分之间的这种相似性，称为自相似性；而部分也就看作整体的映射，或者叫具体而微的全息对应。分形论者认为："如果一个局部放大后，与其整体相似，则这种性质便叫自相似性（self-similarity）。"[2] 譬如山上石头可看作是微缩的山脉，即使在一米见方的石头上也能够找到自然界的各种图形和构造，甚至石块上的苔藓都能以小见大，从中可看到山间的一片森林。

科学家们认为，不论形态如何复杂，它们在统计或概率上的相似性都是普遍存在的，乃至宇宙也无非一个具备高度自相似性的分形体系，

---

[1]　C. Song, et al., "Self-similarity of complex networks," *Nature* 5 （2005）：32～39.
[2]　陈颙、陈凌：《分形几何学》，地震出版社，2005，第 5～6 页。

从地月系到太阳系到银河系再到河外星系，无不具有内在的相似性。不仅如此，即便在微观世界中，这种理论仍然适用，微观的原子结构就与宇宙宏观尺度的恒星系结构十分相近。据此，人们得出两个基本的共识，即：①部分会以分形的样式与整体保持相似；②分形集合无论是放大还是缩小，这种集合的某些属性仍然是相似的，就像宏观的天体运行样态跟微观的粒子运动方式具有某种内在的相似性。这些例子都给我们一个启发，即很多貌似纷乱、没有秩序的图样其实隐含着内在的相似结构。

我们可以借用分形理论对当今看似复杂的社区样态进行剖析，来看看表面"高度复杂"的现象是否由某些简单的制度叠加而成。周莹和王巳龙曾用自相似性理论阐释中国传统家国同构式社会所显现的"自相似性"，说明所谓复杂不过是简单的叠加，而我国传统上的国家治理体系不外乎是家庭治理的扩大版。① 从这个角度看，基层社会管理制度存在某种管理基因，在运作中也起着塑造分形的作用。加雷斯·摩根（Careth Morgan）在其名著《组织》（*Images of Organization*）一书中也曾用"大脑"作比喻阐述组织学的原理，包括5个方面。①"整体纳入局部"的定律（"whole in parts" principle），即一段DNA承载着整个人体发展的信息代码，而一个组织（包括共同体）的观念、愿望、核心价值观、运营规范以及组织文化也都可以从一个微小成员或者部分当中找到具体而微的全息信息。②适度的"冗余"反而有利于整体的稳定和安全，就像大脑多个部分可参与到同一活动中，处理同一信息，即使某一个区域出问题，具有自相似性的其他区域同样可以完成相关的职能，这就降低了对任何单一区域活动的依赖性，有利于维护大脑的适应力、创造力和灵活性。③为应对环境带来的挑战，自我调节系统的内部多样性必须与环境的多样性和复杂性相称，而不是故步自封、墨守成规。为此，"多职能"与"知识的重叠"可以帮助实现较高的一致性。④过分限制、过分控制，反而容易导致僵化，影响整体的自组织能力。⑤学会学习，即善于变化、调整和适应。②

---

① 周莹、王巳龙：《宇宙自相似性在中国古代社会的体现——中国传统"家国同构"式社会的自相似性》，《西藏民族大学学报》（哲学社会科学版）2016年第1期，第104～109页。

② 〔加〕加雷斯·摩根：《组织》，金马译，清华大学出版社，2005，第87～104页。

总之,"自相似性"的理论启示我们:基层社区的建设问题与国家的治理体系的整体构建不仅是上下层级的关系,而且是整体图式决定微观结构的问题。因此,在"党管一切"的总要求下,基层社区也必然如我们所理解的那样,必须以党建引领为总原则。在党建确保大方向的前提下,可以发挥政府"看得见的手"与市场"看不见的手"的协同作用。相应地,在社区层面,行政主导的街居制与业主自主治理还有市场力量共同作用,有利于实现共建共治共享的格局。总之,在衍射型社区态势下,不同主体共同参与到社区服务的供给当中,确保了服务的供给,而且还提高了服务的质量,同时确保了党建引领在社区共同体建设中的领导地位,确保了具体事务由多主体灵活处理的权变性。

4. 分形理论的应用和解释力:家国同构与自相似性

如前所述,社区是小社会,小社区反映大体系,整体复杂性不外是简单层次的叠加而已。每一层次不同的具体问题都可参照特殊的理论来解决,如物理学的"粒子—原子—分子"结构、生物学的"遗传原质—染色体—细胞核—肌肉—器官—生物体"结构等,乃至公共管理中的社区与社会,都可以理解为各自学科在各层次上分析的特殊单位。① 社会物理学视角下,社会治理的不同层次也遵循分形理论的"自相似性",即微小图形中蕴含整体图形的基本结构,通过自相似模型找出的性质和规律也可以推广应用到社会架构的讨论中。中国古代社会的家庭关系与社会政治关系在很多方面就存在"家国同构"的现象。中央电视台曾作过家风调查,将家庭和国家自然地联系在一起。现实中"家"与"国"常常是联系在一起的。② 当前的社区,则是介于家庭和国家之间的一层存在。费孝通的"差序格局"描述,从个人、家庭到社区、国家就像一圈圈的同心圆,圆的规模不同,但机制与外形却差不多,带有内在的"自相似性"。可见,家国同构也好,差序格局也好,所描述的社会构象乃是宇宙中普遍存在的自相似性在社会管理格局中的映现。③

---

① 丁煌:《西方行政学说史》,武汉大学出版社,2015,第148页。
② 央视网:《家风是什么?》,http://opinion.cntv.cn/2014/02/09/ARTI1391958231372867.shtml,最后访问日期:2018年7月7日。
③ 周莹、王巳龙:《宇宙自相似性在中国古代社会的体现——中国传统"家国同构"式社会的自相似性》,《西藏民族大学学报》(哲学社会科学版)2016年第1期,第104~109页。

传统的治国理政（包括基层治理）经验中，总有一些基层的抓手来服务于宏观的治理体系，除了上边提到的家国同构和差序格局，还有我们熟悉的"修齐治平"，其背后都包含着分形理论的逻辑。而自相似性的理论也贯穿于大小不同的治理范围。

5. 从分形理论看社区共同体建设的公办和民办

如上所述，组织或共同体成员的个体情况决定其运作质量，什么样的民众就能塑造出什么样的社区。这是就自下而上的视角上来讲的。与此同时，自上而下来看，国家的宏观治理体系，也绝非一个静态的背景，而是动态地影响着社区共同体建设路径的选择。同时历史的制约作用也非常大。也就是说，无论选择何种路径，实际上都在与某种宏大的格局保持一致，体现出内在的规范性。尽管宏观微观形态不同，但自相似秉性却可以贯穿两者。不同尺度的事物都能找到它们之间内在的联系与相通处，将如图2-8谢尔宾斯基三角（Sierpinski Triangle）所示。

图 2-8　谢尔宾斯基三角的分形构造

资料来源：江南：《分形几何的早期历史研究》，博士学位论文，西北大学，2018，第39页。

在第一个等边三角形的卡片上，找到每个边的中点，将它们连起来，会在中间形成一个小的等边三角形；用剪刀把这个三角形裁下来，就会出现第二个图案，其中有三个一模一样的等边三角形；再重复前面的裁剪程序，就会得到第三个、第四个、第五个……乃至无穷的镂空图案。而这些图案的基本构架则没有大的不同。这就是谢尔宾斯基三角的分形图给我们基本意义。我们建设的社区共同体就好像是谢尔宾斯基三角经过多次镂空之后所得图案中的一个个"迷你"三角区域。但这些小三角区域势必要跟微观、中观乃至宏观的体系保持内在自洽性或一致性。比如说，当国家治理体系坚持党的领导时，基层社区共同体建设势必要求"党建引领"。换句话说，我国基层社区共同体建设的格局势必与国家宏观治理体系之间具备内在的"制度自相似性"。数十万个街居部门、不同的管理层级，也都将贯彻这一要求。

而当我们用这种理论去思考各种社区建设路径时，如何选择的问题也就变得清晰可辨了。无论如何，微观制度的选择必受制于宏大的愿景方向，就像一棵树的枝杈，不可能由某个枝杈随便选择自己的生长形状。当某种制度从 A 地"移植"到 B 地时，有时却不适应 B 地，其原因就在于两个地方的宏观系统不同，影响了微观制度的运行。埃丽诺·奥斯特罗姆也发现，人们在对具体公共事务的处理中采用何种规则，常常受到更高层面规则的约束。结果规则之间就呈现"俄罗斯套娃"般的镶嵌情形，由此她开发出著名的"IAD"分析框架，强调各情境下的行动和结果是三种规则作用下的产物，包括具体行动场景中的操作性规则、决定合格参与者并改变操作规则的集体选择规则，以及决定集体选择制度内容的宪政性规则；其中每一层规则与其他规则必然呈现制度的自相似性，也就是必须兼容而不能互斥；同时，这也意味着低层次上的行动选项其实取决于更高层次上的规范，而若要变动深层次的规则制度通常很难，以至于最后研究自主治理多年的奥斯特罗姆也承认，制度固然影响行动结果，但制度以外的因素将更具有决定作用，特别是"事在人为"——人的因素将决定各个层面制度的选择，进而影响结果。[①]，这就意味着制度主义学家奥斯特罗姆研究了一圈，最后又回归到"首在立人"的结论了。

按照这种理解，我们社区建设问题上选用什么制度路径，一方面其实取决于更高的规则，另一方面更要看社区中生活着的是怎样的人群，也就是取决于民情变量。这种认识其实也就决定了当前中国社区共同体建设的两种路径：其一是行政的路径，也就是社区共同体建设要遵循上级部门的政策；其二是物权自主的路径，是作为社区的群众根据具体情境实现切身利益的制度探索。如果说前者带有"公办"的性质，那么后者可以说具有"民办"色彩了。

第四节　社区共同体建设的分形理论框架

综合第一章介绍的多元共生与秩序维度理论，再根据本章阐述的行

---

① E. Ostrom, et al., *Rules, Games and CPR* (Ann Arbor: University of Michigan Press, 1994), pp. 47, 329.

政生态学以及社会物理学视域下的惯性、衍射、分形等理论，笔者尝试构建一个社区共同体建设的分析框架，来帮助理解新时代社区共同体建设的路径选择问题。

首先，我国的社区共同体建设乃是国家治理体系中的一个组成部分，基础层面与宏观体系层面存在一定的契合与一贯性。其次，基层治理秩序的营造，必须与宏观的制度环境相匹配、相适应，而不能隔离于这个环境。再次，宏观上的政府职能转变要求，对于基层社区的治理势必会带来积极的影响。复次，现代社区共同体建设在微观层面具有自身的"双螺旋"结构，也就是行政管理逻辑加自主治理逻辑，前者包括社区党委、居委会在上级政府领导下开展的社区服务与社区管理；后者则是在大量物业管理和居民公共事务应对中兴起的以业主组织为核心的自组织服务系统。最后，就部分与整体关系而言，中国当前的社区在国家治理体系中将是一个个基本的社会管理单元。事实证明，目前社区虽然有新旧不同的各种类型，但在国家治理中地位都是一样的。根据分形理论，笔者提出中国当前社区共同体建设路径的分形理论框架图，如图2-9所示。

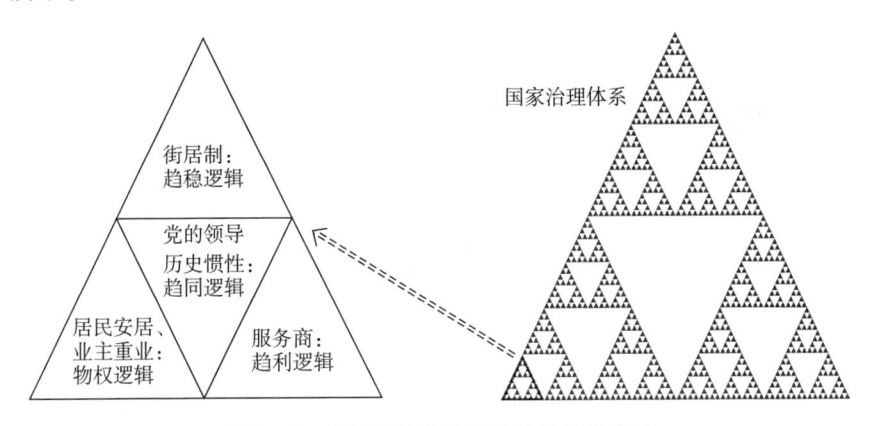

图2-9 中国社区共同体建设路径的分形

国家治理体系、政府职能定位、制度规则体系、传统的制度惯性、社情民意情况以及住房市场化下业主群体物权意识的觉醒等因素，共同组成了一个大环境，其中，来自历史的强大惯性力量，仍然对我国基层社区的管理秩序产生基因般的巨大作用。外儒内法的统治思想，已对社区治理方面形成巨大的影响，尽管有人以"皇权不下县"的说法试图说明中国古代基层社会一直由民间宗法或乡绅力量管理,但事实上中国古代的基层社会,从来没有逃离过皇权的注视。在中国历史的大部分时间里都有着严密的基层管控传统,直到新中国成立。

在政府的社会管理职能视角下,社区正是嵌套在自上而下的治理格局当中的"细胞"。微观的社区共同体建设单元,势必与国家宏观治理体系之间呈现内在的勾连与相似。比如,为了确保党管一切的原则真正贯彻,就需要在"细胞"层面坚持党建引领,这是"制度自相似性"定律使然。同时,街居层面又衍生出"趋稳性"的价值取向,即所有工作要以遵守上级指示和完成交办的任务为圭臬,崇尚的是稳定、秩序。另一方面,物业管理方面无论是业主自管还是物业公司代管,都展现出浓厚的"趋利性"逻辑。党和国家一直坚持为人民谋幸福,基层社区中所有工作的成效,也是以人民利益是否得到维护为标准。任何侵害人民权益的事情都是人民政府所不乐见的。总而言之,上述基于自相似性的"趋同性"逻辑、基于路径依赖的"趋稳性"逻辑、围绕物权的"趋利性"逻辑等将一起构成社区共同体路径的思考维度,如图2-10所示。

关于以上框架再做几点说明。首先,趋稳逻辑体现在社区秩序的营造方面,无论是原始秩序还是扩展秩序,对于社区共同体建设来讲,一定的秩序是必不可少的,它就像圆心,有了它社区才能具备趋稳的向心力,否则,圆就很难画得圆满。在中国,基层社区秩序的供给主要来自社区党委、社区居委会,它们起到基本的稳定作用。其次,社区共同体,顾名思义要吸纳大量多元的力量,因而展现出必要的趋同性。政府部门、市场力量、社会力量、企业力量、驻区单位、居民个人等都要融入社区共同体建设当中,八仙过海,各尽所能。这种对多主体的吸纳的作用,可以说是一种趋同力。最后,社区居民与业主在当代条件下有了更多自我管理的需求,有了维护物业权益的自觉性,因而社区业主组织的兴起将是新时代社区共同体建设的一个亮点;同时,各种市场组织也会把社区当作取利的市场来看待。在社区群众作为业主、作为市民组织起来从事集体行动时,维护权益的趋利性成为制度活力的体现和保障。与此同时,必要的市场监管、公平合理的交易秩序,也在考验基层社会管理的能力。关于现代社区共同体建设路径选择的决定变量,我们假设为如下几项:①国家治理体系对社区的定位和要求;②历史的制度惯性;③民

第二章　社区共同体建设的理论研究

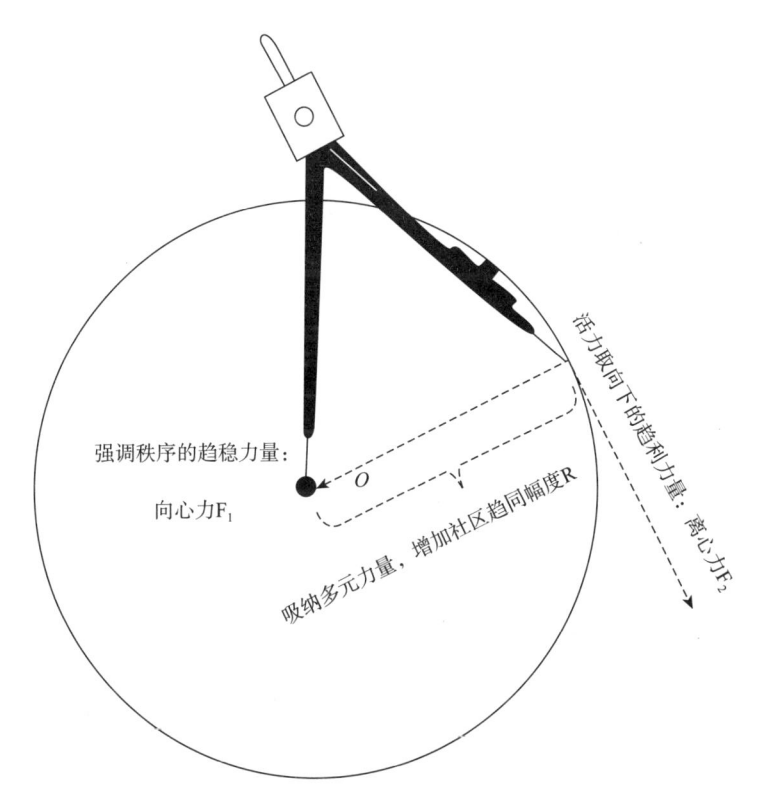

图中标注：
- 强调秩序的趋稳力量：向心力F_1
- 活力取向下的趋利力量：离心力F_2
- 吸纳多元力量，增加社区趋同幅度R

图 2-10　社区共同体建设中的趋稳逻辑、趋利逻辑、趋同逻辑

众对权利的恒定追求；④我国特殊的民情支撑。下面我们就分别以这几个维度来展开论证，先阐述我国社区建设的现状。然后按照里格斯衍射效应的分析范式，将中国社区纳入从传统走向现代过程中的棱柱型阶段，这个阶段的社区的表现就是可以分化为公办属性和民办属性。前者包括社区公共服务和执行政府交办事务等；后者则是社区在行动主体多元化背景下表现出来的越来越强烈的民办诉求，特别是社区业主自治的实践。随后还将用历史比较研究的方法阐述社区管理思维和制度的历史惯性，阐述我国社区共同体建设中国家干预的制度基因。以上是构成本书后面章节的主要内容。

综上，在传统惯性与时代激荡出的权益意识驱动下，我国社区必然从融合逐渐走向衍射状态，行动主体日渐多元，利益诉求也高度复杂。社区共同体的善治在于顺应这一态势，定分止争，在分化的不同体中，寻求价值、认知、市场交换以及协作共生的最大公约数，最大限度地满足人民对美好生活的向往。还应注意，社区业主自治活动和疫情防控战中社区的角色，彰显出社区共同体建设中不同属性的力量，自然也是秩序与活力的体现。同时我们也要明确党政职能、业主自治所应受到的约束。

第三章　社区中的"不同体"分析

观察社区共同体，很容易发现"不同体"的倾向。社区虽从语意上自带共同体内涵，但吸引力总与排斥力相伴，有"同"更有"异"，诸如排他性、个人主义、产权观念都在强调这种"异"的方面。尽管有统一的社区地域，但现实角色和利益纠缠都会给原本包容的共同体带来"裂缝"，甚至导致人们各行其是、"老死不相往来"，表现出社区共同体的淡化倾向。改革开放以来，经济和社会结构不断调整。曾经的整体型、单位管理型的管理模式不再占主导地位，而社区治理更多折射出里格斯的"棱柱型"社会特征。社会治理特别强调不同主体应在社区场域中取长补短、协作交易，共同追求美好生活。然而，个体理性可能促成集体不理性，为了确保社区共同体带给人们物质便利与精神包容性和归属感，就必须强化社区共同体的向心力，这就离不开党政力量来掌舵和维护秩序。这样，一方面要鼓励居民业主、企业、社会组织一起参与社区公共事务，另一方面要确保其活动围绕一个稳定的圆心。因此，新时代构建社区共同体，虽不是要它成为一个实体型组织，但必须在"不同体"之间寻求共生秩序，搭建一个平台，从而方便各方共建共治共享，稳健走向社区"衍射态"。下面我们将就社区行动主体的多元角色分别论述，包括政府职能、街居力量、市场力量以及市民力量等。

第一节　社区中的政府职能体现

简单说，政府职能就是保护职能：保护人民不受侵犯；保护产权安全；保护生产生活秩序；保护基本制度。这种秩序如同空气，虽常看不见，却时刻影响机体的存续。这不意味着政府要事必躬亲地处理一切事务，而是要通过使政府职能的有限化来追求职能的有力、有效。那么，实践中如何在社区多元行动主体之间确立政府职能？下面将从理论上作一些探究。

一　西方关于政府职能的多种理解

早期社会结构比较简单，政府职能也相应简单，政府的基本职能在于保护性，也就是维护共同体的安全。但随着社会公共事务日益增多，政府职能也在不断扩大和复杂起来。韦伯便指出政府职能转变乃是社会变迁的反映，古典行政学、新公共管理、新公共服务等不同的理论都为政府职能描绘了不同的范围。[①] 亚当·斯密以保守主义哲学为依据提出政府职能仅限于秩序维护、契约监督、货币管理等有限方面。[②] 政治学家更多地强调政府职能的权力运用，像亨廷顿所主张的，政府核心职能就是统治，就是获取权威、维持秩序，他甚至认为软弱无力的政府，是职能不到位的表现，因而也是不道德的，所以有限职能的政府观也必须确保权威才是有意义的。[③] 此外，西方不同的经济学派都对政府职能作出了独特视角的研究。比如重商主义者认为政府必须保护对外贸易，增加财政和就业机会；而重农主义者则坚持农业为本。近代以来，人们提出政府还需承担公共服务，比如通盘考虑要建多少医院、多少学校，保持多少军队和警察，维持多少钱币流通量，市场应有多少批发商和零售商等。特别是随着"市场失灵"概念的扩散，更多的政府职能被呼唤去担负解决市场失灵问题的职能，结果政府职能呈现出"大爆炸"式的扩张趋势。特别是人们希望通过政府职能，来培育社会创造财富的能力，包括提高教育质量或提供便利条件来实现创新驱动发展。[④]。随着公共事务复杂化，更多人认为在诸如城市土地经营、煤气电力等公用事业和特殊行业方面，政府职能都有较多的用武之地。[⑤] 当然政府职能发挥作用的领域还包括社区共同体建设领域。这样看我们国家政府职能的转变，让社会能做的交给社会，市

[①] 丁煌：《西方行政学说史》，武汉大学出版社，2015，第14、16、59、88、93页。

[②] 任宗哲：《中国地方政府职能、组织、行为研究：一种经济学视角》，博士学位论文，西北大学，2002，第47~52页。

[③] 〔美〕塞缪尔·亨廷顿：《变革社会中的政治秩序》，李盛平、杨玉生等译，华夏出版社，1988，第39页。

[④] 〔美〕罗伯特·赖克：《国家的作用——21世纪的资本主义前景》，徐荻洲等译，上海译文出版社，1994，第1~7、57、71、135、270页。

[⑤] 〔英〕里奥纳德·霍布豪斯：《自由主义》，朱曾汶译，商务印书馆，1996，第47~78、129页。

场能做的交给市场，不啻为"壮士断腕"般的"自我革命"。

此外，管理学家对政府职能的研究则主要放在了实用性方面。比如德鲁克对政府职能的思考就具有较强的规范性，他提出政府职能设定的三条标准。①拥有垄断的地位可以做得好，也就是政府只有在别无办法的情况下履行政府职能才能显出优势，类似于辅助性原则；否则政府行为反而会让问题丛生。②只有单一目标的做得好，如邮政和铁路。③公众有着共同要求的做得好，如国家安全、武器生产、社会秩序、市场规则等。总的来说政府职能设定的原则便是："凡是非政府组织能够做得更好，或者也能做得同样好，那么这个工作就不应该由政府来承担。"

综上所述，西方的政治、经济、管理思想中对政府职能的描述体现了不同的倾向，为我们今天讨论社区建设、社区服务和共同体营造中的政府职能设置提供了借鉴。

二 中国的政府职能思想

首先，中国改革开放后最早讨论政府职能的研究主要阐述马克思主义政府职能观，其中包括控制性政治职能和满足经济社会发展需要的合理性职能。在阶级存在的情况下，没有政府社会就不能存在；而假如不重视社会的共同需要，则政府本身也将不能存在下去，因而政府的政治控制与经济社会发展这两种职能相辅相成。随着社会的发展，传统上关于政府职能的理论均已不适应中国的实际。但无论社会怎样发展、政府职能如何转变，"政府职能必须遵循马克思主义政府理论的原则"。①

其次，中国实行市场经济后，越来越重视市场这只"看不见的手"，政府职能作出较多改变。有的学者发表报告，试图为我国市场经济下的政府职能开出清单（见表3-1）。

表3-1 学者理解的市场经济条件下的政府职能

职能类型	内　涵
发展规模经济	制定产业政策，扶植和培育市场，形成规模经济，反对垄断

---

① 张铃枣：《马克思主义政府理论视域下的服务型政府职能研究》，博士学位论文，福建师范大学，2009。

续表

职能类型	内　涵
提供共用品	共用品产品不可能由企业通过市场来生产，只能由政府来组织
克服外部性	在市场经济中，企业往往会把生产成本转嫁到社会身上，政府须采取立法和行政手段来克服这种外部性
克服信息不对称	建立维护保障产权的法律制度，鼓励人们合作，并追求有利于生产发展的科学知识和信息，克服信息不对称

资料来源：李飞《政府职能的定位及其转变的轨迹》，《经济社会体制比较》1994年第2期，第3～10页。

显然，以上主张的理念基础都源于西方经济学，包括规模经济、公共用品、外部性、信息不对称理论等。同时，中国也能注意在不同思想流派间采其所长、为我所用，这种拿来主义蕴含的灵活性较好地避免了帕特南笔下"外生制度不服水土"[①]的尴尬。厉以宁的"二次调节"论认为，市场调节经济，政府管理市场。前者发挥第一次调节的作用，尊重市场的力量；后者发挥第二次调节的作用，强调政府对调节经济的市场的管理与再调节。凡是市场能够做到的，政府就不必代劳，而政府只做好市场做不到的事情，尤其是政府制定游戏规则，对市场进行管理。[②] 这种思想其实与我们今天政府职能转变的做法是一致的：市场能做的交给市场，政府只做好应做的事情。

再次，地方政府长期坚持的"引导型政府职能"观在我国影响很大。所谓"引导型政府职能"，强调既不要单纯追求市场自由，也不要单纯依靠政府管制，而是在有限干预和有效引导中发挥市场的资源配置作用。在这一模式下，政府不再直接干预微观社会，而是居于外围，扮演扶持和引导者的角色，改善基础设施建设与环境保护，优化行政程序，减少交易成本，同时确保制度的合理化与科学化，由此实现企业、政府、民众及整个社会的共赢。[③] 这一路径中的政府职能显然带有"掌舵而非划桨"的意思。

---

① 〔美〕罗伯特·D. 帕特南：《使民主运转起来》，王列、赖海榕译，江西人民出版社，2001。
② 厉以宁：《市场调节经济　政府管理市场》，《经济研究》1992年第11期，第11～13页。
③ 张康之：《政府职能模式的三种类型》，《广东行政学院学报》1999年第4期，第11～14页。

最后，服务型政府职能范式。所谓服务型政府是指"在公民本位、社会本位理念指导下，在整个社会民主秩序的框架下，通过法定程序，按照公民意志组建起来的以为公民服务为宗旨并承担着服务责任的政府"。① 在国外，服务型政府职能思想的代表是登哈特夫妇，他们强调政府"服务而非掌舵"，不能以任何名义将政府当作"企业那样运作"。他们同时主张服务要关注"顾客"的需求，要促成成员间互信的形成及社会资本的发育。在新公共服务中，政府职能体现为一系列的专业职能、法律职能、政治职能和民主职能，政府应该成为复杂治理系统中负责任的行动主体，其可能的角色包括：促进者、改革者、利益代理人、公关专家、危机管理者、经纪人、分析员、倡导者、公益的道德领袖和服务员等。②

三 现代社区共同体建设中政府的职能

1. 政府在社区中的职能内涵

政府在社区共同体建设中的职能特殊，政府既不宜介入太多社区事务，更不能对其完全放任。目前，社区管理主体架构，从机构设置到资源配给，政府都有着较大影响力，公办社区的模式已然居于主流。那社区作为政府管理社会的抓手，在多大程度上应该由政府主导？社区事务在多大程度上可以交给非政府主体来管理呢？这需要从政府职能本体论角度来探讨。就现代政府而言，其职能十分复杂，既包括提供传统的国家安全、秩序稳定、法治保障、公共设施，又要包括照顾弱势群体、提供义务教育、补贴大学教育、提供医疗保险和健全全民健康体系。另外，还要发展经济、维护良好的营商环境、保护文物、保护野生动物、创造就业、调整财政政策与货币政策、保护环境等。③ 社区治安、社区纠纷排解、对弱势群体的帮扶等，就是政府职能得以实现的"最后一公里"。政府职能的定位有4个方面，如图3-1所示。

政府职能逻辑应用到社区层面，可看到对应的四种职能。民政部

---

① 刘熙瑞：《服务型政府——经济全球化背景下中国政府改革的目标选择》，《中国行政管理》2002年第7期，第5~7页。
② 〔美〕珍妮特·V. 登哈特等：《新公共服务：服务，而不是掌舵》，丁煌译，中国人民大学出版社，2004，第1页。
③ 毛寿龙：《市场和政府：是方法还是秩序》，https://mp.weixin.qq.com/s/M7I5ZJyGKEQ5A2BX-IuCuw，2019-08-21，最后访问日期：2020年3月18日。

图 3-1 政府职能的划分

门及街道办居委会目前承担社区公共服务的主体责任;而社区党组织、公安等职能部门,街居体制及居民业主组织共同分担社会管理职能;职能部门和司法部门负责市场监管职能,包括对社区物业服务市场的监管等;此外,发改委、物价局、住建委对社区的物业的经营的监督管理也比较突出。所以,作为基层社会的社区,即使有着群众自治的定位,也在众多社区事务中彰显出政府的职能。社区多主体的参与及各自职能如图 3-2 所示。

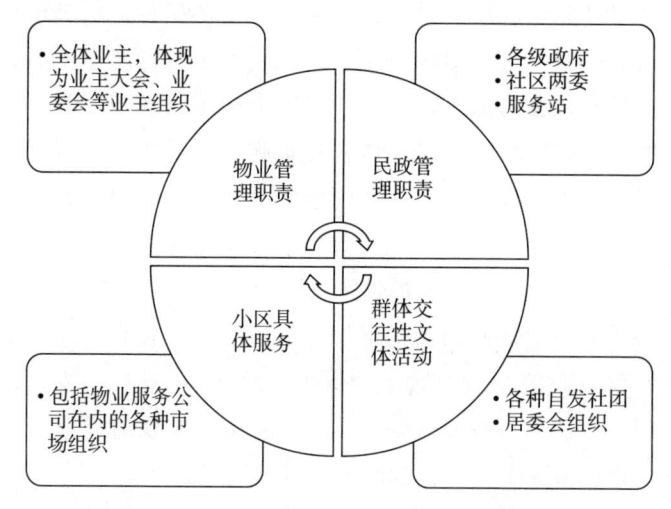

图 3-2 社区多主体的参与及各自职能示意

可见,营造公平与和谐的社会环境是政府职能所在,它是健康社会所必需的公共物品,且不是靠市场、企业、单个的居民所能完成的。①

---

① 张丽曼:《业主自治需要更多的制度创新——北京品阁小区公司制自主管理模式的启示》,《现代物业》2008 年第 4 期,第 30~31 页。

政府应坚定、有效地担负起这项职能。政府当务之急就在于明确自身在社区治理中的"权力清单",规范社区治理中政府应该担负的职责内容,帮助社区治理逐步走入规范的多中心共建轨道。

当然,多中心格局下也不能忘了党建在社区治理中的重要作用,孙萍对此作过提醒,认为社区治理的领导核心必须是中国共产党,党在社区事务的处理中起到了"政治领导、思想领导和组织领导"的作用。[①] 同时林尚立也将社区党建工作提高到战略地位,称其为"党有效领导社会和执掌国家政权的重要保证"。[②] 政治领导体现在社区党组织向居民宣传党的路线方针政策,解释制度设计的现实依据,确保社区居民能够在党的旗帜下团结奋斗、建设美好社区。此外,基层党建的组织职能还体现在把辖区内离退休职工、外来人口中的流动党员纳入社区党建范围,并且探索与驻区单位通过"大党建""区域党建"的机制实现资源共享,为社区治理开创新的路径、打开新的局面。

总而言之,社区共同体建设中,政府职能体现为表3-2所示的角色。

表3-2 社区治理中的政府职能

社区治理中的政府角色	内涵
供给者	提供财力、物力;直接提供公共产品,如公安、司法秩序、社区适龄孩子的义务教育、公共福利事业;整合市场和社会资源,提供公路、公园等准公共产品;提供劳动保障、社区公共服务,不断满足社区居民的需求
培育者	给予居民自由发展的场域,在制度、政策和资金方面支持社区社会组织的发展,对社会组织的设立程序、职能设置作出操作性规定
指导者	为社区治理制定政策,对社区建设进行宏观指导
提升者	在社区居民长期相互守望基础上促成共同的价值观,营造社区认同感和归属感,鼓励居民参与网络,在现代城市社区打造社区的"熟人社会",让居民在互动中彼此了解
监督者	监督社区中各类组织的运行和发展,确保选举活动的合规与科学性,确保财务程序透明公开;同时,监督政府委托社区社会组织承担的公共服务项目,并督促其提高服务质量

资料来源:孙萍:《实用社区管理学》,高等教育出版社,2017,第31~32页。

---

① 孙萍:《实用社区管理学》,高等教育出版社,2017,第31~32页。
② 林尚立:《社区民主与治理:案例研究》,社会科学文献出版社,2003,第316~317页。

由于政府职能以社会税收为基础来提供公共产品，这就决定政府职能必然既非越多越好也非越少越好。实际上，为了社区的运行，政府职能必不可少，如丁煌所说："现今政府的作用在于，与私营及非营利组织一起，为社区所面临的问题寻找解决办法。其角色从控制转变为议程安排，使相关各方坐到一起，为促进公共问题的解决进行协商、提供便利。在这样一个公民积极参与的社会中，公共官员将要扮演的角色越来越不是服务的直接供给者，而是调停者、中介人，甚或裁判员。"①

2. 社区中政府职能的调整逻辑

政府职能作为"政府及其工作人员的行动范围"②，在社区共同体建设中既有不可更变的内容，也有随条件变化而须作调整的内容。政府职能转变也是一种变化运动，物理学惯性定律告诉我们，任何事物在不受外力作用时，将保持静止或匀速直线运动。由此推知，政府职能也好，社区制度也好，都有某种维系现状的惯性，若无外力作用改变原有的平衡，则这种状态将持续下去。而转变的实际效果，跟推动职能转变的努力成正比，跟职能维护因素的历史惯性和保守的惰性程度成反比。易言之，主张职能转变的力度越小，则职能转变的效果就越不明显。如果职能维护的各种约束或阻力因素所导致的惰性越大，那么，职能转变也便越难推进；反之亦然（见图3-3）。

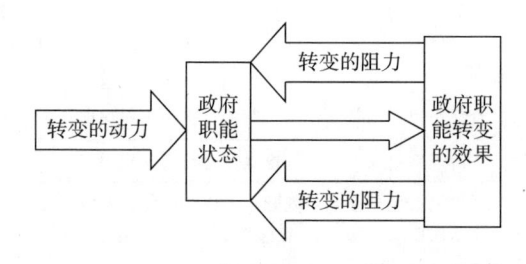

图3-3 政府职能转变的基本逻辑

从政府职能转变经验看，其转变的推动力一般是由政府认知驱动的。蔡长昆曾将此逻辑总结为三个变量，即政府管理效用最大化、经济社会

---

① 丁煌：《西方行政学说史》，武汉大学出版社，2015，第380~381页。
② Robert Nozick, *Anarchy, State, and Utopia* (Oxford: Blackwell Publishers, 1971), Preface.

组织与政府达成交易的可能性，以及各自的议价能力。① 对于政府效用或利益而言，在社区基层获得民意是政府职能的首选，为此须注意管理方式的改进，注重经济可持续发展，这些都会成为政府职能转变的基本动力源。同时，对自身权益日益觉悟的广大业主也将构成社区层面政府职能转变的呼吁性力量。当然，政府职能转变的阻力因素也不少。比如，具体职能部门及其工作人员的利益、传统的制度惯性可能成为职能转变的阻力。社区共同体建设是人民需求，也依靠政府推动，即政府部门委托社区党委、社区居委会来建设社区共同体②。当然，作为社区建设主要力量的街居工作人员，其自身利益也将体现在社区建设中，毕竟街居体系中庞大的人、财、物资源很多来源于财政配给。可见社区建设决不仅是群众自主治理事务，更是国家治理体系的内在组成部分。

第二节　社区治理中街居体系的行政职能

如上所述，基层社区治理常被纳入行政体系，是"区—街—居三级联动"行政体系的组成部分。虽有人曾提出撤销街道的建议，③ 但目前看街道力量不减反增，其主要职能便是社区管理。这些街居体系本身就是很庞大的，依赖政府的资源，开展着社区活动，在管理属性上街居体系带有更多的官方、公办色彩。

一　街道部门及其治下的微型科层体系

1. 街道职能概述

街道部门（包括街道工委、街道办）是我国市辖区和不设区的市人民政府的派出机关，与乡和镇同属乡级行政区，其主要工作目的在于服务地区居民、兜底民生保障、推进社会动员、确保党和国家的各项政策落实到位、最大限度促进形成党政群共商共治的局面。其工作

---

① 蔡长昆：《从"大政府"到"精明政府"：中国政府职能转变的逻辑——交易成本政治学的视角》，《公共行政评论》2015年第2期，第99~124页。
② 丁煌：《西方行政学说史》，武汉大学出版社，2015，第320~321页。
③ Yan Jirong et al., *China's Governance: Road of Rejuvenation of Eastern Power*, trans. by Huang Fang (Beijing: China Renmin University Press, 2017), p.173.

中讲求"访、听、解",这便决定社区工作必然是街道部门的主要领域。在计划经济时代,街居制曾作为单位制的辅助制度而存在,与单位制分属两种社会管理结构,即有工作单位的职工受单位管理,没有工作的居民则受街居管理。1954 年《城市街道办事处组织条例》及《城市居民委员会组织条例》规定了街道办为政府的派出机关,居委会为街道办指导的下级单位。这为城市基层管理体制定下基调。两者一起构成街居制的内涵,填补了单位制解体后基层管理的真空,并随着时代进步而不断更新其管理职能。目前,街道办事处在所属区域内的职能主要有:执行政策、制定具体管理办法;指导、支持居委会工作,向上级反映居民意见和要求;开展文化建设活动;负责人民调解、治安保卫;开展社区服务及教育工作;统计人员流动及落实计划生育政策;协助配合兵役工作;普法教育、民事调解;配合环境卫生保护工作;综合执法,维护秩序;研究经济发展规划,配合安全生产工作;配合有关部门做好"三防"工作;承办区委、区政府交办的其他工作。据李文钊调查,目前街道职责清单一般分为"党群工作、平安建设、城市管理、社区建设、民生保障、综合保障"6 个职责板块,他特别强调要让"基层管理资源和工作力量向网格下沉,建立以街道为主体、以网格为基本单元、以街巷长为统领的基层精细化管理体系"。[①]

　　街道还在社区管理事务方面展现更多的影响力。据段雁南实地调查,街道主要工作中相当多都以社区建设为主题,包括负责老旧小区拆违建、帮助辖区居委会成立居民自治组织、安排街巷长与小巷管家到岗,甚至让社区安排困难居民在家门口做清扫工作,工资则由接受卫生服务的社区居民公摊支付。[②] 所以,街道虽然不驻扎在社区,但其工作重心却离不开社区。街道还是业主委员会工作的主要指导单位,对小区业主自治组织的成立、运转、管理负有指导之责,对政府社区治理政策在基层的落实也负有责任。街道从组织属性上可归入政府自上而下"送来的"社区建设秩序(见图3-4)。

[①] 李文钊:《重构平衡的简约高效基层治理体系》,中国共产党新闻网,http://theory.people.com.cn/n1/2019/1202/c40531-31484590.html,最后访问日期:2020 年 1 月 1 日。

[②] 段雁南:《居民自治委员会周年晒成果:社区堆物不见了、游商消失了、买菜有地方了、文化氛围增强了》,《和平家园报》2017 年 6 月 7 日,第 4 版。

第三章 社区中的"不同体"分析

```
        社区
         |
社区 —— 街道 —— 社区
         |
        社区
```

图 3-4 街道社区关系

新形势下,街道的大量工作集中到社区建设当中。据笔者在北京市西城区新街口街道办事处的调查,街道办事处的工作主要体现在城市环境管理、社会服务、社区建设、民生保障和地方维稳方面,具体见表 3-3。

表 3-3 新街口街道办的职能体现

职责类型	具体内容	备注
城市环境管理	优化老旧楼房区和胡同区的基础设施; 科技治理小广告; 拆除违法建筑、疏解地区人口; 清理"僵尸车"、地桩地锁、无主渣土、废弃大件	据街道办工作人员说,一年可以清理无主渣土一千多处,也就是说政府承担了个人装修的一些成本
社会服务	走访居民,征询意见,确保作风转变、群众得实惠; 网格化管理(以社区辖域为基础设立 147 个网格); 网格人员配备及责任划分到位	据一位网格员介绍,很多网格员本身也是低保户或其他福利受益者
社区建设	社区办公用房达标建设;服务站整合社区业务窗口、延长服务时间、实现预约办理,甚至为居民提供上门服务;社工招考有序进行以完善社工队伍。 组建扶老助残志愿队,编织社区邻里守望综合包户志愿服务网;举办"新春笔会"、"清明诗会"和太极文化进单位、夏日文化广场文艺演出等	包括文化服务在内,社区建设都是政府福利性质,都属于"送来"的服务
民生保障	关注地区困难群体; 一年内为困难家庭发放的临时救助款多达 185 万元; 低保工作实现动态管理; 就业服务多措并举,组织失业培训,搭建就业平台; 撬动慈善资源,利用社会惠意、社区互助、市场有偿相结合的方式组建综合服务网; 为特殊困难家庭解决住房问题	政府通过街居制实施慈善项目,初心可嘉,但存在"小惠未遍"的局限
地方维稳	做好国家重大活动(比如两会、国庆活动等)期间的安保工作,为此,推进网格化社会面防控体系工作;群防群治队伍建设;有效化解基层社会矛盾	群众力量的充分动员

资料来源:笔者在新街口街道办调查所得。

随着新型商品住房小区兴起业主自管模式，很多社区业主成立了业主大会、业主委员会等组织。虽然很多地方都把业主组织归由住建部门管理，但实际上从业主组织的筹备、成立、备案、运作、换届等，往往可以看到街道部门的影响，这是时代赋予街道的新职能。

2. 街居"小而全"的科层体系

街道在国家科层体系中位于末梢，在其之下的社区居委会又是街道交办任务的执行单位。尽管社区常常被比喻为"千条线"底下的"一根针"，但在社区部门之下，也有着"具体而微"的更小的行政体系。于是，在国家科层体系范畴中就形成了常态化的街道—居民委员会—居民小组—楼门（院）长的管理体制，大致上可总结为五层工作网络模式，如图3-5所示。

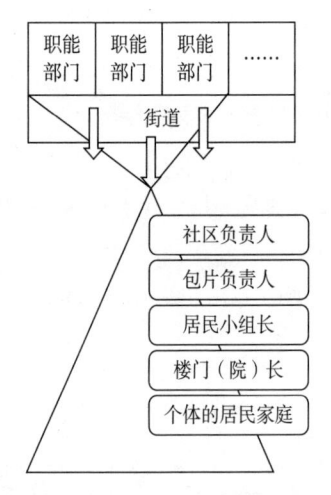

图3-5 街道承上启下的作用

在运作中，街道通常实行三级监督反馈机制，最初由楼门（院）长采集居民动态的信息，内容涵盖维稳、民生、健康、秩序等多个方面，大致概括为10个方面的内容，如图3-6所示。这样就确保了街居作为国家治理体系的基层神经细胞，其功能的健全。

当楼门（院）长采集到这些信息后，就会及时反映给居民小组长，由小组长再向包片负责人反映。包片负责人核实信息无误后，将其录入社区信息系统。

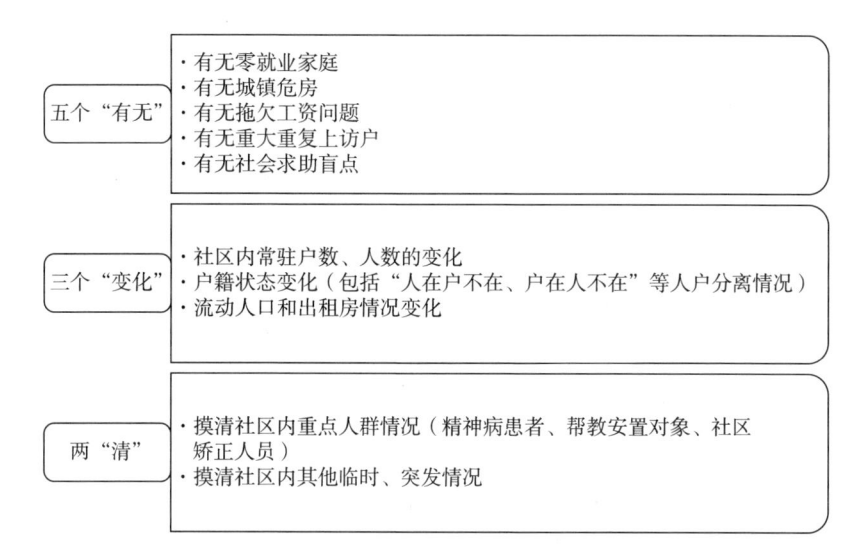

五个"有无"
- 有无零就业家庭
- 有无城镇危房
- 有无拖欠工资问题
- 有无重大重复上访户
- 有无社会求助盲点

三个"变化"
- 社区内常驻户数、人数的变化
- 户籍状态变化（包括"人在户不在、户在人不在"等人户分离情况）
- 流动人口和出租房情况变化

两"清"
- 摸清社区内重点人群情况（精神病患者、帮教安置对象、社区矫正人员）
- 摸清社区内其他临时、突发情况

图 3-6 街道责成社区及时追踪的信息项目

资料来源：笔者在北京西城区展览路街道办调查所得。

二 社区党组织

建设社区共同体离不开党发挥领导作用。在笔者所在小区，新冠肺炎疫情期间社区党员冲锋在前，踊跃捐款，争当志愿者，做好服务宣传等工作。平时，党组织也想方设法为民谋福利，甚至曾用党建经费为居民更换智能单元门。总之，党组织的存在，可以很快在社区形成强大号召力、向心力，有利于维护社区的秩序。社区党组织在社区的职能体现为三个方面：完成街道工委的任务；调解社区纠纷，维护社区基本秩序；领导社区公益服务工作，开展便民利民活动。①

"党政军民学，东西南北中，党是领导一切的。"② 社区共同体建设作为国家治理体系建设的一部分，自然也须接受党的领导。社区党组织是社区各类组织和各项工作的领导核心，负责领导和组织协调社区内各类组织和活动，保证社区依法自治的方向。在社区事务中体现社区党建引领作用的一个做法就是构建红色物业联盟。比如天津市宝翠花都社区书记介绍，针对群众关心的物业管理问题，他们有一个成功经验，就是

---

① 杨宏山：《城市管理理论与实务》，中国人民大学出版社，2016，第239页。
② 《习近平谈治国理政》第3卷，外文出版社，2020，第16页。

发挥党委集中、统一、协调的组织优势，在社区"大党委"的概念下以居住区为单元，让街居组织、业主组织、物业服务企业及社会组织等都在党建旗帜下保持沟通，实现意见统一。这样就用党建这根"红线"把小区网格员、业主委员会、物业服务企业、小区业主、党员志愿者、各类社会组织等主体贯穿起来，让党组织成为新时代社区治理的"主心骨"，在社区治理中起到战斗堡垒作用。有些地方的街道在商品住宅区建设网格支部，受社区党组织领导，统领小区事务管理。要按照扩大党的组织覆盖、延伸党的工作的要求，对符合党组织设立条件的业主委员会、物业服务企业，设立党支部；暂时不符合条件的，根据不同情况设立联合党支部、临时党支部、流动党支部。要通过选派网格党建指导员、发展党员业主联络员、派遣物业服务质量党员监督员等方式，实现党的组织和党的工作全覆盖。同时，还可以把驻区单位的党建与社区党建相融相通、让它们共建共享；让驻区单位的党员通过担任兼职网格员、"红管家"、楼道长等，进网入格、联楼入户，尽心尽力为社区居民解决问题，在为民办实事中筑牢党员群众的鱼水关系。

三　社区居委会

居民委员会被认为是社区管理的"法定主体"，《宪法》规定居委会为群众自治性组织。《中华人民共和国城市居民委员会组织法》规定，居民委员会的任务包括：宣传教育、举办公益事业、调解纠纷、协助治安、民生服务、反映民意等。其成员规模为5~9人，由所在地区全体有选举权的居民或每户代表选举产生。居委会每届任期3年，按照便于居民自治原则，一般在100~700户的范围内设立。[①] 但如杨宏山指出的，很多情况下，居委会干部是由街道办事处推荐产生的。[②] 在很多地方新招录的社区工作者其实是与街道签订劳动合同的，薪酬待遇起始标准按事业单位新入职人员应发平均工资确定，有的会相应下调20%。[③]

---

① 《中华人民共和国城市居民委员会组织法》，中国人大网，http://www.npc.gov.cn/wxzl/gongbao/1989-12/2b/content.1481131.html，最后访问日期：2021年11月30日。
② 杨宏山：《城市管理理论与实务》，中国人民大学出版社，2016，第238页。
③ 《2020山东潍坊青州市招录城市社区工作者150人公告》，2020-06-28，http://shequ.offcn.com/2020/gg_0628/20990_3.html，最后访问日期：2020年8月1日。

第三章 社区中的"不同体"分析

自新中国成立起,基层群众的自主治理就被视为实现社会主义民主的主要形式。从杭州市建立第一批居民委员会开始,全国很快普及了居民委员会制度。① 居民委员会的职能不断演化、扩大,目前已经接受了政府和企业转移出来的部分社会管理职能。这一定位使社区居委会的工作展现较多的行政化色彩。目前社区居民委员会下面还设立多个委员会,比如社会福利委员会、综合治理委员会、人民调解委员会、公共卫生委员会、人口计生委员会、文化共建委员会等。每个委员会由3~9人组成,主任由居委会成员兼任,并配备若干专职或者兼职人员,其中专职人员由社区服务站工作人员担任,而兼职人员则从社区居民代表、社区志愿者、积极分子中吸纳。② 同时,居委会的工作也受到科层体系影响。比如,每周居委会的任务项目都要自上而下由街道办工作例会来布置,居委会主任再通过召开居委会工作会议和社区积极分子工作会议,把任务布置传达下去。

可见,社区居委会的职能与政府管理的许多职能方面相契合,比如人口、计生、治安、文化、安全生产、民政事务,也涉及群众的就业、就医、交通出行、环境卫生等,这些复杂的职能也使社区保留了一套与政府部门类似的科层体系。这是帕金森定律中"增加部属和增加工作量"原则的体现,作为政府派出机构的街道办与作为群众自治组织的居委会,已经在行政体系上形成一致,以至于人们习惯称之为街居制③。这一制度框架可以自然地将政府职能引向基层,所谓"上面千条线下面一根针"其实只是说了一个方面,而另一个方面,这一根"针"下面其实另有自身的分形力量。

还要提一下社区行政体系已经在社区工作中产生了行政化问题。如

---

① Yan Jirong et al., *China's Governance: Road of Rejuvenation of Eastern Power*, trans. by Huang Fang (Beijing: China Renmin University Press, 2017), pp. 169 – 172. 。
② 北京市西城区民政局:《西城区社区工作者手册》,北京出版社,2018,第120页。
③ 吕方:《从街居制到社区制:变革过程及其深层意涵》,《福建论坛》(人文社会科学版)2010年第11期,第185~188页;陈雪莲:《从街居制到社区制:城市基层治理模式的转变——以"北京市鲁谷街道社区管理体制改革"为个案》,《华东经济管理》2009年第9期,第92~98页;夏建中:《从街居制到社区制:我国城市社区30年的变迁》,《黑龙江社会科学》2008年第5期,第14~19页;何海兵:《我国城市基层社会管理体制的变迁:从单位制、街居制到社区制》,《管理世界》2003年第6期,第52~62页。

果社区工作人员也埋头应付行政上的繁文缛节，将很难保障有足够时间精力做好居民自治、包楼入户、了解民愿的工作，就像有居民反映的那样，"居委会工作者整天坐在办公室里，就没有办法真正深入到百姓当中去"①。可见居委会在工作中须警惕沾染"衙门作风"。

四 社区服务站

社区服务站是为了便于政府公共服务延伸到社区而由政府在社区设立的综合服务平台，也就是政府设立服务站来承接政府行政任务。该平台平常开展社区劳动就业、社会保障和社会事务管理、社区治安维护、社区法律服务等工作，协助开展社区健康管理与服务工作，做好社区计划生育服务工作，配合开展社区教育工作。通常，服务站设站长、副站长各一名，可以由社区党支部书记或社区居委会主任兼任，一般规定城市社区每 500 户居民配备 1 名专职工作人员。据一位社区服务站负责人介绍，他们所做的事情很多，比如计划生育工作、信息采集工作、城管方面的工作、维稳综治工作等。

社区服务站社的成立具有重要意义。首先它明确承担了政府分配的各项事务，是政府职能下行到社区的重要载体，让有关行政资源得以前置，缩短了居民办理各种有关行政事务的距离，节约了居民的办事成本。其次，解决了街道办事处与社区之间关系错位的问题，用社区工作站承接政府工作，从一定程度上减轻了社区发展的负担。但它又实质上相当于成立了一个具有行政性质的专门机构，与我国政府行政体制改革的要求不甚相符。在实践中，社区服务站所负责办理的事务绝大部分属于民政福利性质（可参见附录二）。

社区服务站通过政府慈善项目，凸显社区共同体的保障作用。从政府职能角度来说，守夜人政府职能定位显得过于简单，而福利型政府的职能设定，也会为政府添加过多的义务，扩大政府规模，降低行政效率，最终加重财政负担和纳税人的负担，影响整体的社会管理秩序。所以说，政府在社区公共方服务方面的职能设定有其自身规律性，市场和社会能做的交给市场和社会，政府只做自己特有的职能事项。

---

① 胡雪：《社区丽人》，同心出版社，2006，第 25 页。

而对市场无力承担的事务、市场行为侵害公共利益的事务、社会自我治理无法做到的事务，也就是对社会失灵和市场失灵方面的事务，政府需要发挥作用。由于"不同社会发展阶段会有对政府职能的不同要求……政府选择错的方向，不仅于社会问题的解决无益，甚至还会成为新的社会问题的制造者"。[①] 所以，政府、社会、市场，都是人类生活所必需的，也都存在着内在局限性，只有这些不同的机制和行动主体实现有效协调与合作，才能避免单维理性导致多维的非理性，也才能达到"各尽所能、各取所需"的理想状态。

笔者在对北京市展览路社区服务中心调查时，看到那里的人员正在对归入社区服务站管理的49处房屋进行梳理，他们要明确公益用房、出租用房以及其他性质的房屋的居住使用情况，督促相关人员签订房租出租、出借合同，并督促租户及时缴纳房费或补齐所欠房费。同时，他们还要布置落实"两会"期间安全保障工作。展览路的社区服务工作的原则就是"服务群众、凝聚人心、优化管理、维护稳定"，符合罗森布鲁姆关于公共管理的"管理、政治、法律"路径理论。社区服务站是社区自治组织体系的重要组成部分，主要职责是在社区党组织和社区居委会统一领导管理下，在政府部门的业务指导下，协助做好与居民利益相关的社区公共服务，实现政府公共服务和居民自我服务的有效对接。

当然，社区服务站虽然是政府部分职能下沉到社区来专门提供社区公共服务的机构，但严格来说并不是行政机构，也不是街道办的派出机构，而是社区居民委员会下面的专业服务机构，是社区行政事务的执行主体，负责承接由社区居委会承担的行政事务，使社区居委会回归其自治组织的功能。不过，据了解颇有一些基层服务站工作人员把自己的工作归属于政府行为的范畴，如唐娟所发现的那样，他们会认为代表了当地政府，[②] 这与社区服务站的定位是存在偏差的。

---

① 刘兆鑫、高卫星：《政府能力建设的四维要素论》，《河南社会科学》2011年第1期，第139~142页。
② 唐娟：《缔造社区共同体：深圳基层治理创新案例研究》，中国社会出版社，2016，第28页。

五 驻区单位

顾名思义，驻区单位是社区所管辖地界内的企事业单位与行政机关等组织的总称。尽管它与社区没有行政隶属关系，但驻区单位也是社会治理的重要方面，譬如它的场地、设施、资金、人才等资源禀赋均可有力缓解社区治理中可能遇到的资源不足问题。为便于协调，有人提出"社区大党建"建议。① 只要在社区辖区范围内的党组织，其党建工作就可以考虑协同起来，实现社区共建。各单位的党建负责人通常在组织中具有较高地位，所以通过这一机制，社区党建工作可以有效融合各种组织的党建工作，各单位的领导都会进入社区大党建的领导班子，做兼职委员。随着机制的理顺，驻区单位可以在听取社区治理和服务情况汇报中，为实际问题的解决充分发挥协同的作用，从而成为有担当、负责任的社区治理主体。

驻区单位参与社区自治还体现在献计献策方面，也就是充分发挥驻区单位自身的人才优势、智力优势，另外，它们还可以为社区活动提供场地与设施等。

总之，驻区单位与社区的合作主要以党建联建的形式为主，也就是无论社区工作机构还是驻区单位，都可以在党建中找到最大的公约数，实现工作的协调和资源的互补。

六 街居体系下更多组织力量

在上述街居体系各种力量之外，还有一些其他制度也被吸纳进来，比如小巷管家制度。北京市目前的小巷管家规模已达2.3万人，其职责主要是把基层治理工作和百姓实际需求紧密结合，实现社区对居民服务的零距离，让民众感受到来自党和政府的关怀。网格员制度也比较有新意，不过网格员的人选须有充足空闲时间，否则若为生计考虑，一般人并不愿意做这些细碎的工作。一些物业服务企业的工作人员也常被列为

---

① 《建立社区大党委新体制　区域化党建着力提升》，载中国社会工作协会社区工作委员会编《第二届全国社区党建工作推进会暨伊金霍洛旗"大社区"服务型党组织建设专家论证会材料汇编》，中国社会工作协会社区工作委员会：中国社会工作协会，2013，第76~84页。

网格管理员，担负起物业管理外的更多职责，如图 3-7 所示。

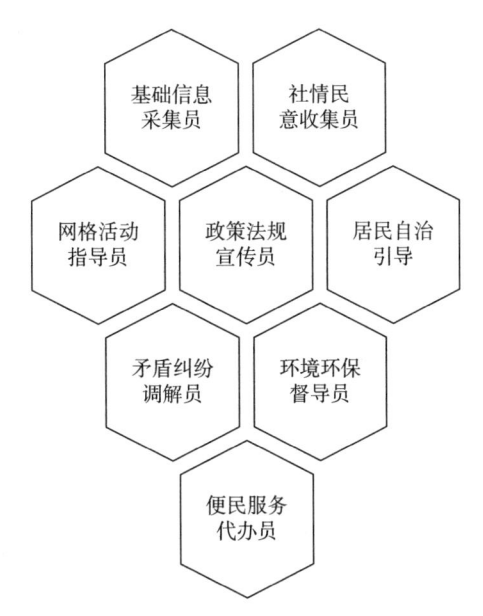

图 3-7 社区吸纳物业公司承担的网格管理职能

（六边形内容：基础信息采集员、社情民意收集员、网格活动指导员、政策法规宣传员、居民自治引导、矛盾纠纷调解员、环境环保督导员、便民服务代办员）

资料来源：资料由湖湘社网友 GL 提供，日期为 2019 年 10 月 17 日。

此外，调查还发现有的社区存在一种叫"楼层管家"的制度，收集居民意见，让服务更加贴近需求，努力构建起居民与政府的"连心桥"。对社区里的楼宇社区党组织成员实行分工，每人负责小区一栋楼，然后每名党委成员会在各自负责的楼宇中每 2~3 层设置一名"楼层管家"，"楼层管家"的职责包括：将社区事务情况传达给居民，再将居民需要的服务项目向社区反映，以此实现社区服务的供需对接。这种"横向到边、纵向到底"的服务网络，了解每家每户的需求和情况，也将政府的政策精神第一时间传达给每户居民。在今天陌生人社会色彩日益浓厚的今天，这种制度的出现有时会带来特别暖心、亲民的作用。比如有位 88 岁的老人，子女不在身边，忽然感到肚子疼，自己腿脚不便，听力弱，自己无法去医院。楼层管家立刻把这件事情"上报"给社区，社区首先联系老人的子女，然后安排楼层管家和社区工作者一同陪老人去医院就诊。这赢得了老人及其家人的认可，老人说："住在这样的社区里很踏实。"[①] 还有的楼层管家表

---

① 笔者实地调查所得。

示，他们在实践中也常常发扬雷锋精神，针对社区老龄化突出的实际推出一些有针对性的服务，如给行动不便的老人买菜、取快递等。该制度能将矛盾化解于萌芽状态，维护社会的稳定，因而具有较为重要的社会意义，是公共服务精细化的典型制度安排。当然这一制度目前还在探索阶段，一个突出问题是服务范围还比较狭窄，还需要吸引更多热心志愿者参与，以便为更多居民解决更多困难，同时为了志愿服务的可持续性，政府也需要予以一定的照顾。比如，在北京市朝阳区有家理发店，店老板看到不少老人花钱都很省，连冬天在都路边便宜摊位理发，当大冷天理发师将水喷到老人头上时，这位经理就觉得很心疼，恻隐心驱使他开始了他的志愿行动，决定为这些老人提供店内的理发服务，仅象征性地收取一元费用，受到了大量老人的欢迎。不过，店老板也表示，由于房租和人工成本都在涨，为了将这件志愿服务维持下去，希望社会与政府能够予以一定的支持。①

七 小结：街居制的行政管理属性和慈善福利属性

1. 行政管理属性

实践中，社区承担了许多政府职能。现在社区也在实行科学管理方法，对工作职能进行分类，同时在组织上也与行政体制相适应，成为整个科层体系的执行终端机构。若无此类机构，则政府职能部门将失去基层触角与执行代理人。从这个角度看，政府职能部门和社区基层组织呈现出特定的委托代理关系，只不过这种委托又因为政府的权力地位而带有行政管理属性。同时，社区服务站和社区居委会常常是"一套人马、两块牌子"，所以，服务站的职能与居委会的职能就常合二为一，这样也进一步促使居委会工作趋向行政化，而偏离应然的自治化。同时，由于社区服务站和居委会很多岗位的入职门槛较低，薪酬标准提不上去，导致工作缺乏吸引力，难以留住人才，对社区开展工作造成一定影响。这些在某种程度上会淡化政府职能转变的实效。北京市朝阳区社会办一位工作人员介绍，政府职能部门下放到社区的工作最多的时候可以高达322项，从政府职能部门看，其职能转移出去了，但这些职能还是要求

---

① 段雁南：《老人一元钱专业美发店享服务》，《社区家园报》2016年12月6日，第3版。

街居部门来执行。这就导致基层群众组织居委会的工作属性随之发生变化，从群众组织变得越来越倾向于行政化，不仅事务上与政府职能部门一脉相承，而且财物与人事也多依赖政府的支持。

另外，关于社区服务公益金、社区建设经费在复杂的行政运作中是否能"安抵"社区的问题也颇受质疑。① 由于社区建设还处在政府主导的阶段，所以，政府在社区服务中下拨的各项行政经费与公共服务专项经费成为社区活动开展的基础，政府部门通常按照部门来下拨资金，即经费按照"权随责走，费随事转"的原则拨付给社区。然而，在资金流转过程中，也出现了诸如"经费拨付不及时""赋事不付费造成社区缺经费""拨付头绪多不知向谁要""层层剥皮导致资金很难足额到社区"等问题。

公共服务仍是社区建设的主体任务，有必要在经费划拨方式和保障机制方面进行严格把关，否则不利于资金使用效率。从一些地区的情况看，经费下拨存在一些问题，所以"捆绑式"拨付可以有效加强对经费拨付的监管。基层工作人员普遍反映"捆绑式"拨付可以增强资金安全，不符合客观实际的项目不准进入社区公共服务项目名单。捆绑式拨付可保证足额拨付，且有利于对资金使用的检查。所谓"捆绑式"拨付包括以下几点。一是由财政部门牵头，对各部门用于社区为民服务的专项经费进行清理，摸清可使用资金底数，会同相关部门逐项界定拨付标准。二是开设社区专户，实行统一管理。由财政部门会同社区建设指导机构，对划拨出来的经费进行分类，列出明细，根据不同的用途，分期分批下拨社区。三是加强监管。可以按照实际情况，采取以下监督方式：①"社财街理"，即财政部门拨款到街道，专款专用，社区开支后，到街道报销。②"社财民理"，即款项直接拨付到挂靠民政部门的社区建设指导机构，社区凭票据报销。③"社财社理"，即款项直接发放到社区，以社区事务公开形式进行监管。

2. 慈善福利属性

现在街居制表现出很强的政府慈善福利的属性。笔者调查发现，

---

① 丁涛：《怎样确保社区建设经费"安抵"社区》，《中国社会报》2011年5月30日，第3版。

为了社区特定人群，街居部门会作出相应安排，比如"举全社会之力，为老年人提供丰富多彩的服务项目"等。北京西城区不少社区就向政府申请补助，以社区为单位，成立综合为老服务站，为老年人提供便捷就近的服务；而且还与 72 家服务商签约，方便社区老人使用"爱心服务卡"来结算服务费；还免费给辖区老人发放"小帮手电子服务器" 372 台，为老人组织健康讲座或文艺演出多次，并为"三无老人"免费送午餐。当然这样的服务也不可能是完全的均等化，毕竟资源有限，所以社区特别关注和照顾的是那些"社区内高龄、独居、空巢、孤寡、三无、失能、对社区有突出贡献的老年人的生活需求"。① 天津市也号召基层力量对辖区的困难群众进行走访排查，以便及时帮助困难群众解决生活困难，并扩大社会救助与求助的渠道。② 当然，这种慈善性质的服务只能针对特定人群而不能普遍化。虽然政府希望每位老人都能享受到优质、优先、优惠的服务，但高服务的配套资源却肯定有限，因而这种服务难以普及。

第三节　社区治理中市场力量的职能

市场对传统社区有解构作用。市场力量可以提供激励氛围，但也会因趋利意识的过度激发而妨碍健康的互助氛围。现代社区中充斥着多种市场力量，主要有房地产开发商和物业服务企业。它们在社区营造和维护中作用不容否定，因为正是在开发商在追逐自身利润的过程中客观上增加了住房供给。另外，物业管理人员也遵循着市场逻辑，维护小区的美好环境秩序，让小区房产保值增值。

不过，开发企业与物业服务企业作为趋利性组织，也是市场理性人，而理性人常常被认为是"自私自利的，一切行为无非在追逐个人利益"③。今天社区大部分住房是市场交易的产物，某种程度上说，社区本身就是市场的产物，其运作基础跟传统社区已有质的变化。房屋及其附

---

① 展览路社区服务中心调查所得。
② 刘超：《天津启动专项保障行动加强社会救助兜底保障：小康路上"不漏一人、不落一人"》，转引自学习强国天津学习平台，《今晚报》2020 年 6 月 7 日。
③ 张康之：《为了人的共生共在》，人民出版社，2016，第 206 页。

属设施和相关场地,成为社区民众、物业服务企业及房管部门各方关注的焦点:开发商用它们盈利,物业服务企业靠它们生存,众多购房人的身份也悄然"从居民转型为业主"(transforming residents into property owners)[①],购房人便成为社区的主人与社区善治的决定力量。

此外,还有更多的第三方专业服务提供者,也是细化分工中的市场力量。众多经济组织把业务向社区渗透,比如保险公司针对社区情况量身定做各式险种,诸如电梯延保险、高空坠物险、宠物伤人险甚至零件更换险等。总之,一些市场主体眼中的社区俨然就是一个大市场,而社区市场化元素日益显著使很多问题在政府之外通过市场机制寻找解决之道。下面分别探讨以下这些市场力量。

一 开发商的角色

计划经济时代不存在房地产市场,人们主要靠国家和单位配置住房。由于住房不仅是居住问题,也是事关国民经济乃至社会安宁、社会稳定的问题,所以房地产业就随着住房制度改革应运而生。从产业链来讲,房地产业一个行业可以对接建材、冶金、化工、纺织、机械等50多个生产领域。

房地产开发的主要内容,如表3-4所示。

表3-4 房地产开发的内容

项目	内容
地产部分	土地、供水、供热、供电、供气、排水等和地面道路等基础设施的总称
房产部分	定着在土地上的各种房屋

资料来源:代春泉:《房地产开发》(第二版),清华大学出版社,2019,第3~6页。

房地产开发是一个复杂的系统工程。在经济社会转型中,房地产开发企业实现了大量客户的有房的梦想,而这些客户无疑又成为社区事务的主要力量——拥有物业的业主们。同时,房地产开发商假如追求更多利润,还会运营社区共有资源(包括会所、泳池、停车场等)。

---

① Lei Chen and Mark Kielsgard, "Evolving Property Rights in China: Patterns and Dynamics of Condominium Governance", *Chinese Journal of Comparative Law* 9 (2013): 1~22.

二 物业服务业

1. 物业服务行业概述

房屋的购买者既可以自住房屋,也可把房屋作为投资,无论怎样都需要物业服务,物业也是伴随房改而兴的新产业。历史上看,物管行业起源于19世纪60年代的英国,后传至中国香港,再被移植到内地。1981年深圳市物业管理公司的成立标志着物业管理行业在内地的开始。如今物业服务业覆盖全国几十万个商品住宅社区,对扩大内需、解决就业、拉动经济增长等方面起到了积极作用。早期的物业管理行业依托房地产开发商,单纯为地产商提供后续的管理服务,但后来,物业管理行业的发展形成了独立的公司化运作模式和品牌化管理的商业模式。我国物业服务业从无到有到强的发展,是与房地产业突飞猛进、大幅改善人民居住条件相伴而生的。现在,物业服务作为许多商品住宅社区的标配,已经深刻影响了中国传统社区管理的格局。

根据合同主体来划分,物业服务合同常可划分为前期物业服务合同与普通物业服务合同。业主大会决定社区事务的情况目前还不多见,这也就意味着前期物业服务合同的比例仍很大。所谓前期物业服务合同,是指在前期的物业服务阶段,在业主大会选聘物业服务企业之前,由房地产开发商或公有住房收储单位与物业服务企业订立的书面协议,约定由前期物业管理公司来管理小区。"从开发商销售商品房到召开全体业主大会之间,经常存在一定的时间差,其间,由于相应的房产出售率未达到法定条件或其他原因,客观上无法召开第一次业主大会并进而成立业主委员会,就有必要由房地产开发建设单位或者公有住房出售单位与物业服务企业订立前期物业服务合同,对业主的共同利益做出安排,但由于业主并没有参与前期物业服务合同的订约,前期服务合同中的一些条款可能不利于保护业主权利,并因此引发许多纠纷。"[①] 所以,有必要规范前期物业服务合同,防止开发商与物业服务企业将某些不合理条款强加给业主。

物业行业目前已成为劳动密集型行业,在解决就业压力方面有一定

[①] 王利明:《物业服务合同立法若干问题》,《财经法学》2018年第3期,第5~14页。

作用。据了解，我国物业行业中不同工种、不同地区间的收入差距是很大的，如表3-5所示。

表3-5 2016年8月到2017年7月四个直辖市物业各工种到手月工资情况

单位：元

序号	地区	项目经理	保洁员	秩序员	维修员
1	北京	81588.54	27604.71	38094.81	50813.15
2	天津	80208.11	27930.72	34606.65	33486.74
3	上海	80634.87	30450.53	44963.85	47993.36
4	重庆	102905.16	22083.27	32659.15	36002.13

数据来源：中国物业管理协会。

这些从事物管行业的工作人员，目前在社区管理中的综合作用相当突出。

首先，物业服务企业的供给产品虽带有市场交换属性，但客观上也具有基层公共管理的价值。比如，通过配备保安来防范犯罪，通过规范秩序来减少摩擦，通过改善环境来营造氛围等，就是在践行基层社区的公共管理职能，从大局看也是在为和谐社会作出贡献。

其次，物业服务行业的利润也相当可观。根据中国物业管理协会的统计，2012年底中国物业服务业经营收入就已经高达3000亿元，显示出更加广阔的市场发展前景，以至于物业管理行业被誉为现代社会的"朝阳产业"，与房地产业形成水涨船高的互动态势。截至2018年我国物业服务企业将近11万家，物业服务企业的发展整体向好。其中，前百强的物业服务企业的经营状况如图3-8所示。

再次，物业服务也在解决民生就业方面表现不俗。现在的物业吸纳的工作人员已将近1000万人，以保安服务为例，数据显示，近年来单是上海就有8万人左右的保安人员，同期的北京市保安人员更是多达12万人。还有行业数据显示我国保安服务公司多达5859家，从业人员464余万人，成为吸纳劳动力的劳动密集型行业。[①]

---

① 转引自前瞻产业研究院：《2021年我国保安服务行业的营业额预计将近1000亿元》，前瞻网，https://bg.qianzhan.com/report/detail/459/160718-c71753d4.html，最后访问日期：2021年8月17日。

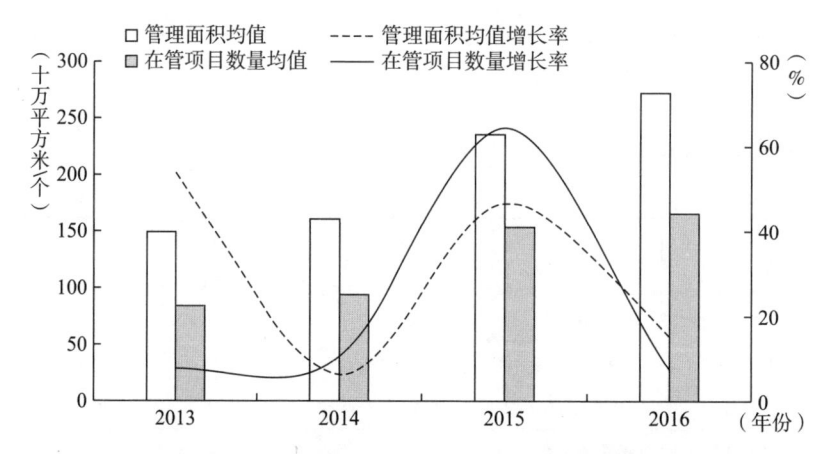

图 3-8　2013~2016 年物业服务百强企业的管理规模及增长趋势
资料来源：中国指数研究院。

总之，物业行业劳动密集度大、技术要求相对低，而市场又很广阔，再加上国务院近年来取消了物业服务市场准入门槛，使该行业发展迅猛。在传统的清洁、绿化、秩序维护、设施设备维护等基本服务基础上，物业行业还在纵向上延伸到房地产的整个链条，横向上兼顾社区营造中非物业管理的方面，如居家养老、家政服务、房屋租赁、电子商务等个性化需求，从而挖掘出物业服务产品的附加值和边际效益。此外，物管行业正在努力改变给人们留下的劳动密集和简单服务的刻板印象，依托现代科学技术、现代信息技术、现代企业经营管理方式，向现代化企业转变。目前很多物业服务企业正在提高智能化的建设水平，尤其是通过构建智慧社区来实现服务升级。还有些大的物业公司希望用云计算、大数据等智能化新技术手段，提高服务水准，使服务更加便捷高效。为了让物业从简单的劳动力密集型行业转型为技术密集型行业，现在有的地方甚至尝试用机器人保安替代真人保安。同时物业服务企业的理念也在更新，它们以业主满意度为标准，不仅关注环境的维护，而且开始关注业主房产保值增值的市场诉求。

2. 物业服务企业的性质与功能

用科斯企业性质论来看待物业服务企业的性质的话，物业服务企业的性质取决于市场成本与物业服务组织成本之间的比较结果。之所以目前更多社区选择物管业务外包，比如绿化、保洁、保安、维修都外包给专业公司，就是因为这样更加节省成本、更能提高管理效率。物业服务企业的性质就像一个中介平台，将业主与专业服务人员进行对接。另有观点认为，所谓企业并非实体，乃是存在文件夹里的一套法律文书，是经过政府机关的登记认可后由法律人员所保管的制度而已。[①] 如此来看，物业服务企业不过是向政府机构申请到营业执照后，再跟业主群体、专业服务公司不断签订合同，随后再保管这些法律文书的组织而已。

现在很多业主之所以更愿意摆脱物业公司而实行自管、自治，恰恰是因为看中物业服务企业的这个性质。如有位业主论坛的业委会主任说："物业经理能聘请专业人来做，为什么业主自己就不能做呢？"事实上，不仅能做，且在全国已有大量成功的实践。当然，这样做也有利于提高城市管理的专业化和社会化效果，并能进一步推进城市管理向现代化管理方式转变。尽管业主可以替换物业服务企业，但却离不开物业管理这个行业。无论是从社区日常运转还是保值增值角度，良好的物业管理本身就是关键保障因素。可见，虽然物业公司在属性上是营利性的企业，但交易就是在一定社会环境和制度环境下完成的互动行为。同理，物业公司自然不能不响应社会和政府对它提出的要求。实践中，很多物业公司也乐于被吸纳到这样的管理体制框架下，因为这会给物业公司提供了机会，让自身在社区秩序维护中起到更重要的作用，从而巩固了物业公司在社区中的牢固地位。

按一般市场原理，物业服务企业作为供给方，要以需求方（即业主）的意愿作为行动指南。当然，现实中也不排除个别物业公司会在利益驱动下投机取巧，侵害业主权益，这是社区在维护社区安宁秩序时必须应对的一个问题。同时，物业服务企业的角色是多侧面的。比如，对物业员工而言，社区物业是其工作之地，物业员工要的是一份薪酬，看重的是薪酬与贡献的平衡；对物业公司管理方而言，社区物业则是其经营的主业，有利可图则继续，无利可图公司就会考虑撤场。物业公司作为市场经营的主体，天生就是来参与市场竞争的，天生就是为利润存在的，这无可厚非。而物业服务企业用来赢取市场价值的服务就是维护社区的秩序，比如治安防范、环境维护、秩序维护、停车管理、绿化养护、设施设备维护保养、道路保

[①] Robert T. Kiyosaki, *Rich Dad, Poor Dad* (New York: Warner Books Inc., 2011), p. 69.

养、维修服务等，如表 3-6 所示。

表 3-6　物业服务公司的职能

服务大类	具体内容
综合服务	前台接待、文档管理、基本秩序维护
安全保卫	封闭管理、应急服务、灾害预警、定期巡逻、停车管理、公共区域管理
绿化养护	植被修建、美化、养护
设施设备维护保养	共用设施维护，供配电系统、电梯系统、消防系统、房屋本体维护
保洁	楼宇内外公共区域清洁，生活垃圾收集和清运，窨井、明沟、垃圾房消毒
公共收益代理经营	代理经营公共收益

这些服务是一体化提供还是采用市场分包方式，交易成本理论告诉我们要看交易成本与组织成本之间的比较来定。目前看，更多的人意识到物业服务不必一体化，也就是不需要集成到某一家物业服务供应商，而应分散到各个不同的市场主体，这有助于提升效率。在这种情况下，如果物业服务公司还只是考虑如何从市场中一味地攫取经济利润，那就会被业主抛弃。仅仅依靠外生的物业服务企业来实现社区共同体建设的想法存在根本缺陷。

第四节　社区治理结构中业主的角色和职能

一　业主产生的背景

基层社区中业主群体身份的产生背景就是我国的住房制度改革。习近平总书记强调："住房问题既是民生问题也是发展问题，关系千家万户切身利益，关系人民安居乐业，关系经济社会发展全局，关系社会和谐稳定。"[①] 而住房制度改革，则可以说是中国基层社区管理方式的分界线。之前的社区管理基本上涵盖在单位制框架之下，与计划经济相适应。

---

① 《习近平谈治国理政》，外文出版社，2014，第 192 页。

中国曾长期实行住房分配制度，居民获得住房的渠道单一，主要是单位分房。没有市场机制，住房供给端严重缺乏动力，尽管每年国家在住房领域投资巨大，但居住需求总是难以充分满足，甚至不乏"三代同居一室"的现象。① 从国家角度考虑，每年用于建房的巨额财政投资非但无法回收成本，而且房屋分配还滋生社会矛盾甚至产生腐败问题，引起社会不满。最终，这种供需失衡成为住房制度改革的推动因素。时任国务院住房制度改革领导小组副组长的刘鸿儒坦承，由国家和单位提供建房资金的做法没有效率，由于"住房福利分配制难以抑制不合理的需求"，甚至导致"国家建房越多，住房困难户也越多"的困境，中国原先"低租金、实物福利分配住房制度已到非改不可的程度"。② 房地产业的发展起起伏伏，但总体上满足了人们对更好居住条件的需求，也照顾了不同经济状况的家庭的多元需求。从供给端来看，住房货币化更是激发了房地产业的巨大活力，房地产业在实践中获得突飞猛进的发展，很快成为国民经济的支柱产业，且基本上呈现出蒸蒸日上的态势，如图3-9所示。

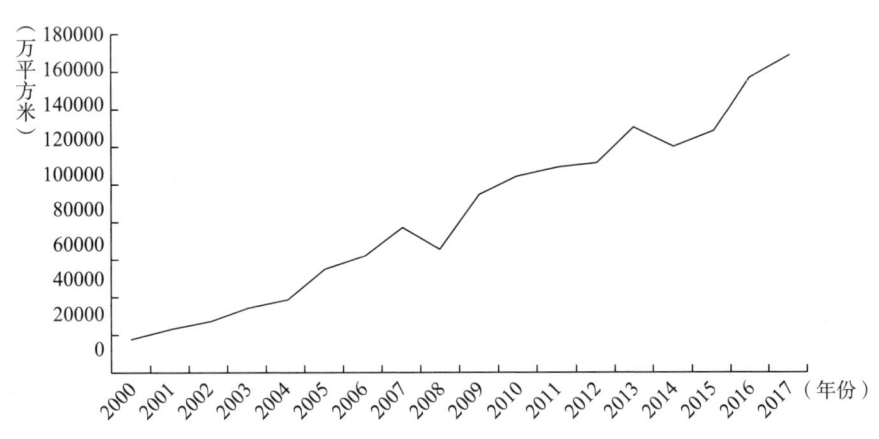

图 3-9　中国 2000~2017 年商品房销售面积增长趋势

数据来源：国家统计局。

有些居民小区很大，"甚至达到小城镇的人口规模"③，像北京市的

---

① 高大中：《"居者有其屋"——论住房制度改革的根本目的》，《城市》1989 年第 2 期，第 36 页；陈林杰：《房地产开发与经营实务》，机械工业出版社，2017，第 6 页。
② 萧英智、刘鸿儒：《住房制度改革与利益关系调整——国务院住房制度改革领导小组副组长刘鸿儒答记者问》，《中国经济体制改革》1991 年第 9 期，第 6~12 页。
③ 陈林杰：《房地产开发与经营实务》，机械工业出版社，2017，第 2、26 页。

天通苑、回龙观、大西洋新城，贵阳市的花果园，广州市的祈福新村等，人数动辄三十多万，几乎够得上中等城市的规模。那么，面对这类社区，究竟应该实现何种治理模式，无疑成为一个亟待解决的问题。这样的小区通常是封闭小区。尽管有不少专业人士建议打开这样小区的围墙，国家一度也倡导实行街区制，以便让小区道路和城市道路实现更好的衔接，打通城市交通微循环，同时也可以充分发挥小区公共设施的公益价值，让小区景观、会馆、商业服务场所、医疗设施、幼托、学校等公共服务机构能够与城市共享。但街区制业主们对此并不赞成，现在也基本上无人再提起此事了。总之，商品房的不断建设和销售，既让越来越多的人住到了商品住宅新型社区，也使得新时代的社区建设承载起更多新的角色。新型社区在管理中如何看待新兴的业主呢？下面试作分析。

二 业主的角色

业主即房屋所有权人，是房改下开发商的顾客，也是一种新的社会力量，甚至已成为我国社区治理领域最值得重视的力量。毕竟，从量上看，业主规模已经以数亿计。同时，业主维护物权意识更加强烈，"恒产恒心"的思想更加深入人心。从对等关系上，业主对应的通常是物业服务公司。物业公司相信，只要有人入住物业地盘，公司就有钱可赚、有利可图。物业公司对利润的追求若无足够的制约，其行为便很容易"过界"，这个"界"就是业主正当的物权。而为防止物业过界，就必须有个力量与之抗衡，从现实看这个角色非业主莫属。物业纠纷的实质是市场交易的不公平，业主会看重物业服务的性价比，性价比不高的话业主难免会采取一些行动来维护权益。

然而，既得利益者的物业服务企业，并不乐于被"触动奶酪"，对于主张拿回社区管理主导权的业主，个别物业服务企业有时会以"搅局者"的角色来看待之，将维权业主当作行业竞争敌手。从物业公司考虑，其担心失去安身立命之所的想法可以理解，但市场的逻辑正是要给市场上的服务的供给者以压力，促使他们不断提高服务的质量。所以说，为物业行业长远考虑，还是要在惠及社区共同体的过程中实现自身的利益。

三 业主力量的组织化

购买楼房的人取得该楼房的使用价值。由于我国实行"地随房走"

的制度，楼房的出售意味着土地使用权发生转移。这种使用权可能会多次随着房屋的出售而转移，而这个时候的住房就不仅是"居者有其屋"的物质体现，而且是财富的载体，成为居民投资的重要渠道，或者说房地产兼具消费和投资的双重特征；而人们买房的动机也包含了自用和投资等多种情况。根据住建部统计数据，目前我国私有化率程度甚至已经超过发达国家，达到了82%。[1] 这么多业主，势必要成立业主组织化。

1992年，深圳成立了中国第一个业主委员会——天景花园业主管理委员会。2003年，《物业管理条例》正式将物业产权人称为"业主"，从政策层面正式确认了这一身份表述。业主委员会属于自治性管理组织，其特征就是民选制度、有任期限、体现民治等。[2] 随着业主组织力量的兴起，社区从传统的行政区划向私有财产领地转型，使业主委员会成为一种制度的必需；而基于商品房业主构成的社区，也就成为以共有财产为纽带的利益共同体，业主委员会便成为权利实现的基本载体，居住也就超越了个人生活的范畴，承载起国家治理的内涵。而当居住生活变成一种国家事务，并成为国家治理的内容时，居住就因此获得政治意义，即所谓"居住的政治"，进而演化出一种"社区政体"的政治单元。[3] 事实上，业主委员会委员都需要向社区广大业主负责。这与居委会的属性和管理风格不同（见表3-7）。

表3-7 比较社区两种群众组织：居委会和业委会

区别	居委会	业委会
开放度	行政属性显著的运作模式，相对封闭	相对开放，自发维护秩序、自主决策和行动
对象	居民	业主
	业主和居民不是一个概念，业主是特指物权持有人，而居民不必是物权持有人。共有和公共的区别：共有是购买所得，公共非购买所得。业主大会保护的是业主购买的私权利，社区居委会维护的是公权利（公共利益）。	

---

[1] 代春泉：《房地产开发》（第二版），清华大学出版社，2019，第7、67、395、404页。
[2] 丁煌：《西方行政学说史》，武汉大学出版社，2015，第72页。
[3] 郭于华、沈原、陈鹏主编《居住的政治：当代都市的业主维权和社区建设》，广西师范大学出版社，2014，第229页。

续表

比较方面	居委会	业委会
制度初心	将游离于单位之外者加以管理	物权利益维护机构
运作条件	财政拨款、党建经费等[a]	经费自筹，来自物业费、公共收益等
组织属性	带有行政属性的群众组织	兼有商业性和自发性的群众组织
组织角色	政府部门交办事务的接受者	相信"我的地盘我做主"的主体
行动风格	被动	主动
人事安排	指派、推选、招聘	自荐和直接的民主选举[b]
办公用房	政府负责安排办公用房	开发项目中的物业管理用房
对谁负责	向上级政府与街道部门负责	向选民业主负责
属地性	居委会成员多不在居住区	业委会成员须是居住小区的业主
对于干预的态度	欢迎街道办事处及政府职能部门的指导和资金投入	自己的事情自己打理，不乐见其他力量过度干预
人员组成	退休人员、再就业青年和志愿人员[c]	职位要求有公益精神、有经济实力、有空闲时间，所以以退休干部居多，同时还有事业有成、较有闲暇的青壮年
动力	政府推动	自主推动

注：a 一名社区领导曾说："社区（一站两委）什么都靠政府拨款。每年社区进行预算，然后从政府那边拿钱。"社区有时候觉得政府给的钱不够，就会让应该完成的工作（比如绿化等）"搞不起来"。（参见张晨《城市化进程中的"过渡性社区"：空间生成、社会整合与治理转型》，广州人民出版社，2014，第427页。）

b 根据张晨开发的社区组织独立性系统评价办法，一个社区组织的独立性认定，要看事务权的独立度、财政权的独立度以及人事权的独立度，也就是说社会组织，原则上不承担任何行政事务，经费来源以自筹为主，即使有部分财政支持或补助，但使用方面也须有自主权，同时社区组织的领导人非政府任命，而应由组织内部通过选举产生。（张晨：《城市化进程中的"过渡性社区"：空间生成、社会整合与治理转型》，广州人民出版社，2014，第306页。）

c 杨宏山：《城市管理理论与实务》，中国人民大学出版社，2016，第240页。

可见，居委会属于行政科层体系的末端，而科层制组织的一个突出特征在于下对上的负责，由此居委会主要干部也须对上级领导负责。同时在事务方面，居委会倾向于将各种服务集中到基层办理，所谓"上面千条线，底下一根针"就是指这种职能的综合与集中。相比之下，业主委员会，其委员并不受政府机关的直接监督，他们可以在业主大会通过的公约之下自由地处理小区里的公共事务。当然，目前业主委员会成立和运行也并不容易，一般认为业主成立业主组织存在很多"难"：业主齐心难、筹备难、各部门配合难、业主组织报备难、成立后运作难等。

尽管如此，业主组织还是在社区建设中被寄予厚望，有些城市（如北京市）已经提出在2022年要让业委会成立比例在全部社区中占到九成。

四 业主组织的"偏好强度"

1. 我国新兴业主组织的"偏好强度"

城镇化、住房商品化已改变了基层面貌和社区治理格局。随着几亿人成为私人房产的业主，一个业主群体悄然兴起，他们有自己的主张、圈子和利益偏好，已经成为影响政策制定的重要群体。

从广义来讲，政府为管理社会而选择的制度也是一种公共物品，而普通的民众则是这种公共物品的消费者，民众对制度的主观感受也就成为这种制度效用的直接衡量尺度。对社区管理制度而言，究竟什么样的模式合适，固然有学者们的论证、政策制定者的权衡，但最终由社区居民来决定。

这里存在一个大问题，那就是主观的感受和判断往往未必相同。公共选择学家布坎南指出，如果将轻微赞成与严重反对相提并论，并没有道理，[①] 因为他们的偏好强度不同。那么，偏好强度跟什么有关系呢？笔者认为可以用马斯洛的需求理论来回答这个问题。马斯洛认为人类的需求是分层次的，从物质到精神。在马斯洛需求理论图式基础上，笔者开发出其镜像图式，旨在表明从偏好强度看，越基础的需求，其带来的偏好强度越高，如图3-10所示。

简单说，越是关乎人们生存的需求，其承载的偏好强度就越高。根据这种理解，社区物权问题基本可以归入财产安全范畴，虽在需求层次上属于基层，但偏好强度却很高。这就是为什么当街区制试图打开居民小区围墙时，业主们那么强烈地反对；与之相对，改善交通微循环、与国际接轨之类的理由，属于较高的需求层次，偏好强度反而较低。

2. 社区业主的偏好强度对"街区制"管理的影响

当前社区业主们的物权保护意识较强，且业主群体庞大，成为基层社会治理中不容小觑的力量，他们的偏好与主张也自然会产生巨大影响，

[①] James Buchanan & Gordon Tullock, *The Calculus of Consent* (Indianapolis: Liberty Fund, 1962), pp. 133-134.

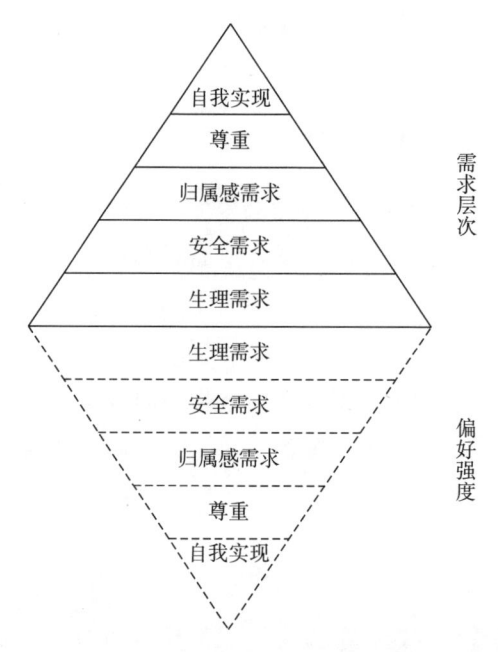

[图示：上下对称的双金字塔，上半部分从下至上为"生理需求、安全需求、归属感需求、尊重、自我实现"，标注"需求层次"；下半部分（倒三角、虚线）从上至下为"生理需求、安全需求、归属感需求、尊重、自我实现"，标注"偏好强度"]

图 3 – 10　马斯洛需求层次及作为其镜像的偏好强度层次

有时候会影响到宏观决策。

通俗说，街区制的社区是周围不建设围墙的居住区样态。由于其对公共交通的便利而曾经在国家政策层面得到倡导，然而，目前来看在实践中这一政策尚未能推行下去，这是由中国民众的居住习惯、民情环境以及历史文化传统所决定的。从理论上说，街区制可以打通城市交通的内部循环，对于我国日益拥堵的城市路况起到积极的缓解作用。但由于它意味着将原本围绕着小区的围墙拆掉，便引起广大居民，或更准确说，广大业主的反对。毕竟，一个围起来的小区在中国人看来，更像是一个家园、一个社区；失去了墙体屏蔽的住宅区，在他们看来会平添许多的混乱。大部分社区的墙，既区别了内部人与外部人，也将私域和公域作了界分，既能给墙内业主提供某种安全感、隐私性，也能提高整个社区的品位，有利于房产的保值增值。当然，对于街居部门来讲，封闭的社区在管理上也相对方便。[①]

[①] 任放：《从历史的视角看中国城市的"墙"》，《武汉大学学报》（人文科学版）2016 年第 3 期，第 6~10 页。

然而，拆除围墙的尝试要想抵抗中国几千年来的封闭居住的习惯（比如唐朝街坊均有大门，晚上关闭；农村也有自己的乡关，都是可以定时封闭的），恐怕阻力会非常大。因此，我们的社区中，人们对空间私密性要求通常都特别高，社区需要尽量减少外界对内部的影响。

按马斯洛理论，人们固然有交往互通的需要，但也有隐私安全的需要，当两者不能兼得的时候，人们更多地会选择隐私安全。

拆墙与否的争论的实质与物权有关。一方面，支持者看重的是拆墙带来的好处，比如减少违建、改善城市交通、方便人们沟通、增加社区活力、符合国际趋势等。持这种观点者劝导人们应该多看街区制拆墙后的积极面，而不要总盯着物权问题，甚至认为围墙乃是落后管理思想的遗存，不合时宜且浪费资源。应该承认这种观点是有道理的。另一方面，持反对意见的人——主要是业主——则坚持认为不能因噎废食，不能因为围墙的缺陷就把它拆掉。即便某项政策从技术上可行，在公利角度也有理，但若不能妥善解决利益相关者的关切，最终还是行不通。社区业主对于开放街区的提法担心较多的是安全问题，比如开放后更多车辆自由出入，是否会增加交通危险？如果没有经过必要的听证就推行该政策，难免欠妥。还有观点认为围墙带来的不仅是安全，还有秩序、居住在内的业主的身份象征等。当然，最绕不过去的还是物权使用的公平性问题。业主们认为，一旦开放社区就意味着停车场、绿地、其他设施都从业主共同持有物权变为公用资源，显然会带来权益上的问题，还为后期物业管理上的矛盾埋下伏笔。当然最重要的是本来属于私有的小区物权在拆除围墙后就降低了排他性，甚至会从私有物品变成公有物品，而这是当前业主群体所不乐见的。

所以说，小区的围墙很难拆掉，这里既有历史的原因和制度的惯性，也有政策的适应问题，更重要的是这乃是由基于人性深处的趋利力量与潜在的偏好次序所决定的。在力矩明显不平衡的条件下，一定要强制推行拆墙的办法可能只能增加公众反感，反而让政策成本过大。尽管拆墙有无数多的理由，但目前还没有哪一条足以抗衡广大业主内心对物权的偏好强度。贸然拆除小区围墙的话，会让人们感觉当初签订的购房合同所规定的权利是一纸空文，反而不利于社会信任的达成，这种负面影响不可忽视。还有产权界限的模糊势必也会让人们感到迷惑。

五 业主时代的来临导致的社区治理挑战

房地产业兴起之后,商品房产的管理随即成为重要课题。相比于过去单位负责住宅区域的维护,房改后的物业维护,按照法律规定应该由全体业主聘请物业服务企业来负责,该企业以专业化和企业化的手段来从事物业管理,这样就建立起综合收费、全面管理、独立核算、靠企业自身经营运转的商品化房管体制。这种体制被认为是"在没有国家财政补贴的情况下实现商品房产经济的良性循环",因而物业企业成为"城市管理的一支生力军"。① 目前该制度已成社区治理领域的标配制度。国家将物业管理这项社区公共服务默认为由物业服务企业提供。

房改让我国的社区在规模、结构,尤其是管理方式上均与过去大为不同。成百上千户人家共居楼宇之中,必然牵涉大量的公共管理问题,地理条件使他们需要共同体负责公共设备(比如电梯、给排水、消防、绿化等)的供给和保养。从基层社会管理的角度来说,超密集的居住环境之中,如何在维护大局稳定的前提下实现众多人口、多元主体的有序共治,既是社会的关切,也是业主面对的挑战,还是政府在管理现代社区中亟待求解的新问题。

在物业服务提供者看来,社区更是他们安身立命、营业取利的场所。由于历史原因,虽然法律规定物业服务企业必须按照物业服务合同的约定提供服务,但这样的物业合同本身却可能存在主体缺位的问题。我国业主组织还不多,更多的住宅区域是由房地产开发商所指定的前期物业公司来从事经营活动。众多案例表明,这样的物业公司通常会想方设法阻挠作为甲方的业主成立自己的组织。未来十年,随着中国房地产市场的持续发展,物业管理市场估计还将有超过100亿平方米的管理空间等待开拓。但这里的问题是,物业服务市场的买卖双方身份仍不健全:虽然法律规定物业服务企业必须按照物业服务合同的约定提供服务,但现实中很多这样的合同缺乏实质的"甲方",也就是作为住宅区域真正主人的业主组织仍处缺位状态。前面提到物业行

---

① 叶汉庭:《赢得小区物业管理的主动权——深圳市物业管理公司经理》,《中国房地信息》1994年第2期,第28页;叶汉庭:《物业管理的崭新模式——城市管理的一支生力军》,《城市问题》1993年第5期,第46~48页。

业欣欣向荣的前景,然而利润不可能凭空产生,必然来自一定的成本投入。比如,物业公司巨额收益某种意义上就是基于业主投入的成本而形成的。笔者调查中曾与长沙市 D 大厦业委会主任 T 先生讨论过这个问题,T 主任表示,小区治理的根本在于经济基础,当他所在社区物业公司随意将停车费从每月 300 元提高到每月 800 元时,业主们便抱团克服困难成立了业委会,将公共资源的经营权收回,仅用两年就积攒下几百万元的公共收益。而这些公共收益就是"原先物业公司要拿走的利润"。① 如今业主自管,使这笔钱真正成为社区未来维护的"养老钱"。利用社区建设基金,D 大厦业委会先后给小区更换了中央空调、高层电梯,翻修了大楼的外立面,并防患未然地给小区投了高空坠物的保险,甚至还有余钱在节假日及新冠肺炎疫情期间为业主发放红包,既拉动了消费、提振了经济,也在小区实现财务自由的过程中增加了业主们的向心力与归属感。

目前业主与物业纠纷中较多的是业主维权类事件。业主维权诉求的一个焦点在于健全委托代理的机制,也就是确立物业管理市场的甲方主体地位。比如,委托主体的身份理应明确为业主组织,但长期以来,委托主体有的靠街居部门安排,还有的地方由开发商指定,更有甚者,有的地方长期缺乏物业服务需求端的甲方,也就是没有业主组织,但物业公司却可以用前期物业的名义长期服务,让本属于双方商量后由业主"拿来的"服务蜕变为物业单方"送来"的服务。由此,物业服务合同的法律意义与合法性就常遭遇质疑。目前有的地方的业主已要求组织自己社区的业主大会及业主委员会,来负责所在社区的公共事务,包括物业管理和公共资源的经营等。

六 业主组织的组织成本

业主大会的组织和业主委员会的选举,在中国小区人口规模动辄成千上万人的情况下,其协调、组织成本相当高。《物业管理条例》和一些地方的物业管理条例,都明确规定小区首次业主大会的筹备经费,应该由建设单位即开发商承担,但在实际生活中,一些开发商在楼盘销售

---

① 笔者与该小区业委会代表微信访谈所得。

完毕之后撤出小区，甚至还有的开发商注销了公司，导致若干年后小区在试图成立首次业主大会时，难以解决经费问题。为此，有的地方政府会相应制定出一些办法，让开发商预缴首次业主大会的费用，如淮南市业主自治论坛发起人陈灿淮表示，安徽省宣城市住建部门出台的《关于加强前期物业管理工作的通知》，提出首次业主大会会议筹备经费的保障制度，要求开发商在项目申请首次预售许可前，或者在首次商品房初始登记前，必须预交不少于 5 万元的首次业主大会会议筹备经费；这笔经费应一次性打入住建部门监管的账户。首次业主大会会议召开后，当事人可根据在筹备首次业主大会及业主委员会选举中发生的宣传费、印刷费、材料费、会议费以及法律咨询服务费等各项开支，采取多退少补的方式结算，不足部分由开发企业补交。除宣城市外，江浙一带很多地区都开始普及同类的政策措施，也有些地方要求由街道办事处来负责预缴费的筹集与管理。

一般来说，如果业主的社会地位、处境和背景情况相同，认知略同，就较容易形成共识，也较容易采取公共行动，这样的社区相对容易组织起业委会来。但假如不具备这些条件，则协调、组织的成本极高。社区事务决策中的表决制度（如要求参加表决的业主代表人数超过业主代表总数的一半，投赞成票的人数超过参加表决的代表人数的一半），导致社区事务的决策长期和普通业主脱节。[①] 这与对业委会组织所规定的门槛有关，为达到法律规定的业主大会的"双过半"（业主参会人员达到全体业主的 50% 以上、投票人员及其所居住面积过半），业主组织筹备组成员经常要付出极大的毅力、耐力、财力与奉献精神，否则很难越过这一门槛。此外，还有很多地方的业主在组织活动中会受到既得利益集团的威吓、骚扰甚至暴力袭击。居高不下的组织成本成为现代业主大会成立比例较低的一个主要原因。

布坎南指出，随着需要达成一致的团队规模的增加，这些成员取得一致意见的协调成本必会增加，如图 3-11 所示。

无论用何种决策规则，社区内直接民主决策的成本都会十分高昂

---

① 郭于华、沈原、陈鹏主编《居住的政治：当代都市的业主维权和社区建设》，广西师范大学出版社，2014，第 94~96 页。

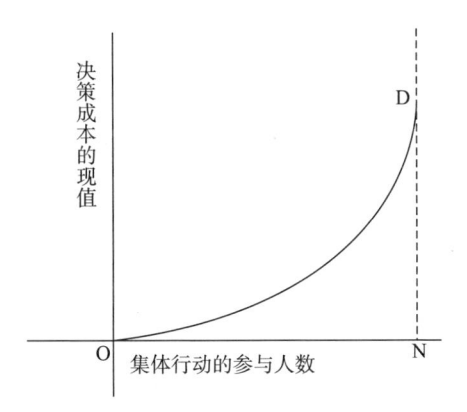

[图：纵轴"决策成本的现值"，横轴"集体行动的参与人数"，曲线从O上升至D点（D点上方，N点位于横轴）]

图3-11 集体行动参与人数与决策成本大小的关系

资料来源：James Buchanan & Gordon Tullock, *The Calculus of Consent* (Indianapolis: Liberty Fund, 1962), p.70。

(除非是在非常小的单位之内)。[1]

业主组织成立难，物业矛盾就无从解决，因此要确保业主组织的合法建立与有序运行。

---

[1] James Buchanan & Gordon Tullock, *The Calculus of Consent* (Indianapolis: Liberty Fund, 1962), pp.220-212.

第四章 现代社区共同体的"区隔化"倾向

社区共同体建设牵涉多方力量，需要各方在共同参与下实现秩序营造，而社区共同体建设的目标并非要让社区成为一个特定的组织，乃是要搭建多方主体利益协调、有效互动的平台。在此目标引导下，社区建设的关键就在于研究"不同体"从"区隔化"走向"共同体"的机制。

第一节 导致社区"区隔化"的因素

在社区走向共同体的过程中，非共同体化因素很多：从形式上可分为单位小区（及单位改制后的老旧小区）、乡村城镇化后的居民小区、城市商品住宅楼小区以及农村社区等；从社区成员身份看，又有常住人口和流动人口、业主群体与租户群体等的区分；此外，还有社区常见的物业矛盾牵涉的各方，如业主与物业服务企业、业委会与居委会、业主与业委会等；从居民的社会经济指数（SEI）看，可分为别墅区、高档公寓小区（多数是门禁小区）及中低档小区。① 不同社区环境中的居民诉求差别很大。社区建设的主体也不同，既有街居体系，也有来自社区居民的自主治理力量。

无论如何，社区之所以叫"区"，从名称中就意味着某种"区隔化"。或者说，社区共同体的提出本身就意味着需要某种界定和排他性。这里面有一个看似矛盾的情况，只有认清社区的各种区隔化因素，明确各自的责权利，才能构建起和谐共生的社区共同体。

---

① 郭海霞：《当代中国社会资本重建与协商民主的实质化践行》，《浙江社会科学》2016年第3期，第48~58页。

第二节　社区包容性与排他性的辩证关系

社区共同体兼具包容性与排他性的特点。不同于西方只有富裕阶层才居住在围合且带有监控设施的门禁社区（gated community），[①] 中国自古就崇尚围合式居住空间。围合的建筑自然产生一种"自己人"与"他者"的界分，且从秩序稳定角度考虑有利于降低偷盗及其他不轨行为。[②] 中国传统基层社会管理的里坊制、保甲制等，也都崇尚把居住区与商业区以墙隔离起来；现在中国的居住小区仍然普遍带有围墙，显现出人们的隐私与排他性需求。国外也有类似情况，如南美富人区把围墙作为标配，且雇有私人保安，还安装先进的视频监控或者智能安全防御设施，同时对社区内公共资源，比如高尔夫球场、游泳池及购物商店等便民设施，统统采用封闭或围合办法确保排他性，彰显身份。[③] 当然，过度围合客观上确实容易导致社区共同体的隔离倾向，也妨碍区域交通的通畅。[④] 弗兰纳根（William G. Flanagan）批评这种围合式"门禁社区"时认为它就像古时"封建领地"，流露出"孤立主义"（isolationist）乃至"反共同体"（anti-community）的倾向。[⑤]

与国外围合小区多归入高档奢侈型社区不同，中国此类围合社区已然成为绝大部分居住小区的标准样态。无论到了哪座城市，都能看到这样的小区：设门禁、限出入、筑围墙、雇保安、安摄像头，种种配置就为在隔离与排他中宣示产权。[⑥] 因而，共同体至少在理论上是有着明确的界限的，这在中国有着深厚的民意偏好，以至于有学者指出，即使在同一个社区内部，也有再搭建铁丝网或铁栏杆以实现人为隔离的情况，

---

① 张纯：《城市社区形态与再生》，东南大学出版社，2014，第10页。
② 杨宽：《中国古代都城制度史研究》，上海古籍出版社，1993，第X页。
③ Axel Borsdorf, Rodrigo Hidalgo, Rafael Sánchez, "A new model of urban development in Latin America: The gated communities and fenced cities in the metropolitan areas of Santiago de Chile and Valparaíso," *Cities* 5 (2007): 365 – 378.
④ 张纯：《城市社区形态与再生》，东南大学出版社，2014，第63页。
⑤ William G. Flanagan, *Urban Sociology: Images and Structure* (5th Edition) (Lanham, Maryland: Rowman & Littlefield Publishing Group, Inc., 2010), pp. 350 – 352.
⑥ 张纯：《城市社区形态与再生》，东南大学出版社，2014，第26页。

反映出共同体中的深刻的疏离倾向。① 实际上，居民的经济地位、文化背景、思想观念及生活习惯的差异越大，社区共同体的建设难度也就越大。为将这些彼此差异的人们组织起来，实现"互融式"发展，就不得不克服因社会特性差异过大而产生的相互排斥性。

同时，这种现象不仅出现在基于地理区位（或叫地缘）的社区中，即便是在基于血缘的自然共同体内也不乏这类情况。如果说连以血缘为基础的共同体都不乏经济人理性下的投机行为，那对由许多陌生人组成的现代社区而言，其成员的理性计算、机会主义、搭便车心理等就更多了。相比于血缘、地缘等自然因素，激励人们参与构建现代社区共同体的社会等因素就必须足够强大。社区共同体建设的参与机制要回归到行为人自身的需求、利益及效用层面。因为没有内在的利益驱动，社区参与机制就缺乏可持续的内在依托。

究竟需要怎样的机制来保障理性人参与社区活动？怎样才能克服社区互动的"相互排斥性"？人们对社区共同体的参与意愿不是生硬的命令或简单的宣传就能提升的，因为人们需要的是更为"柔软"的工作，即在人心上做工作，建设好精神文明，促使人们跳出狭隘的小圈子，进而培养出更广大的共同体眼光与襟怀。

第三节 社区共同体面对的约束

目前社区共同体的建设至少面临三种挑战：第一，行政化过浓的传统体制在一定程度上影响了社区居民的参与效能；第二，社区居民自身带有的趋稳性、趋利性及有限理性（或易错性），都在社区参与冷漠症中扮演某种角色，甚至可能造成社区共同体的碎片化；第三，居民的行为选择固然有内在规律，而在新时代背景和技术条件下，居民会选择更为经济便捷的社交参与方式，于是耗时低效、意义含糊的传统社区活动，就在逐渐失去吸引力。传统的共同体结成的"缘分"，比如血缘、亲缘、地缘（还包括基于特定时代条件下的"单位缘"），虽然让大家产生某种共同体的感觉，从而将彼此视为"自己人"，但目前

---

① 李强、李洋：《居住分异与社会距离》，《北京社会科学》2010年第1期，第4~11页。

这种"缘分"已淡化许多,无论人们愿意不愿意,似乎在不同程度上都在习惯"独自打保龄"①。社区共同体的建设最终离不开社区居民自主、自觉、自愿的参与,而居民参与作为一种人类行为,必然也将遵循一般的行为学规律。

随着工业化、城镇化的推进,现代社区已有新意蕴,对现代意义上的社区共同体而言,将需要何种机制来促成人们的有效参与?提高社区居民参与质量并不能仅靠行政命令或各种宣传。事实上,限定内容和程度的动员型参与被认为只会"阻塞居民的参与意愿"。②需要通过适当的制度,让人们明确社区活动跟自身利益的关系,在此基础上激发出人们内在的参与热情。同时要特别注意借助现代化的技术手段,让社区在"社会能做好的交给社会"的政策环境下,实现充分的职能潜力,开创"多元共治"的局面。

当然随着社区参与度的提高,社会主义核心价值观也将得到弘扬。时代变迁,过度留恋既往的社区氛围未免有些"刻舟求剑"之嫌。各方需要在把握经济社会发展趋势、理解人类行为机制的基础上,因势利导地探寻现代社区的"共同体"治理之道。建设社区共同体,并不是要建立一个组织化的社区,而是要建立一个平台,或者说营造一种秩序,让人们愿意在其中实现健康有益的互助,从而展现出共同体应有的意义。

第四节 社区共同体的民情因素

社区共同体建设的关键因素在人,建设既是为社区民众,也要靠社区群众。那么,社区民众是怎样的人?这个问题关乎民情因素。我们认为现代社区民众具有多重属性,乃是经济人、社会人、管理人、现代人的复合体。

第一,社区行为人就是普通的理性人。世上虽然没有完全相同的两片树叶,但却不乏十分相似的树叶,这种相似性也就是不同社会群体及个人

---

① 〔美〕罗伯特·帕特南:《独自打保龄:美国社区的衰落与复兴》,刘波等译,北京大学出版社,2011。

② 于莉:《城郊农民集中居住社区的社区参与状况:基于326位城郊农民调查数据的实证分析》,《城市问题》2016年第2期,第72~80页。

所展现出的某种人性及民情。说到人性研究，不得不提理性人的假设，也就是人都有自利本性。① 无论时代如何发展、技术怎样更新，这一基本本性却从未真正改变。由此来理解人们及其相互关系，进而理解当前社区共同体建设中的诸多问题，能让我们找到解决某些问题的方法。这种趋利避害的特性是普遍的，因此我们认为社区参与中的人们也多少会体现出经济人理性的本色，毕竟"关心和维护自己的利益几乎可以说是每一个人的天性";② 洛伊甚至假设自利乃所有政治学家"唯一赞同的东西";③ 沃尔夫认为那种没有利益驱动的行为只"可能在天堂发生，却不是这个世界"。④ 公共选择理论视角下，理性社区人对公共事务的参与同样也会围绕利益诉求发生。这可以认为是社区参与的逻辑原点，即有利益才能激励人们参与，进而结成共同体；反过来，如果风险或不利影响是显著的，则人们对社区参与的态度也就不会积极了，共同体的意识更是难以养成和维持。

第二，社区人也是社会人，受社会思想观念影响，受生活条件限制。就社区一般的青壮年而言，他们面临生计的压力，为此他们要把大部分精力、时间、注意力和积极性投到职场，偶尔有闲暇，则要么选择休息，要么选择在社交成本更低的虚拟空间里参与一下，找一点存在感和归属感，对物理的居住社区的参与热情比较冷淡，甚至连社区工作者自己也未必会对社区事务有太多热情。比如北京市西城区新街口街道某社区，就有位青年社工坦率告诉笔者，尽管身为社区工作者，但那只是工作所系，他本身对社区参与也只是"走程序"。他对自己工作的社区的活动程序性参与，但对所居住的另一个社区的事务一如普通人那样不闻不问，因为觉得"没有参与的需要和必要"。于是，面对较高的参与成本和比较低的参与效果，自下而上的参与实质上就是被"负面激励"了。这样看，居民的社区参与度不高也就不足为奇了。前面提到青年人参与度不

---

① 张康之：《为了人的共生共在》，人民出版社，2016，第 208 页。

② 王小章、冯婷：《城市居民的社区参与意愿：对 H 市的一项问卷调查分析》，《浙江社会科学》2004 年第 7 期，第 99~105 页。

③ T. J. Lowi, "Legitimizing Public Administration: a disturbed dissent," *Public Administration Reivew* 3 (1993): 261-264.

④ 〔美〕艾伦·沃尔夫：《合法性的限度——当代资本主义的政治矛盾》，沈汉等译，商务印书馆，2005，第 220 页。

高，其实即便是社区中通常被认为参与度较高的老年人，其惰性也显而易见。通过观察可知，老人们在社区的活动多集中在广场舞之类的健身娱乐项目，或者是晒太阳、遛弯、下棋、打牌；偶有几个伙伴儿聊天说笑乃至一起追求共同爱好，就算是相当高质量的社区互动了。所以说，社区参与的质量尽管因人而异、因社区而异，但对大部分社区成员来说，都不太愿意参与。对此，有人试图归因到历史惯性上，认为"几千年积淀而成的私观念的国民心理特质，地区公共生活的等级化而非水平型组织方式，使国民的概念被严重扭曲。在居民个人的眼里，公共事务是别人（尤其是政府）的事务，而不是自己的事务"。[1] 换句话说，"不在其位不谋其政"的心理在社区中仍是惰于参与的常用挡箭牌，而"整个社区居民都容易表现出'搭便车'的惰性心态"。简而言之，部分居民的懒惰、消极和不负责任的意识，客观上促使社区治理责任过多地集中到政府方面，进而促成社区行政化的现象。据笔者调查，相当多社区居民（包括有知识的退休者）都在心底有一种"有事找政府"的情结，而对自己在社区中的作为和使命却意识淡薄，也不愿认真思考。人们一方面希望无为无害（这种惰性不妨叫作趋稳性），另一方面也在追求利益的满足（这种进取性不妨叫作趋利性）。于是，社区参与互动的实效，就取决于趋利和趋稳的行动者最终的选择，无论积极还是消极，都取决于行动者的主观价值判断和追求。正因如此，"社区事务越和居民利益攸关，居民对其就会越关注，参与意愿也就越强"[2]，当人们觉得社区参与行为的价值（或收益）超过为之付出的代价（或成本）时，参与就可能发生。当然，由于"个人效用函数要比新古典所假定的更复杂"[3]，同时人们的偏好也会有易错性（fallibility）[4]，在"有限理性"[5] 或"在不完

---

[1] 张宝锋：《城市社区参与动力缺失原因探源》，《河南社会科学》2005年第7期，第22~25页。

[2] 王小章、冯婷：《城市居民的社区参与意愿：对H市的一项问卷调查分析》，《浙江社会科学》2004年第7期，第99~105页。

[3] 〔美〕道格拉斯·C.诺思：《经济史中的结构与变迁》，陈郁、罗华平等译，上海三联书店、上海人民出版社，1994，第50页。

[4] 〔美〕文森特·奥斯特罗姆：《美国公共行政的思想危机》，毛寿龙译，上海三联书店，1999，第59页。

[5] 〔美〕赫伯特·西蒙：《管理行为》，杨砾、韩春立、徐立译，北京经济学院出版社，1988，第106页。

备知识"① 基础上,社区居民有可能对某些有利于社区共同体建设的事务,反而不乐于参与。当然,也正因为人们对利益的理解多元、主观而不完备,所以人们对什么是要追求的利益目标常达不成一致,由此造成不同的价值判断,进而影响他们在社区共同体建设中的行为选择。

---

① 〔奥〕米塞斯:《人类行为的经济学分析》,聂薇等译,广东经济出版社,2010,第93页。

第五章 中国社区管理的历史惯性

社区共同体建设并不是一时兴起的主张,事实上它不仅嵌套在宏观治理体系和基本民情当中,而且从历史上看也有着自身演化的逻辑。当前社区共同体建设也是过去基层社会治理实践演化的产物。了解我国家在社区基层治理方面的历史情况,可帮助我们厘清当前社区治理思维从何而来、现状如何、未来趋向等问题,毕竟,历史会给我们今天的工作提供有益的启示。下面对我国丰厚的社会管理历史经验进行简单梳理,希望为今天的社区建设找到来自历史的启示。

第一节 中国古代基层社会管理的两套秩序

我国传统基层社会秩序向来由公私两大体系构成,"公"代表官治体系,"私"代表民治体系(乡绅自治或礼治秩序)。该范式也相当于费孝通阐述的"双轨政治":一条是自上而下的中央集权的专制体制的轨道,是一整套体系,由官员与知识分子来实施具体的治理,最后可以到达县这一层("皇权不下县");另一条是基层组织自治的轨道,由乡绅等乡村精英进行治理,绅士阶层是乡村社会的实际"统治者",而宗族是士绅进行乡村治理的组织基础,这构成历史上中国基层社会秩序的自治图式。

在当代,党将其政治意图贯彻于基层治理体系当中,将党的领导原则嵌入社区共同体建设的方方面面,无论政府职能如何转变,党管社区是恒定不变的。同时,由于"单位组织"管控力的弱化,要使那些失去单位约束的群体或个体在社区层面能够被充分纳入秩序范围,就要建立更多的组织化形式。从中国基层社会秩序变迁过程看,基层社会并不存在一个截然分明的官治秩序或民治秩序。事实上,"以官治民"或"以民治民"并非对立的两个系统,而是一种官民依存和互嵌性秩序系统。①

当前,随着社区建设的深入,社区共同体将日益发展成为一个中介体和网络平台,促成纵向沟通与横向联系。除原来的党政系统、街居体系以及"外围组织"(如工、青、妇等企事业单位以及挂靠行政部门的社团组织)之外,还有遍布基层社会的各种管理和服务组织形式。而且所有的组织包括公共组织(政府)和社会组织均具有有限但独立的自治地位,发挥自组织的作用。在政府减少行政力量直接干预社区事务的同时,司法力量必须得到增强,这样才能为社区善治提供有力保障。所以,依法治区将成为未来趋势,而历史上的制度惯性仍将对基层治理的路径选择产生较大的规范作用。

套用里格斯的分析范式,社区管理的职能要从融合阶段走向过渡阶段,最后发展到衍射阶段。也就是说,原来的社区管理是社区工作人员主导,现在社区除了街居部门的工作,还更多参与业主组织;未来社区业主组织的作用将更加明显,由此使社区物业服务市场机制更趋于健全,社区服务更加细化,由更多的专业服务部门协同合作来提供。同时,渐进决策理论告诉我们,要用历史和现实的态度把共同体形式的变迁看作一个前后衔接、不间断的运动过程。社区共同体建设的具体内涵虽有变化,但大致定位已经确定为多元互动、共生共在的平台或联合体。

历史学者张德美还提过一个观点,认为中国过去基层管理的基本经验,就在于以"百户(称里或甲)"为单元的分区控制体系,同时辅之以宗族、士绅、豪富等非官方力量,政府借此对基层社会进行有效管理,行使包括赋税、治安、户籍、诉讼、教化等在内的诸多职能。②

那么,传统的基层管理方法对我们今天基层社区共同体建设有何启发?我们认为,最主要的就是"公办"路径与"民办"路径的相结合,原始秩序与扩展秩序的共同作用。从原始秩序看,邻里乡党、宗族网络、民间领袖等无论古今都会发生深刻的影响;从扩展秩序看,基层离不开政府的关注和干预。由此来说,政权并非"不下县",反而是触及了千家万户;而

---

① 周庆智:《在官治与民治之间:关于基层社会秩序变革的一个概括》,《学术交流》2019年第7期,第57~63页。
② 张德美:《皇权下县:秦汉依赖基层管理制度研究》,清华大学出版社,2017,第49~67页。

且这一体制有着极大的韧性,以至于历经千年相沿未改,逐渐建立起一种以地域为基础、由政府直接控制的地方社会管理体系。①

有学者指出,晚清政府曾推动地方治理,如1905年在北京曾成立"内外城工巡局"和"内外城巡警总厅",负责地方社会的治安、人口普查、公共工程、消防、救济贫困、公众健康、公共卫生等。② 1906年清政府下诏预备立宪,地方自治分两级进行:府州县的自治为上级;城镇乡的自治为下级,其实施的顺序又以后者为先。③ 政府不愿在基层设置部门,要求基层社会秩序由当地士绅力量来维持,随后士绅职能被乡正、里长替代,职能也演化为负责催督赋役、维持治安、为官府办差等职责,而基层民众很大程度上长期处于政府管理之外,处于自由自在但也自生自灭的一盘散沙状态,严复形容其为"其富也,国家听之,其贫也,国家亦听之。其散之四方也,国家听之,其至四方而益困也,国家亦听之"。④

在这种国情和民情语境下,强制推行西方的地方自治制度,明显不符合中国实情,那些看似有理的制度也不能生存下去。尽管北洋政府一度鼓励地方自治,要求基层社区层面兴办区坊,甚至要求仿照西方资本主义社会,由民众直接选举代表自己利益和心声的参议员,来积极参与和探讨社区公共事务的管理问题。这还曾激发了很多学者研究各个地方的社区自治问题的热情,包括晏阳初、梁漱溟等。然而,历史最终未能充分肯定这些努力,这从侧面也反映出当时社区建设的理念未适应中国的行政生态。尽管如此,他们的努力还是留下了某些历史影响。比如,根据国民政府《市组织法》(1930),民国时期形成了"区坊闾邻"四级行政管理体制,其中区公所、坊公所、闾邻等制度,已经跟我们今天的街道办事处、居委会体制有相似之处了。当时的居民可通过居民会议产生闾邻长,五户为邻,五邻为闾,堪称当时的网格化管理。不过,国民党在1934年停止了在基层管理制度上的各种自治运动,取而代之的是

---

① 〔美〕罗威廉:《最后的中华帝国:大清》,李仁渊、张远译,中信出版社,2016,第52页。
② 史明正:《走向近代化的北京城——城市建设与社会变革》,北京大学出版社,1995,第29页。
③ 肖守贸:《党意与民意:北平市参议会研究》,社会科学文献出版社,2017,第17页。
④ 严复:《论中国教化之退》,载王宪明编《严复学术文化随笔》,中国青年出版社,1999,第223页。

"重开保甲，以确定地方自治之基础"，核心是以户为单位，十户一甲，十甲一保，以此建起"市区保甲户"的行政管理链。这就说明，制度的生成和存续，最终还是需要深层的传统制度土壤作为条件，如果条件相符则制度能生存，否则难以存续。

总之，由于社会运动、革命、外敌入侵等干扰，只有到了中华人民共和国成立后，才自上而下地构建出一个有组织的基层社会管理体系：城市有各企事业单位、管理机构、城市街居制及工青妇等组织；农村有组织化的管理主体；对于正式组织外的居民则由居委会来负责。这种基层社会管理体系是"国家造社会"的历史奇迹，成为中国政权稳固的重要基础。[1]

第二节 中国的现代社区政策回顾

习近平总书记指出："历史是最好的老师，它忠实记录下每一个国家走过的足迹，也给每一个国家未来的发展提供启示。"[2] 社区研究须放在国家治理体系的宏大视野下，才能更清楚地把握社区建设的定位及方向。接下来对中国在社区治理中的重要节点作一概述。

一 新中国成立后基层（社区）政策沿革

新中国成立之初，我们对旧社会管理机构和制度采取扬弃态度。民国时依靠"党务系统、行政系统和警察系统来建设基层政权"的路径，基本上被新政权承继，因为符合当时的社情民意，也与我党"党政并行"的经验相契合。[3] 由此形塑了今天社区党组织与居委会组织平行管理的路径。另外，当时基层管理人员的组成跟我们今天也基本相同，比如原来的户政干事、文经干事、警卫干事等，等同于今天居委会的专业委员或干事。原来保甲制下甲长一般由那些热心肠的人来做，被称为

---

[1] 魏光奇："序"，载黄利新《人民共和国初期北京市城区基层政权建设（1949—1954）》，安徽人民出版社，2018，第1~6页。

[2] 《习近平谈治国理政》，外文出版社，2014，第266页。

[3] 黄利新：《人民共和国初期北京市城区基层政权建设：1949—1954》，安徽人民出版社，2018，第38页。

"爱管闲事之人"①，跟我们今天居委会下的居民小组长的选择标准也大同小异；而保甲长的选举办法跟我们今天居委会干部的选举办法更是存在历史的共鸣。有史料记载，新中国在接管旧政权时，对旧社会的很多机关所采取的办法是"自上而下地、系统地、原封不动地加以接收与管制"②，这就意味着原来基层社会的制度工具也被接收进来，以其制度惯性在新社会发挥一定的影响。

当然，不同点也很多。比如，过去的市区街三级政府体制在新中国建构基层管理制度时遭到质疑，因为新中国的群众基本上是按生产职业组织起来的，不便于按照街区进行工作，于是街政府这一级就逐渐被取消。为了弥补旧警察制度与保甲制废除后可能形成的治安漏洞，设立了派出所，用原来的街长担任派出所所长，兼负公安与行政职能，具体包括肃清反革命分子、清除盗匪、管理交通、消防卫生、调解纠纷、调查户口、取缔违建、反映社会情况等，这一制度沿用至今。与此同时，居民小组制度也被保留，作为基层政权的重要帮手，原因就是街政府的取消导致区政府各科室工作异常忙乱，说明具体而繁多的公共事务客观上需要有种力量能够在基层承接起政府的职能。所以，彭真在1953年6月向中央提交报告，申请成立街道办事处，并在街道办事处下分批建立起居民委员会，以更好地管理"不属于工厂、企业、学校、机关的无组织的居民"。③

经过1949～1953年基层行政管理实践（见表5-2），我们形成基层管理的主要经验。第一，以党统政的原则体现在各级、各部门，包括在基层社会管理中，这也是党支部建在连上的经验在基层行政中的移用。第二，街居制的建立，成功地将原来无组织的街道居民完全纳入行政管理体制之中。特别是居民委员会，"虽然名为群众自治组织，也为群众办理了一些福利性的工作，但无论从其产生的原动力，还是实际操作的情况看，居民委员会更多的是扮演了政府代言人的角色。原来的积极分子身份也转变为

---

① 黄利新：《人民共和国初期北京市城区基层政权建设：1949—1954》，安徽人民出版社，2018，第35页。
② 《北京市第九区一年两个月工作报告》（1950年4月），北京市档案馆45-3-49。
③ 黄利新：《人民共和国初期北京市城区基层政权建设：1949—1954》，安徽人民出版社，2018，第124页。

居委会委员、干部,到现在居委会主任,能拿一份不错的薪水"。①

表 5-2 我国"前社区"时代基层管理体制的构建时间

时 间	阶 段
1949 年 1 月	北平和平解放,基层政权建设开始
1949 年 1 月~1949 年 7 月	街道工作组时期
1949 年 7 月~1953 年	派出所和街道群众组织
1954 年	街道办事处、居委会体制正式形成并逐渐推广建立
1954 年~1986 年	基层社会管理采用"单位制+街居制"模式

我国现代社区建设的任务,源于 20 世纪 80 年代中期民政部的推动。据刘继同研究,社区发展跟政府职能转变有着内在的关联,也就是从 20 世纪 80 年代以来,国家政治体制改革强调转变政府职能,特别是要求政企分开、扩大企业自主权,同时启动劳动、工资和社会保险等配套制度的改革。这样伴随"单位办社会"模式的终结,社区服务业就逐渐兴起并蓬勃发展,由此拉开了我国现代社区培育和发展的大幕。② 这个过程是分阶段的,为便于描述,我们用表 5-3 对中国社区政策节点作一总结。

表 5-3 我国社区政策的演化一览

年份	政策事件	政策意义与社会影响
1986	民政部沙洲会议提出要开展社区服务工作	社区概念正式启用
1987	民政部大连会议倡导"在政府领导下,发动和组织社区内的成员开展互助性社会服务活动"	在全国掀起社区服务理论探讨的热潮
	民政部在武汉召开社区会议,强调"在社区为人们提供社会服务,以调解人际关系,缓解社会矛盾"	被视为我国社区服务从概念进入实操阶段的标志
1989	民政部在杭州召开全国城市社区服务工作会,总结和交流社区服务工作经验	从此,社区服务推向全国
	第七届全国人大常委会第十一次会议通过《城市居民委员会组织法》,强调居委会要"开展便民利民的社区服务活动"	将"社区服务"以法律形式固定下来

---

① 黄利新:《人民共和国初期北京市城区基层政权建设:1949—1954》,安徽人民出版社,2018,第 126 页。
② 刘继同:《从依附到相对自主:国家、市场与社区关系模式的战略转变》,《毛泽东邓小平理论研究》2003 年第 3 期,第 32~38 页。

续表

年份	政策事件	政策意义与社会影响
1991	民政部将社区服务细化为为老助残、便民利民及对优抚对象的服务等	突出社区服务的福利属性
1992	《中共中央国务院关于加快发展第三产业的决定》，提出社区服务的社会化和产业化方向	社区生活服务行业担负起吸纳分流人员的作用
1993	民政部等14部委发布《关于加快发展社区服务业的意见》，强调以街居制为依托发展社区服务业	这是社区服务发展中第一份政策指导性文件
1994	民政部在上海召开全国社区服务经验交流会	认可社区服务的营利性
1998	民政部基层政权和社区建设司设立，负责"社区指导和管理工作，推动社区建设"	社区建设有了组织保证，"社区建设实验区"项目启动
2000	两办转发民政部《关于在全国推进城市社区建设的意见》	从顶层设计层面认同了社区服务的社会化和产业化方向
2001	民政部下发《全国城市社区建设示范活动指导纲要》	在全国各地力推社区建设示范活动
2002	民政部在四平市召开全国城市社区建设现场会，表彰各地社区建设中的优秀典型	社区建设的人力物力配套制度等都得到快速发展
2002	党的十六大首次提出建设和谐社会的战略目标	社区作为社会细胞，担负起"和谐社区"的政治任务
2004	十六届四中全会首次提出要建设"党委领导、政府负责、社会协同和公众参与"的社会管理格局	关于社会管理的顶层规划
2006	国务院发布《关于加强和改进社区服务工作的意见》，要求建立覆盖社区全体成员的社区服务体系	实现居民"困有所助、难有所帮、需有所应"的和谐愿景
2007	《中华人民共和国物权法》施行，其中特别规定了社区业主大会、业主委员会制度的内容	明确业主专有和共有的物业权利
2007	《国务院关于修改〈物业管理条例〉的决定》	规范了业主大会的组建程序和职责范围
2007	党的十七大重申要健全"党委领导、政府负责、社会协同、公众参与的社会管理格局"，"把城乡社区建设成为管理有序、服务完善、文明祥和的社会生活共同体"	由于在服务居民、密切党群关系上发挥桥梁作用，社区获得更多资源
2008	国务院办公厅转发《关于在公共服务领域推广政府和社会资本合作模式的指导意见》，提出改革公共服务供给机制	化解地方政府债务风险，减少政府干预，厘清政府和市场边界
2009	民政部召开全国和谐社区建设工作会议，确定188个城区、253个街道以及500个社区为全国和谐社区建设典范单位	完善社区层面的公共、公益、便民利民三大服务

续表

年份	政策事件	政策意义与社会影响
2010	中共中央办公厅、国务院办公厅联合下发《关于加强和改进城市社区居民委员会建设工作的意见》，要求加强社区居委会的工作	这是我国城市居委会建设历史上第一次以党中央、国务院名义下发的政策性文件，提出了加强和改进城市社区居委会建设的目标任务，强化社会管理，维护社会稳定
	民政部在长春、呼和浩特、武汉和焦作密集召开全国社区建设示范推进会	—
2011	中共中央、国务院出台了《关于加强社会创新管理的意见》，描画了"党委领导、政府负责、社会协同、公众参与"的社区管理格局	多元共治的社区管理理念正式提出
2012	党的十八大为社会管理提出了"五位一体"的治理思路	将社会、政治、经济、文化、生态统筹起来
	六型社区目标的提出	干净、规范、服务、安全、健康、文化的社区，成为政府创建理想社区的评估标准
2013	《中共中央关于全面深化改革若干重大问题的决定》强调多元主体参与的治理体系	从社区管理到社区治理的理念变化
2014	党的十八届四中全会	关于治理提出几大原则：即系统治理、依法治理、综合治理等
2015	中共中央办公厅、国务院办公厅印发《关于加强城乡社区协商的意见》，突出（社区）党组织在基层协商中的领导核心作用	坚持基层群众自治制度，充分保障群众的知情权、参与权、表达权、监督权，促进群众依法自我管理、自我服务、自我教育、自我监督
2016	民政部联合10部门印发《城乡社区服务体系建设规划（2016—2020年）》	争取中央基建资金投入，完善社区综合服务设施，促进社区服务均等化、智能化、多元化
2017	《中共中央 国务院关于加强和完善城乡社区治理的意见》	强调到2020年，要基本形成基层党组织领导、基层政府主导的多方参与、共同治理的城乡社区治理体系

续表

年份	政策事件	政策意义与社会影响
2019	党的十九大提出打造共建共治共享和谐文明社区，满足人民对美好生活的需要	社区要完善党委领导、政府负责、社会协同、公众参与、法治保障的体制
2020	习近平总书记给武汉市东湖新城社区全体社区工作者回信	社区工作者在疫情防控斗争中的重要作用得到肯定

资料来源：笔者根据文献研究整理所得。

从表5-3中可看出，今天讨论的社区建设，行政管理上的意义在于基层社会管理机制的健全问题。该问题的提出以深刻的社会转型作为背景，特别是在市场经济、现代企业制度以及城市化等的背景下，社区建设成为改革的趋稳性支撑。因为社区作为国家与社会的接口很容易成为各种矛盾的交汇点，自然成为改革可能带来的震荡的"减震带"。事实上，从民政部1986年正式提出社区概念，到1989年《城市居民委员会组织法》将之引入法律层面，再到2000年两办成为号召全国搞社区建设，社区建设活动始终与国家改革大趋势，特别是与政府职能转变和经济体制转型，息息相关。从政府和企业分离出去的社会职能，大部分需要城市社区来承担，而失业人员、流动人口问题，城市老龄化和贫困人口问题等，也都给城市民政工作带来了较大的压力。此外，为配合现代企业制度建设，需要分离企业办社会职能，让原来捆绑在企业单位上的社会管理职责有序转移到社会，实现政企分开、政社分开。在这种情况下，以行政管理为主、条块分割的城市管理体制已经不能适应新形势的要求，必须尽快发展和完善基层社区的功能，向以社区为依托的新管理方式转变，这样，社区就被赋予了特殊的地位和历史使命。

社区在辅助企业转制、保障基层稳定方面也的确作出了独特贡献。国家倡导社区建设和社区服务，社区在建设共同体的过程中，在为民生兜底、为改革护航、为发展营造稳定环境方面都起到了积极作用。我国社区建设从一开始就是从国家治理体系的全局出发而规划的，必然带有一定的行政属性。一方面，社区要作为非政府组织承接政府和国有企业分离出来的社会管理职能，另一方面"社区居委会一如既往地被各级政府视为下属部门"①。所以，在社会管理方面政府在进行职能转变的同时，社区以及社区组织的职能定位很特殊，既具有中介组织的属性，又担负着某种行政职能。

总之，社区是随着中国社会的发展而不断发展的，是一项基层社会的管理制度。在政府职能转变和社会管理体制转型中，社区被赋予特殊责任。在政府职能转变、新型商品房小区管理及流动人员管理挑战增多等因素叠加作用之下，社区势必将承载起更多功能。

二 中国基层社会管理的经验启示

新中国成立后，我们在基层社会管理方法上作过许多探索。原来的基层社会治理结构被部分地保留下来。新政权也建立了一些新的基层组织，如居民小组、中心小组、防护队等；同时通过机关、事业单位、企业单位、农村生产队以及群众组织等，将生产劳动、资源配置及民生福利实现了统筹②。尽管当时不提社区管理或社区治理的概念，但那时的单位实际上就担任了社区的角色。同时，基层管理制度还包括街居制。自杭州市上城区上羊市街居委员成会为新中国第一个居委会，天津、武汉、上海等市也陆续建起居民代表委员会，其下再分居民小组，职能包括帮助政府传达政令、反映民意、协助处理治安以及打扫卫生等。这种体制适应了当时基层管理的需要，在发展生产、维持秩序等方面功不可没。③几经变迁，街居机构和职能一直在增加，实现了党、政、社在基层的高度合一，也实现了全民的"单位化"，即让每个社会成员都纳入特定组织的管辖之内。可见，居委会其实是与当时的政府职能相关联的，街居体系将国家与社会紧密联系在一起，实现了整体性社会，增加了凝聚力，既提高决策效率又保障执行效果，符合当时国家在社会管理领域的目标。表面看，新中国成立初期我们很少谈论社区治理，但那是因为当时的"社区问题被隐含在计划经济体制的单位中，……通过行政化的单位体制

---

① 杨腾原：《中国城市社区建设研究文献述评》，《陕西行政学院学报》2013年第1期，第43~46页。

② Yan Jirong et al., *China's Governance: Road of Rejuvenation of Eastern Power*, trans. by Huang Fang (Beijing: China Renmin University Press, 2017), pp. 148 – 149.

③ 孙萍：《实用社区管理学》，高等教育出版社，2017，第11~16页。

来进行经济生产、资源分配和社会管理"①。依靠单位制实现"整体性"社区管理的基本模式是：个人接受单位的管理，单位接受上级组织的计划，这样就达到了整体协调的目的，其结构如图5-1所示。

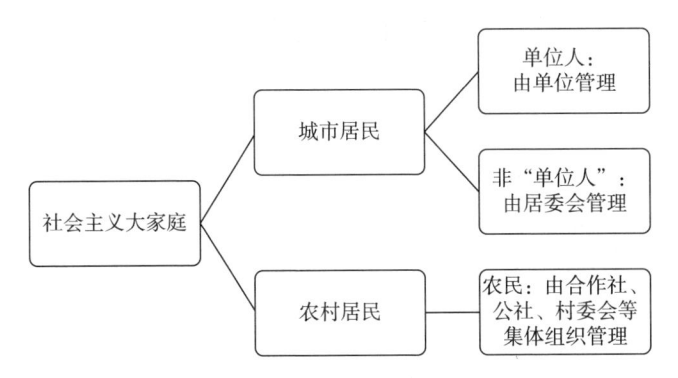

```
社会主义大家庭 ─┬─ 城市居民 ─┬─ 单位人：由单位管理
                │            └─ 非"单位人"：由居委会管理
                └─ 农村居民 ─── 农民：由合作社、公社、村委会等集体组织管理
```

图 5-1　单位制下的社区治理基本框架

这种机制在管理上很高效。在单位制下，单位承揽了单位成员的基本生活需求，单位就是基层社会管理的主体，政府很少直接与个人接触。国家面对单位而非直接面对个人来管理，通过"单位办社会"让单位担负起大量的社会管理的职能，单位甚至还照顾到了职工家属。不过，复杂的职能最终使得这套体系不堪重负。到20世纪90年代，这种"单位管理社会"模式告一段落。单位重组、改制甚至完全解散，使附着在单位上的社会管理职能出现"毛将焉附"的尴尬。为此，客观上需要有一个组织或平台来将这部分职能承接下来。在这种情况下，街居制再度被选中，被赋予了"后单位制"的基层社会管理职能。从效率和公平两个角度说都有必要构建现代化的治理体系，实现政府职能转变，让更多社会管理和服务事项从各单位机关剥离出来，让市场和社会能做的事情尽量交给市场和社会。正是在这样的背景下，社区治理的时代命题再度被提了出来。

总而言之，"计划社会"模式下，社会全体成员被"计划"到各种各样的"单位"或组织当中，即使有部分成员不能被安排到特定单位中，也会有居委会来专门将其组织化。可见，基层社区层面的治理路径变迁一定程度上也是过去经验在新条件下的应用，客观上存在制度的惯

---

① 马仲良：《社区建设概论》，中国社会出版社，2012，第7~8页。

性。渐进主义理论主张"稳中求变、积小为大"的原则,该原则有利于在保持基本稳定的情况下,通过小变达到社区治理实质转型的目的。

第三节 基层社会管理历史经验对社区建设的影响

任何社会都要通过一定的社会治理体系来推行统治者的理念与价值,这样才能维持社会秩序,也才能达到预期的治理目标。治理是建立在社会成员对社会价值和规范的认同的基础上的。所以在社会治理中建立一套合理、有效、能体现社会成员期望的价值体系,是社会治理的核心所在,无论哪个阶段,都应尊重这一点。纵观我国社区治理演变过程,可得出以下认识。

首先,古往今来,社区治理的探索从未间断。"编户齐民"、保甲制、闾里制、区坊制、街居制乃至单位制、社区制、街区制,以及现在的"多元共治"的社区共同体制度,这些社区治理的样态总体上展现出从严格治理到适度自由的脉络。

其次,在今天专业化和市场化形势下,基层社会管理的模式也宜"好民之所好",因势利导地将目前全国各地社区群众社区管理的好办法予以制度化。在各种行为主体职能的有效发挥中实现多元共建、稳定和谐的社区局面。

再次,针对社区层面出现的各类问题,要及时解决,同时,要看到主流和趋势,一方面顺应社区民众自主管理的需要,另一方面要健全政策引导、法治保障,切实保障人民当家作主,让居民安居,让业主乐业,让社区共同体走向善治。

最后,社会能做的要交给社会,市场能做的要交给市场。在社区治理层面,社会与市场主体究竟能做什么?这当然就是一个紧要的实践问题。社区关涉的多元秩序维度见图5-3。

概言之,社区秩序营造措施取决于社区秩序营造的目标,而目标的确立显然受国家治理现代化目标的影响,同时社区层面民情素质、原始秩序、市场秩序、社会组织以及国家秩序等因素,都将在不同程度上对社区实际的秩序施加影响。至于最终在社区中实际呈现出来的秩序样态,应是诸多因素共同作用的合力的结果,而这个合力的方向与力度也就成

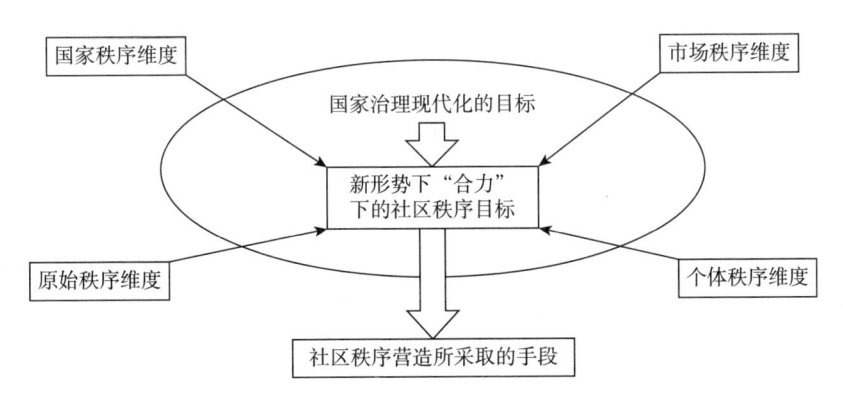

图 5-3　社区秩序的内涵及演化逻辑

资料来源：景朝亮、毛寿龙《社区共同体的秩序逻辑》，《云南大学学报》（社会科学版）2017年第4期，第88~95页。

为塑造未来社区秩序的直接变量。可见，这个机制在整体上便呈现出前面提到的分形结构。

第六章 构建社区共同体的"公办"路径

我们当下的社区可分为不同层面,不同层面具有各自的秩序和运作机制。从资源渠道来分,至少可以分为"公办"和"民办"两种路径;相应地也就出现了两种秩序,即行政秩序与市场秩序。其中,"公办"社区注重社会管理、民生服务和福利保障,凸显政府治理的一面;而"民办"社区突出物业权利与自发秩序,突出的是市场、经济性和自主治理的一面。"公办"与计划经济时代基层社会管理路径相近,依靠国家投入的资源来对社区进行管理;而"民办"则更多地利用民间资源、社会资本和市场资源。当然,这两者之间也有联系,其中最重要的一点便是民办路径的运作离不开公办路径提供的制度环境和法治环境。

第一节 社区资源的"公办"属性

一 "公办"社区的意蕴

社区的法律定位虽为群众组织,但政府在社区建设中的力量在很多方面都非其他组织可比拟。通常,社区规划主要由政府职能部门主导;规划之后,由街道各科室商讨实际操作问题,包括人力、财力方面配给保障的问题;然后才到社区居民及驻区单位或其他民间组织层面。① 这完全可以称得上是一种"公办"社区的路径。所谓"公办"社区就是指对政府依赖度高的街居体系所营造的社区共同体治理图景,其建设机制以政府计划和财政资源为基础。如成都市规定按每百户不低于4000元的标准为社区拨付公共服务和社会管理专项经费;② 天津市委组织部将在新冠肺炎疫情防控工作中表现突出的239名优秀社区书

---

① 张纯:《城市社区形态与再生》,东南大学出版社,2014,第27、127~129页。
② 李向前、江维:《院落自治实务》,四川大学出版社,2017,第16页。

记正式纳入事业编制，享受事业编制待遇，① 这些都反映出社区建设中政府推动的巨大力量。这就导致街居活动方式主要以上级意志为行动指南，而社区服务项目也高度依赖政府投入。

在许多社区办公区，往往能够见到诸多科室，犹如进入行政机关。除了书记室、主任室，还有专员干事的办公室，比如社区志愿者服务站、民事调解工作站、党团员服务站、社区住房保障工作站、老龄工作服务站等。如果就某些专业问题来社区咨询，工作人员通常有针对性地予以解答。社区工作人员的工作任务往往是自上而下下达的。今天社区工作正是起着连接上下的重要作用。"公办"社区将上边的政策和福利传到基层；同时也将底层民众的想法以及某些纠纷和影响社会稳定的苗头因素及时上报给有关部门，这让社区更像是一个信息和资源的交换站。在今天的信息时代，国家和民众之间更需要利用现代化沟通条件，实现这一中间组织的职能。

实际上，这样的努力在各地都正在开展。比如，北京市安贞街道、永外街道等都摸索出自身的"互联网+社区服务"模式，包括用微信公众号推送公共服务项目、宣讲最新的福利政策、组织居民参与文化活动等，及时化解社会隐忧，有效解决群众困难。

二 理解"公办"社区的视角

街居领衔的社区建设路径是行政化的，居民委员会虽是法律规定的基层群众性组织，但其实承担着大量的政府下派的工作，同时居委会的人员配置、工资发放、运转资金等方面，都依靠政府。这种现状使政府财政负担加重。据笔者实地观察，这样的社区机构很有科层体系的作风。社区宣传党的政策、分配政府的福利、组织慈善项目，也负责维护秩序。街居部门不像物业服务企业那样从居民那里收取物业费，而是仰赖政府财政。国家资源投放到社区其实相当于赋予社区一定的职权。譬如，通过街居部门，国家每年要将大量民生福利发放到群众中，包括经济适用房和廉租房的分配。显然，基层社区工作人员在地方上职位虽普通，但

---

① 李国惠：《天津：打破天花板铁饭碗 "能上能下"强基层》，《决策探索》（上）2020年第7期，第75页。

对社会资源的配置、对于整个国家民生政策的落实却起着至关重要的作用。从人员配置看，社区工作人员中除个别领导是街道委派的（有的有事业编制、公务员编制）外，大部分都是普通职员。即便如此，这些人多少也与体制有些关系，导致原本是群众基层组织的社区工作，现在也成为很多人梦寐以求的工作。从人力安排看，政府与街道部门对社区组织的影响也是很大的。

下面通过两个实地调查的案例就"公办"社区的定位作更多说明。

第二节 "公办"社区服务供给端的实地调查

当前我国社区职能出现新变化，一些社区对于原来繁杂的职能，进行了合并或删减。

社区公办机构的精简，意味着社区工作机构和职能在重塑。按里格斯的理论，就是社区从原来什么都做的融合型社区逐渐走向棱柱型社区，而目前还处在集融合与衍射于一体的阶段，因而兼有传统和现代的元素。

马奇和奥尔森认为在"恰当性逻辑"下会形成相互联系的惯例和规则集合体，规范着组织的职能和特定的行为，人们通过规则和恰当性逻辑来实现秩序和稳定。[①] 现代社区工作部门基本沿用的行政路径强调对规则的遵守和对上级意志的执行。规则的存在本是为维持一种相对稳定的关系和秩序，其内涵取决于体制对恰当性的标准约定。所以，上级对社区工作考核标准的选择，将决定社区恰当性的行为。[②] 考核体制跟街居部门的奖惩直接挂钩，具有极强的激励作用。从考核角度来考察"公办"社区的职能取向，其结果有着较大的参照价值。调查发现，目前"公办"社区职能的设置依赖街道，而街道作为区政府派出机构，其绩效由政府考核。一般来说，街道具体有什么功能、受到哪些行政部门考核，都遵循严格的行政规范。街道工委与街道办的职能设置更是围绕着政府职能的需求而进行的。可以说，由制度激励来看街居体系的行为是

[①] 丁伟忠：《对制度的重新认识》，《北京大学学报》（哲学社会科学版）2003年第1期，第147~151页。

[②] 〔美〕詹姆斯·G.马奇、〔挪〕约翰·P.奥尔森：《重新发现制度：政治的组织基础》，张伟译，生活·读书·新知三联书店，2011，第23页。

一个好视角，下面我们就从考核这个环节来探讨街道职能的内容与履行情况。

一 社区服务"谁主沉浮"？——以北京市西城区街道考评指标为例

一般来说，街道工委、办事处的工作要接受上级部门的内部评议，也要接受区党代表、人大代表等多主体的外部评议。考核项目及标准是由政府部门来设定的。首先，在内部考评方面，考评内容包括街道职能及市、区每年重点工作任务，重点包括街道安全稳定和谐、城市环境、民生保障、精神文明建设、基层党的建设、改革创新等方面。评价主体为区绩效考评成员单位和相关职能部门，考评方式为街道考评信息系统，通过网上操作完成考评。其次，在外部评议方面，考评内容主要包括组织公共服务情况、为民办实事情况、工作效率、群众满意度等。评价主体为区党代表、人大代表、政协委员、特邀监督员、居民代表、社区工作者、辖区党员、驻区企业代表等。考评方式为专业调查队发放调查问卷和采集监察局"千家评政府"结果两种方式。

街道绩效管理年度考评结果由区政府绩效办提交区政府党组审议，并报区政府常务会审定。各街道根据区政府常务会意见及《年度政府绩效管理反馈报告》，认真分析查找工作中的薄弱环节，针对存在的问题研究制定整改措施。考评小组将整改措施纳入下一年度绩效管理考评内容，并组织相关成员单位对整改情况进行督促检查。各街道绩效管理年度考评结果送区委组织部，作为对街道领导班子考评评价的重要内容和领导干部选拔任用、年度评先评优的重要依据。不难看出，街道部门的上级是区政府的各种委办局，而街道当然会进一步把这些考核项目以及承接的职能转到社区部门。所以，社区建设不仅在区政府考核街道部门的项目中扮演重要的角色，而且社区建设本身就是政府职能部门和街道部门的职责。街道考评的"外部评议"主要面向社区建设这一块，如表6-1所示。

评议原则上要求每个社区参与评议者为2~3人，具体参与人数可根据该社区常住人口总数进行调整。参与问卷的党员人数要达到50%，参与问卷调查的辖区居民应尽可能包含各个层面（包括收入、学历背景、性别、年龄等因素）。同时，参与问卷调查的辖区居民由专业调查队根据街道提供的名单和联系方式进行随机抽取。同时，每个社区党组织、居委会、工作站的主要负责人应全部参与，其总数不少于3人、不超过10人。

表6-1 北京市西城区街道系统街道绩效考评"外部评议"工作方案

评议主体	评议方式	评议内容	权重	实施步骤
辖区居民	问卷调查	办实事项目完成情况，社区党建、社区环境、综合治安、工作作风等	30%	由区委社工委、社会办分别设计问卷并具体组织实施，各街道提供受访对象并做好相关协调联络工作，区委社工委、社会办委托专业调查队向各街道的受访对象发放问卷，现场收回。对调查结果进行统计、分析，并报区委社工委、社会办
社区党组织、居委会、社区工作站人员	问卷调查	社区党建三级联创责任落实情况，服务基层、指导工作是否到位，机关作风等	15%	
地区管委会成员单位	问卷调查	实施区域化党建工作情况和监督管理职能发挥情况	10%	
辖区企业代表	问卷调查	党建协调和资源共享、共驻共建、办事效率、服务态度、工作成效、定期走访等	10%	
街道本级职工代表	问卷调查	党建工作、机关工作作风、领导班子建设、创新工作、街道总体工作等	5%	
辖区企业、人大代表、政协委员、特约监督员	采集"千家评政府"数据	办实事项目、街道公共服务、街道业务工作及街道整体工作情况等	30%	问卷由区监察委员会设计，并由区监察委员会提供评价结果

资料来源：北京市西城区绩效办。

总之，街道和社区两个层级已经形成互相需要和依赖的共同体。由于街道实际上也是社区部门开展工作的直接上级，那么街道所面对的这种评价体系自然会成为社区开展各项工作的依据。除了街道，区政府各委办局的职责也常常通过街居部门来实现，比如区园林绿化局、区生态环境局、区城市管理委员会等部门将工作重心下移，使这些政府部门的职能最后都转移到这种带有"公办"属性的社区，这些职能包括煤改电、街巷绿化、停车治理、道路修整等民生问题，都需要社区工作人员来执行。

二 民有所呼政有所应：居民对社区中政府职能的需求

社区作为社会的基本单元，是居民获取基本公共服务的重要场所，也是政府行使社会管理职能和提供公共服务的组织平台。其中,社区基本公共服务是指满足社区成员基本需求的政府服务,主要包括政府直接提供的或引导社会力量提供的社区服务项目或服务设施。社区基本公共服务目前倡导的是全覆盖,这些都是"公办"社区的职能范围。

根据笔者在北京市西城部分社区访谈的结果,居民对政府在社区中的职能要求也各有不同,老年人希望政府在社区中提供廉价的养老服务、配备老年饭桌;平房区居民盼望政府出资成立物管机构;无车家庭则在公交线路和站点设置方面提出了专属要求;还有一些居民甚至希望街居部门在做文化服务时适当增加高雅艺术的供给,比如给居民提供免费观看歌剧演出的门票等(调查结果细节可参见附录三:社区居民向政府表达的社区服务需求)。由此可见,人的需求无穷尽,且五花八门,作为政府,需要在有限政府的大前提下,在民众无限的需求与政府有限的供给能力与有限的资源之间寻求合理的平衡。公共机构各项服务尽量系统解决,促进社区基本公共服务的均等化。当然,社区活动参与人群也要寻求不同年龄段居民的平衡。调查显示,北京市西城区几乎所有的社区活动,参加主体均为55岁以上的长者,年轻人很少过问、参与社区的事务。可见,年轻人需向老年人学习集体意识、学习共同体中的参与精神。

相当多的老年人具备专业生产能力,且富有空闲时间和爱心,仍可在现代社会中发挥积极的作用。所以采用公私合作模式的养老机构,有意识地开发老年人资源,比如将中老年人制作的手工艺品放在网上销售。社区可以请一些老年人举办职场培训,相信一定会对在职场打拼中遭遇困惑的年轻人有所启发,而老年人也可以在这一过程中收获成就感。此外,也可以将老年人组织起来,在幼儿园、小学、中学进行一些专题的讲座,听众既可以是学生,也可以是年轻的老师和家长,从而有助于中华优秀传统文化的传承。总而言之,希望社区人群的代际隔阂减少,沟通增多,相信这也有利于和谐社区的建设。这样也许会让居委会发挥自身的创造性,强化社区的治理能力。

三 "公办"社区中政府基本服务的思考

政府在社区层面提供公共服务时,务必要注意利益协调。社区居民的需求有时候也并不一致。比如什刹海附近的很多居民希望将该区域封闭起来，营造安宁的生活环境；但也有些居民则靠着该区域优质的旅游资源谋生，封闭起来将意味着生意的冷清甚至失去工作岗位，这种显然不是他们希望的。

"公办"社区的公共服务也存在供需不平衡。首先，居民有需求而服务供给不到位。例如，居民的有些需求会因户籍受限而得不到满足。目前，人户分离已经成为社区治理中一个突出现象。有些享受福利性服务的个人已搬离户籍所在地，而住在社区的相当多的人又因户籍限制而不能获得相应服务。其次，公共服务的供给项目中有些民众并不需求的内容，比如社区服务站的延时服务，虽付出人力、财力，但需求却不多，实际效果也不明显，反而造成行政成本增加、财政支出扩大。

所以，社区服务不仅是要送出去，还要群众愿意接受。从需求端看，居民需要的是有地方停车、道路畅通；而从供给端看，所提供的却是街边墙体的装修，那么，这种供需错位的情况势必会让群众产生意见。不能忽视的是，民情力量对政府职能的影响很大。虽然有限政府是一种行政学的设定，但实际上很多居民所向往的仍是"父母型政府"，即希望政府提供的服务多一些、再多一些、细一些、再细一些。此外，居民的诉求是无止境的，有时候居民的诉求甚至可能是狭隘的。组织学专家斯格特认为，面临分散的、多元化的利益集合，公共机构的反应程度不仅因时间不同而变化，也取决于哪些利益具有优先权。[①] 为避免公共机构异化为特殊利益的牺牲品，就应对一些群众的诉求信息加以研究，防止一味满足居民需求而模糊政府的职能界限。

过去习惯单位或政府机构大包大揽管理方式的居民，其思想还停留在"单位办社会"的计划时代，他们总是希望政府能照顾到其各方面的需求。如今，需要在基本秩序规范下寻找社区建设新路径。所以，社区固然离不开街居部门自上而下地提供基本公共服务，配备相应资源，提供人力、技术指导等，但也要增强基层民众的自主治理能力，这样既能够让政府瘦身、去掉不必要的职能，也能够防止信息不充分导致职能设定的错位。总而言之，社区公共服务的需求总是大于供给能力（见图6

---

① 〔美〕W. 理查德·斯格特：《组织理论：理性、自然和开放系统》，黄洋等译，华夏出版社，2002，第322页。

-1），资源的有限性决定基本公共服务的有限性。街居部门在提供公共服务时一方面要注重效果，另一方面也要注意合理引导民众需求，明确社区服务的界限。

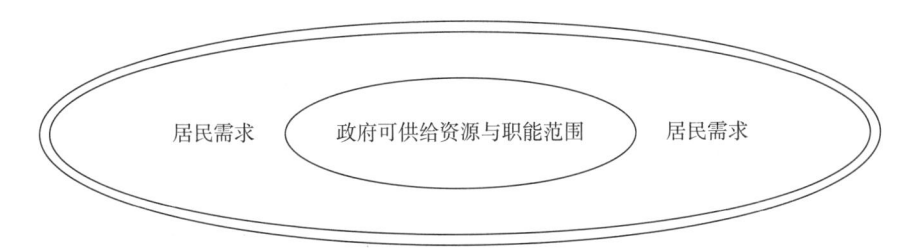

图 6-1　居民需求对政府职能的拉伸作用示意

第三节　"公办"社区服务接收端的实地调查

一　和平家园的实地调查

和平家园社区位于北京市朝阳区和平街街道中心地带，是20世纪50年代建设的老小区，以其和谐平安的社区秩序被评为"全国优秀社区"，在全国很有影响，很多地方的社区还派人还来取经，学习管理经验。2016年到2017年，笔者对该社区的服务与治理情况做过实地调查。本节的数据资料，除单独标明的外，均来自笔者的调查。该社区辖区总面积约1平方千米，有86栋居民楼、3个平房院，有4860户、约13000名居民，另有流动人口2000多人。社区内有中小学及幼儿园各一所，私人养老院一座。

和平家园社区的规划非常整齐，方方正正，让我们联想到古代中国城市中的"坊"。其实古代城市社会中的居民区，多是被划为这样方正的块。而该社区的居委会就位于这个街坊的正中位置。古代坊的面积在30万平方米到80万平方米之间，这样算来面积近1平方千米的和平家园其实比古长安城最大的坊还要大了。

小区周边的配套设施较为齐全，公共设施与机构（诸如地铁、公交、银行、邮局等）都帮助小区提升了市场价值。小区内自然环境良好，社区内植被面积超过40%，楼间距相对周边其他社区而言也相当大。正因为这些，和平家园社区被政府评定为园林式社区，成为全国社区治理的典范。

社区的管理体制比较完善，内有社区党委、社区居委会、社区服务站办公场所，其中社区党委有委员5名，党务工作者1名，下设6个党支部。社区居委会有委员5人，社区事务助理8人。此外，社区还有自己的图书馆等文体设施，均由街道提供。在和平家园社区的建设模式下，业主基本上没有成立业主大会等群众性组织，所有社区建设事务，包括硬件的停车场管理、绿化，以及软件的社区文化活动的组织等，都由社区党委、居委会及服务站管理，具有鲜明的"公办"色彩。具体的社区服务体系，见表6-2。

表6-2 和平家园社区服务项目的"公办"元素

管理类	生活便利服务	文化服务	驻区单位特色服务	医疗类	物业服务	安全保卫
社区党委社区居委会社区服务站	街居部门允许经营的菜摊、早餐店、理发店等	居民活动站、社区图书馆、科技长廊	交响乐团文化服务、养老院、中小学幼儿园等	社区卫生服务中心	首航物业的和平街物业站	片警入驻社区的警亭，街道组织志愿者巡逻

1. 有力的财政支持

如前所述，由于和平家园是老旧小区，既没有业主委员会，也没有专门的物业管理公司（虽然街居部门与首华物业管理有限公司合作，在社区里面设有物业站，但这个服务站常常大门紧闭，对于小区的治安、保洁、维护、大修都没有明显作为），因此居民无须缴物业费，也没有一般商住小区的那种共有物权意识。

虽然有这样一家物业服务站，但社区居民习以为常地认为，社区公共事务与共有资源的管理都属于街道居委会的管理范畴。一般商业小区所具有的私人保安和专职的保洁员在和平家园看不到，但该社区并不缺乏治安人员与相关措施。为维护社区治安秩序，国家公安力量、街道办、居委会以及居民都在共同努力。比如派出所会派片警入住社区，设一处警亭；街道办出资配备安全巡逻车，供社区志愿者定时在小区里巡逻。总之各方力量共建共治、各种资源一起作用，最终让和平家园维持了良好的治安秩序，不愧其"和平家园"的名字。

在操作上,街居部门担任着社区安全责任中心的角色。他们牵头成立了和平家园社区治安管理志愿者协会,组建了治安志愿者巡逻队,定时巡逻。派出所也在小区里设了警亭,片警常年蹲点小区;一旦小区内出现盗窃或其他治安问题,片警也都会第一时间处理。此外,街道办事处也会过问社区的安全问题,为此街道综治办协调相关单位"共建共享",为和平家园社区安装了 36 个监控探头,并投资 20 多万元在小区四周安装栅栏,使小区实现了完全封闭式管理。为了方便社区治安志愿者的巡逻工作,街道又购置了 5 辆治安巡逻车和 1 辆便民服务电瓶车,完善了定员、定岗、定车的治安巡逻制度。

另外在卫生清扫方面,和平家园也没有像一般商品楼小区那样雇用保洁人员,而是由区环卫局安排清扫车负责驻区的中小学周边的卫生工作,其他生活区域则由街道办事处负责安排打扫。据了解,街道通过政府购买服务的方式,将小区垃圾处理外包给商业公司。①

至于房屋维修问题,"公办"社区模式意味着大问题总有公共机构来管。比如和平家园有些楼是 20 世纪五六十年代建造的,过于老旧,原来作为职工宿舍楼分属于不同的单位,后来产权单位对社区物业管理的事越来越放手,导致房屋需要大修时,居民也只能依赖政府。当然,街道部门对社区的管理包括方方面面,甚至涵盖一些很琐碎的事情。

街居部门在社区治理中与一般商品楼小区的管理很不一样。相比之下,商品楼小区要靠业主大会、缴纳物业费、聘请物业管理人员来打理,但和平家园中的很多公共事务明显依靠政府资源,和平家园算是"公办"的社区共同体了。而在居民这方面来看,和平家园的居民们有什么事都会想到街道办、居委会以及房管局等,似乎并没有想着要在居民自我管理方面作出什么成绩,因而也没有展现出积极地参与社区公共事务的热情。在这样的"公办"社区中展现出来的氛围与商品住宅小区里面表现出的氛围明显不同,这也正常,毕竟"公办"社区和"民办"社区属于两种不同的社区治理生态。

2. 肩负的政治任务

首先,公办社区需要做好意识形态宣传的工作。我们国家是社会主

---

① 在和平家园小区一个刚入职的垃圾回收车司机和操作手告诉笔者该情况。

义国家，这就注定我们的社区共同体是社会主义性质的。为此，社区就需要将国家的大政方针、基本国策用居民喜闻乐见的方式宣传好，比如在楼门口安置宣传栏，及时将党和国家的各项政策传达给住户。每当国家出台新的政策，比如环境保护政策、人口政策以及征兵政策，社区都会以最快速度将这些传达给社区居民。和平家园在这方面做得非常好。

其次，社区也是国家重大活动的基层秩序保障者。比如，每年全国两会期间，或者举办重要国际会议期间，再或者国庆阅兵这样的国家大事进行期间，身处和平家园就会担负起社区秩序维护者的角色。社区治安志愿者会戴上红袖章加强巡逻。为了首都安全万无一失，她们可以说起到了非常重要的"防微杜渐"的作用。

再次，社区要通过民生服务彰显社会主义制度的优越性。对于社区内一些困难家庭和弱势群体，社区工作者要代表政府为他们申请必要的社会保障，比如低保、经适房或廉租房等，并为老年人与残疾人提供各项民生服务，这些都是"公办"社区的特有属性。比如，和平家园老龄化现象突出，社区相关部门便将"敬老爱老为老服务"列为社区服务重要项目，给辖区符合规定的老年人办理了敬老卡，让他们可以免费进公园、乘公交；还为老年人安排歌舞文娱节目，举办有针对性的电脑培训班，安排免费体检[①]、免费义诊，用实际行动来彰显尊老、敬老、爱老的传统美德。这些都是社区党委与居委会这些具有"公办"属性的社区治理机构才能肩负的责任。此外，鉴于老年人对老年餐桌的迫切需求，和平家园社区采用公私合作模式，在公共用房设置老年餐桌，招标私人企业进驻运营，通过税费减免等方式压低经营成本，最终让利于老年人，使他们能够用比市场价低的价格享受到老年餐，解决了他们的吃饭问题。同时，对于达到80岁的老人，社区还免费提供餐券，可用于消费等。若有个别老人行动不便，社区也可安排送餐服务。这样让很多空巢老人能实现居家养老，所以社区老年餐桌的开办大受欢迎。显然，这种综合施

---

① 社区通过在和平家园小区内张贴通知、发放体检宣传材料等多种方式，做好前期宣传，对辖区内65岁以上老人（非户籍居民需要在当地居住半年以上），除了做脉搏、呼吸、血压、体重及皮肤等方面的常规检查外，还有血常规、尿常规、肝功、肾功、血糖、血脂、空腹超声、心电图等检查项目，同时还会有专业医师对检查结果进行评估。——笔者调查所得

策的为老服务能力，通常只有"公办"的社区才有，超出了一般商品房小区业主组织的能力范围。

另外，社区对流动人口管理也比较重视，当社区里出现无家可归的人员，"公办"社区会与街道及政府职能机关在第一时间联系，确保这些人员能得到妥善安置。自然，这些未必是商品住宅小区中受权益驱动的业主组织所关心的事务，但社区内这些事，也毕竟需要有人去管、去做，这就是"公办"社区的优越性。

3. 带头响应政策号召：以试行街区制为例

"公办"社区总是积极响应国家政策，还以国家曾倡导的"街区制"为例。2016年全国城市工作会议指出，要在现代城市实行街区制，打开封闭的小区围墙，促使小区道路公共化，促进交通微循环。与"民办"社区不同，"公办"社区和平家园在全国算是较早被列为街区制试点的，积极地响应了这方面的呼吁。

当然，推行街区制，开放社区道路，在促进交通微循环的同时，也增加了安全隐患。比如笔者于2017春在该社区了解到这样一个案例。随着小区内部道路公共化，来往车辆变多，穿行社区的车辆也就络绎不绝。有位退休的L阿姨在去小区花园散步路上，为躲闪疾驰的车辆而不慎倒地，拉着她的好友H阿姨也压在了L阿姨身上，导致L阿姨骨折。两位阿姨为了责任归属和医药费问题反目，形同陌路。不能不说，这也是该社区响应街区制号召，开放道路后溢出的一项外部成本。

4. 社区的公共服务功能

一般的商品住宅小区的自主治理只管理自己的物业事务及物权收益问题，但和平家园社区还承担着具体的公共服务功能，特别是对社区内特殊群体的有针对性的服务。

首先，就业服务。对失业人员，社区社区服务站经常举行政策宣讲、岗位介绍的专题活动，将用工单位招聘与对失业人员基础指导相结合，介绍失业人员的登记流程，讲解最新帮扶政策。同时，还组织有关企业进行现场招聘，用工单位向失业人员提供一些带有量身定制性质的就业岗位，既为失业人员提供岗位，也降低了企业的招聘成本。这样的职能也只有"公办"社区才会担负起来。在实地调查中，笔者常常看得到社区宣传栏里满满都是就业招聘类信息。就业是最大的民生，就业服务是基层社区的重要工作之一。

其次，为老服务。为老服务是社区的一项重要职能。比如，在和平家园有一位李阿姨就说："我有个心愿，国家赶快把居家养老实现了，老人可以在家里看病，在家里做点饭吃——这不就行了吗？"① 看来，居民对社区承担为老服务的职能，还是有需求的。

为满足这些需求，和平家园在社区内设立"C养老院"，通过类似公私合作的方式，利用公私两方面的资源优势，成功实现了为老服务的精细化。早在2011年底，政府有关部门批准了一项社会力量办养老院的计划，并得到街居部门的支持。于是，投资方斥资1000万元在和平家园10区将旧有建筑改造成占地2500多平方米、拥有100张床位的C养老院。由于地处北京市二环与三环之间，这里就成为首都城区内少有的一家养老机构。它虽是民办养老院，但从成立之初便得到北京市民政局和朝阳区民政局的领导，将目标设定为全国养老运营示范样板单位及北京市政府样板工程。该养老院主要为失能老人提供养老服务。目前这里的软硬件已经建设得比较完善，包括办公区、居住区、康复活动区、营养配餐区、员工宿舍区等。老人房间共有50多套，以标间为主，总共能接待百余位护理型老人，整个院区温馨、舒适、环境优美。现在，C养老院因其专业的服务和优越的条件，床位一直爆满，目前只有100个床位的养老院，光报名排队等候者就700余人。

和平家园的C养老院在短短十年间就取得不俗的业绩，其运营模式与效果在业界久负盛名，中央电视台、中央人民广播电台都曾作过报道。其最大的特点就是专业化和人性化的照护服务。首先，它与周围多家医疗机构合作，给老人全面、及时的医疗保障；其次，有专业护理员根据老年人身体状况制订相应康复计划，另配有专业营养师为老年人调配营养餐；再次，根据老年人的年龄、兴趣和体能让其参加适宜的文化娱乐活动，使其精神愉悦、感到充实；最后，善于运用科技，在养老院实现智能化管理，比如购置了生命体征监测床垫、老人智能马桶、老人专用新风系统等。作为一家扎根社区的养老院，它在机构养老的主业之外，

---

① 段雁南：《地区老年餐桌11年服务打造养老品牌》，《和平家园》2017年2月15日，第2版。

还在开发融社区养老、机构养老和居家养老为一体的新模式，以便能够既成全老人的恋家情结，又能让老人得到专业的护理照顾。同时，经营者还与许多大学开展共建活动，成为大学生社会实践与志愿服务的基地，既满足了教学需求，又解决了优质劳动力的问题。此外，该养老院还融入国家养老服务体系，以社区服务机构的身份与国家一些为老民生项目对接，争取财政补贴等。

由于床位限制，更多老人其实无法入住这样的养老院，且很多老人均表示对养老院6000~9000元的价格实难承受。于是，更多的老人更愿在小区附近的写字楼前抱团晒太阳，再或者走进一些推销老年人保健仪器或药品的体验店。这些商业为老服务机构，通过人性化服务让老人们有一个去处。

再次，其他公益服务。社区经常出现公共问题，相应也就产生解决此类问题的公益项目。对没有物业服务公司打理的和平家园来讲，这样的项目或者活动，离开街居部门工作人员的领导是不可想象的。比如，2017年初下过一场大雪，在和平家园道路上铲雪作业者，多是街道、社区及驻区单位组织动员起来的工作人员，领导带头参与扫雪铲冰工作。公益行动的组织离不开街道领导的动员，城管队负责监督社区各个底商打扫门前积雪的情况。相较之下，与和平家园一街之隔的M社区属于新型商品住宅小区，由物业工作人员清理该小区内的积雪。刚下雪专业保洁人员就铺上防滑垫，每隔一小段时间便去清扫一次，他们尽可能不让地面有太多积雪，甚至连晚上都安排保洁员及时清扫，为的就是干好业主们委托的物业服务工作。这种扫雪人力与动机的不同，也反映出"公办"社区与"民办"社区的不同性质。当然，这两个社区也有共同点，那就是居民参与。在和平家园是靠行政力量推动居民协助，在M社区则是物业人员的敬业尽责精神感染了业主，业主们主动地参与到扫雪铲冰的战斗中。无论哪一种形式，群众所用到的铁锹、扫把、融雪剂、扫雪车等工具都由街道办来提供，这生动诠释了社区多元共建共治共享的内涵。

笔者发现居民自主治理尽管在文献中已蔚然成风，但事实上还有改进空间，很多时候社区居民仍存在"要人管"的心理，大到治安，小到门禁，出了问题，他们总是希望有机构来解决。无疑，满足这种需求方面,街居部门和"公办"社区更有优势。

总之,街居部门建设社区的"公办"路径依靠公共资源确保社区的公共服务,表现出一定的"送来"倾向。闻名全国的"五常五送"社区服务法就体现了这一点:"常敲空巢老人门,嘘寒问暖送贴心;常串困难群众门,排忧解难送爱心;常扣上访群众门,沟通疏导送舒心;常守居民小区门,打防管控送安心;常开休闲文明门,和谐追梦送欢心"。① 这种为民情怀让人敬佩,也显示出"公办"社区服务的重要特征,即送来主义,包括街道、居委会及社区之下的党员先锋队、居民代表、志愿者、网格员、楼长、小巷管家等相当庞大的体系无一不是准备着将精细化的服务送到群众身边。② 这些亲民的"送来主义"服务模式,符合我国社区居民的民情,在很大程度上将"解民忧"落到了实处,将政策收益真切体现了出来。

5. 公办社区的公共资源如何经营

前面提到街道办在和平家园的许多公共事务方面投入良多,与此同时权利义务是对等的,街居部门主导着小区公共资源的管理权,还可以通过市场的方式来经营这些资源。比如,小区有许多卖菜点,方便居民生活。这些菜摊老板向和平家园社区居委会提出场地申请,申请被审核通过后,居委会将划定一个适当区域,让菜摊老板在那里经营,有时候还默许其搭建起一两间简易棚屋,条件是每月缴纳一定租金,这笔租金会直接交给低保户。也就是说,居委会这样安排,让附近居民方便买菜,也能让低保户获得生活保障,还能让菜摊老板维持生意,是一件皆大欢喜的事情。

除了以上例子外,更多公共资源由居民共享。比如,和平家园东南角的科技长廊,原计划是利用这个公共空间,张贴一些有关科普知识、文艺作品、政策说明等的宣传资料,但实际上这个长廊的功能更多地体现在了休闲娱乐方面,比如这里常常聚集起大量居民,举行各种文娱活动。

针对交通设施陈旧和停车秩序混乱而建立起来的停车管理委员会,

---

① 与天津市宝翠花都社区主任访谈所得。
② 李国惠:《天津:打破天花板铁饭碗"能上能下"强基层》,《决策探索》(上) 2020 年第 7 期, 第 75 页。

也是在街居主导下成立的,并在居民日常生活中起到了重要作用。和平家园社区是老旧小区,没有规划车位,很多车辆就占用便道,导致行人不便,而乱停车也是导致居民矛盾的一大因素。为了改善车辆无人管理的情况,早在2005年和平家园就成立了停车管理委员会,在和平家园方圆近1平方千米的园内划定了1000多个固定的车位,缓解了社区拥堵及停车难等问题。社区主要采取了以下几项措。第一,门头改造。和平家园社区对小区南北西三个方向6个大门进行了改造,安装了智能道闸系统,增设了行人及自行车出入口,行人与机动车分别出入,增加了安全系数。第二,重新规划车位,有序智能停车。和平家园社区依托第三方停车管理公司对小区车位进行整体规划,按照小区停车标准和要求划线,有效缓解了乱停车问题,化解了居民矛盾。第三,整修路面,排除安全隐患。鉴于老旧小区一些路面坑洼不平,下雨时有积水现象发生,社区对不平整路面进行整修,同时协调相关部门对小区内井盖进行加固处理,排除安全隐患。第四,一拆一装,疏通小区微循环。在有些地方拆除某些栅栏,开通道路,方便小区车辆通行;在另一些地方安装栅栏,预留消防通道,保障小区安全秩序。第五,加强引导,铺设交通指示标志。智能道闸系统启用后,原双向行驶的6个出入口改为正西门双向,其他出入口单向行驶,单向行驶可有效减少会车,缓解出入口拥堵。在小区内主要道路路口设置单向行驶、右转弯、限速等交通指示标志,并铺设减速带,引导车主按标志文明出行。

需要注意的是,这些设施居民们没有掏一分钱,都是街道、居委会负责投资的。在以上项目当中,街道、居委会把居民所关心的事务都统揽下来。

6. 小结

总之,在和平家园,社区治理机制为居民自治与街居治理相结合,而以后者占据绝对主导的地位。社区的公益服务、基本秩序维护,都是在基层党委与基层行政部门有效领导下实现的。与此同时,政府职能部门,还有水电气公共事业部门对于社区共同体的秩序营造也起着外围保障的作用。与一般有物业服务公司的小区不同,居民住在和平家园这样的小区,就感觉到什么都有人管,而且不用居民承担更多成本。

所以,整个和平家园社区共同体内的居民可以分为两类:第一类是广大居民,安分守己,若有社区服务需求就向社区工作人员提出。自发组织多以文娱健身组织为主,当然也有居民间的自发活动与秩序。第二类是专业的社区工作人员,上可对接街道办及市区级政府相关部门,下可通过居民小组、网格化管理员、志愿者、专业管理委员会,与群众打成一片,由此实现了民生政策的落地、社会诉求的有效传递。

二 革新西里的实地调查

位于北京市东城区永外街道的革新西里社区是笔者实地调查的另一个社区,面积不大,仅0.14平方千米,下辖三个居民住宅小区,住有1825户人家。其中,悠胜美苑与望陶园属于房改后开发商新建的住宅小区,有比较成熟的物业管理体系;而124号院则属于老旧小区,既不封闭也无物业公司,当然居民也不用缴纳物业费,但无人专门管理导致这个小区内物业权益处在模糊状态。

目前,革新西里社区居委会、社区党委、社区服务站以及社区党群服务中心,都设在这个没有物业服务的老旧小区124号院。本来属于小区公共空地的地面上,现在不仅建立了社区办公室,而且还建起了一些建筑,包括供暖公司、社区警务亭以及街道经营的停车棚等。

革新西里社区党委、居委会、服务站合体办公。如前所述,革新西里社区在124号院空地上盖起一片平房,作为社区党群服务中心的办公场地,里面有社工十三四名,还有驻扎社区的几处片警办公室,同时还有居民可以参加活动的空间——"市民学校"。

革新西里社区制定了三个版本的《文明公约》,一版在社区办公室内比较隐蔽,失去了宣传教育的功效,而且读上去更像是一种倡议,与制度层面的约定有所区别。其他两版都是在宣传栏里贴着的,处于显眼的地方,公示效果较好;不过,内容并不相同,且内容仍然是一般性倡导,与实质的社区业主"公约"同样有差距。

由政府拨款,为小区做了路面硬化改造与楼房保温层改造。跟和平家园一样,街居部门负责小区的卫生、治安、摄像头安装等基本服务,甚至单元防盗门也由社区更换。社区出资给每个单元换上了可人脸识别、远程开门的智能化单元门,为群众做了实事。此外,尽管社区没有保安,但派出所在社区里设有三处警务室,起到了稳定秩序的积极作用。关于小区卫生，街居部门与一家专业环卫公司合作，由这家公司负责清扫小区内和周边的路面，并且专营小区内各种垃圾回收业务。当前，街道办事处和社区居委会体系，无疑构成了社区共同体建设的主体，特别是成了社区基本公共服务的供给主体。民政福利方面，比如住房保障、最低生活补助、为老助残等，也靠社区工作人员来做好"最后一公里"的工作，对这些"送来"的社区服务，居民们很拥护。

由于"公办"社区的科层属性，在某种程度上也就限制了该社区管理部门的开放性。笔者多次到社区搜集资料，都因无"上级文件"而被婉言谢绝。于是，笔者便只能从居民端来观察社区共同体建设的状态，观察渠道是社区机构设置的宣传栏，因为通常社区所做事情都会以通知、简报或公示的形式在宣传栏张贴，对这些文件的分析基本上可溯探到革新西里社区的服务内容，尽管这样调查来的结果多少有些零碎。

1. 落实特定的民生福利举措

革新西里社区的民生服务成绩很突出。比如，对具有当地户籍与房产的重度失能高龄老人予以照护服务，补贴标准为每人每月300元。北京市东城区政府有"居家照护服务补贴"的民政福利，用于本区内失能照料服务单位购买为失能老人提供的医疗护理、康复护理、慢性病管理、健康指导、日间托老、生活起居、餐饮配送等服务。这类面向特殊群体的照顾，彰显了政府为民的属性，有利于社区共同体营造的氛围。

这类社区信息通常会把纸质通知张贴在居委会办公室门口。革新西里的民生福利工作做得较好，笔者经常看到低保、临时生活保障、为老服务补贴等福利发放的公示。

此类公示程序旨在促进社区居民的相互监督，因此需要增加群众的集体活动，使群众彼此认识，否则会降低监督的实效。当然这是对社区工作的更高要求，就目前而言，社区在保障基本公共服务方面的工作是有目共睹的。比如，2020年，革新西里社区积极认真地组织了小区居民参加核酸检测，2021年又安排了居民有序接种新冠疫苗，将国家"应接尽接"的政策落实到位。

这种职能可以说是"公办"社区的特色。相比之下，业主组织领衔的社区秩序下也有一些福利，但那些福利（包括实物与红包发放等）都是通过社区共有物权的经营获取来的公共收益，而"公办"街居制主导下的社区福利则几乎完全来自国家。

2. 宣传与落实政策工作

革新里社区工作者会及时将党和政府的政策宣传到位，常见的工作方法就是张贴海报。无论是引导居民做好垃圾分类工作，还是小区成立物业管理委员会，再或者是公共设施的维护方案等，都会用海报方式告知小区居民。

再比如，2020年《北京市物业管理条例》施行，提出对于没有成立业委会的社区，可以建立"物业管理委员会"，由居委会干部、小区业主与物业服务人员共同组成。在街道部门的直接领导下，革新里社区拟定出一份物管会委员名单，如表6-3所示。

表6-3 革新西里社区公示的物业管理委员会组成名单

序号	物业管理委员会职务	实际身份
1	主任	某某，革新西里居委会委员（43岁）
2	副主任	某某，小区业主（10单元）（75岁）
3	委员	某某，小区业主（8单元）（79岁）
4	委员	某某，小区业主（9单元）（36岁）
5	委员	某某，小区业主（6单元）（63岁）
6	委员	某某，小区业主（4单元）（54岁）
7	委员	某某，某房屋管理有限公司经理（45岁）

3. 小结"公办"社区的建设逻辑

综上所述，公办社区的突出特点就是"送来"：既送来机构、人员、服务、资源与福利，也送来规范、制度和秩序。很多福利在实际配发当中，基层社区的裁量权比较重要，因而"公办"社区有一定权力。为此，在当地居民眼中，社区工作人员有时候很有地位。相比之下，居民之间似乎除了街居管理之外也难以自我管理，因为平常他们也基本没有交集，互不串门，见面能点头打个招呼就算很好了，有的人家平常就跟邻居不联系。在这种情况下，"公办"社区的威信比较高，这样的民情质量也就注定社区共同体建设适宜采用"公办"路径了。

公办社区带有行政属性。一般行政体系被描述为一个正三角形模式，上级数目少而下级数目多；但到了"公办"社区层面，却呈现出倒立的三角形模式，即上级数目多而下级数目少，如图6-2所示。

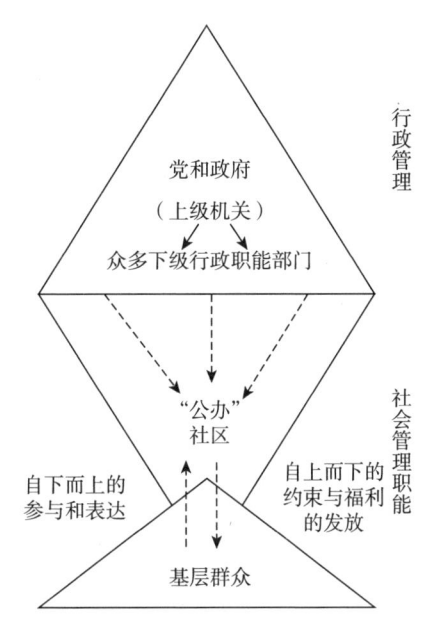

图6-2　公办社区的职能定位与建设逻辑示意

第七章　构建社区共同体的"民办"路径

从资源获取渠道、社区秩序属性及工作中的权力依赖关系等角度看，目前社区治理大概可分为公共部门领衔的"公办"路径与社区业主组织领衔的"民办"路径。前者主要靠财政资源，遵循行政的逻辑；后者资源自筹，利用业主自身力量对共有资源按照市场规则经营，从而在经费上实现一定程度的自给自足，靠自身力量维护社区的治理秩序。这两种逻辑在当今社区共同体建设的实践中并行不悖，照顾了人民群众的多维需求。

从工作方法看，群众路线从来就是我们维护社会安定与推进改革事业的法宝。习近平总书记强调，要"尊重人民主体地位，发挥群众首创精神，紧紧依靠人民推动改革"。[①] 我们要充分发扬社会主义民主，从民众中汲取智慧。

新时代中国各地群众针对新时代社区新样态、新问题所作的积极探索，不仅能够解决影响社区秩序的实际问题，还为党和政府减轻了基层社会治理的负担，使得社会管理更加高效。

下面，我们选取中国不同地域的社区群众在物权自主方面的典型案例加以分析。根据代表性与方便性的原则，本研究所选案例包括：①华东的江苏省盐城市浦江名苑；②华南的深圳市J大厦；③西部的陕西省西安市X小区；④华北的天津市"丽娜模式"；⑤华中的湖南省长沙市D大厦。以上案例各自反映带有不同特点的社区治理经验，希望能阐述清楚社区业主自管的特征。浦江名苑社区业委会主任与课题组联系较多，授权允许课题组使用该案例，其他社区负责人虽也跟课题组有不同程度的接触，但并未授权我们发表其案例情况，所以在这里他们的案例仅做比较研究之用，名称也作了符号化处理。

---

① 《习近平谈治国理政》，外文出版社，2014，第97页。

第一节　江苏省盐城市浦江名苑的业主自管路径

案例研究是公共管理领域中的常用方法。从微观了解新时代社区共同体建设中的确切情况，典型案例的搜集不可或缺，为此，笔者从针对性和方便性考虑，选择了中国业主自治领域中的先进典型，即被称为江苏省盐城市最美小区、大丰文明小区的浦江名苑小区，作为本书的重点案例。通过多次调研，笔者在浦江名苑业主委员会主任帮助下，最终形成了下面的社区自治经验总结。

一　业主自管的事实回顾

浦江名苑坐落在江苏省盐城市大丰区，于2007年初建成，由商铺和18栋住宅楼构成，建筑面积为65400平方米，共有业主450户、近2000人口。小区居民委员会为"浦江社区居民委员会"，而非"浦江名苑社区居民委员会"，原因是该居委会虽设在浦江名苑，但还同时管辖着其他3个小区。这样，浦江社区居委会所管辖的居民户数将近2000户，显然已突破《居民委员会组织法》所规定的100~700户设置一家居委会的要求。目前各地新建社区也一般1000~3000户设立一个居委会。社区范围内户数和开展居民自治活动的程度成反比例关系。[①]

据浦江名苑业委会主任同志介绍，业主自管模式可概括为"五位一体"，如图7-1所示。借此，社区多元行动主体各自发挥职能优势，使各主体功能契合，形成了今天安居和谐的浦江名苑新秩序。

1. 自管之路是在"没有路的地方踩出来的"

如大部分商品住宅小区一样，浦江名苑在建成伊始也由开发商指定的物业服务企业提供物业服务。据了解，当时的蒲江名苑在物业管理方面却存在诸多弊端。

第一，信息不对称导致了物业侵权和业主维权的拉锯战。物业服务企业提供的物业服务与社区业主的需求之间出现了不平衡。物业服务的性价比受到业主质疑，某物业公司的越界行为被认为影响了社区业主的

---

① 北京市西城区民政局：《西城区社区工作者手册》，北京出版社，2018，第119页。

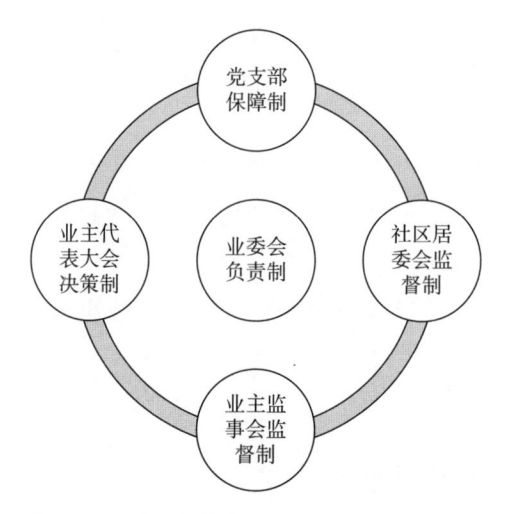

```
        党支部
        保障制

业主代              社区居
表大会   业委会   委会监
决策制   负责制   督制

        业主监
        事会监
        督制
```

图 7-1　浦江名苑的"五位一体"管理模式

美好生活。市场交易行为需要买卖双方对等协商，公平交易，然而现实中的浦江名苑的广大业主所接受的物业服务企业却是开发商"送来的"，而非业主"拿来"的。作为"第一业主"的开发商固然可以指定前期物业，但随着房子的卖出，开发商已经将业主身份转到众多居民身上，对物业服务公司的选择权，理应同时交给广大业主。然而，现实情况是前期物业继续留在小区，并且继续收取物业费。浦江名苑小区的这家前期物业服务企业，虽是当地一家资质最高的物业服务企业，但由于其与业主的"主客"关系颠倒、收费与服务不相匹配、委托代理机制漏洞较多，业主的基本物权难以保障。

第二，作为企业，营利是其主要的目的，这本无可厚非。然而，过度的逐利倾向会影响社区的整体秩序。

浦江名苑社区由于物业侵权事件不断在社区累积，业主们最终决定更换浦江名苑的前期物业企业。然而就是这样一个自然的主张却很难实现，原因是前期物业服务企业贪恋取利的土壤，赖在小区不肯走，并且阻碍业主们的这种努力。业主们不得不诉诸法律，借助于法律的力量，才实现了自己的权利，赶走了该物业。

浦江名苑首次业主代表大会于 2008 年召开，有 17 名业主代表参加，代表的选举标准为：①具有公益心（谈公益并不意味着要抛弃个人利益，相反，两者的结合才是可持续的）；②业主身份（物权的共有权人）；

③具有一定的空余时间和精力（足以担负起小区公共事务中可见和隐形的时间和机会成本，不至于因公废私，因为因公废私的制度也是不健康和不可持续的）。根据这些标准，浦江名苑依法选举成立了业主委员会，担负起维护业主权利的使命，业委会主任由阅历丰富、曾在党政军机关任职且刚卸任国企法人的刘某平担任。在笔者的访谈中，刘主任坦言："业委会主任不是什么官，业主选我当主任，这是对我的信任，信任是一份责任。业委会代表维护业主利益，从今以后我就要不辱使命，勇于担当，切实维护好广大业主的合法权益。"在刘主任带领下浦江名苑业委会做了大量利民也利社会的事情。据介绍，自从有了业委会后，小区业主就有了主心骨，成为能够维护自己权益的行动主体。业委会成立后首先就是明确物权管理的主体，物业服务企业不能再想当然地驻扎在社区，不能"随心所欲"地来服务了。

虽然业主们也曾考虑重新选聘物业服务企业，但各家企业基于行业统一标准考虑，给浦江名苑开列的条件都比较苛刻，若合作，其结果将是换汤不换药，受损的还是业主利益。作为业主物权利益的代表，浦江名苑小区业委会最终拒绝了所有物业服务企业。

物业管理路径怎样选择便成为一个问题。有人提出请社区居委会托管小区的物业管理，但社区居委会实在无能为力。浦江名苑业委会果断决定采取业主自管的办法，得到了浦江名苑业主大会批准。从此浦江名苑业委会自行管理物业的模式正式出炉，开了盐城市业主自管的先河。这种自管模式不仅让小区治理改观，而且推动了物业管理优化。当地政府由此意识到物业可由业主自主管理只有依法支持业主自管，才能让业主、政府和社会共赢。

2. 浦江名苑业主组织的物业管理成效

浦江名苑小区的业主自治，使小区的治理格局发生质变。

首先，业主自管促进了社区群众对物业权益与公共资产的关心。由于物业权益所系，业主比外来的营利性物业服务企业对小区的事务更加上心，因而他们在制度设计上更为科学、管理方法上也更注重经济与效率。加上业委会负责人刘主任有在党、政、军机关和国企任职积累的管理经验，使他和业委会在人员激励、操作流程及制度设计等方面的管理都比较高效。

其次，所有事务都民主协商、集思广益。业委会充分利用一切可能的资源，为社区业主造福。在防火防盗、绿化养护、设备维护等方面，业委会通过专业培训、严格管理、制度完善，在以上方面都做得井井有条。另外，在提高服务质量上下功夫，例如业主家中的门窗、墙面、门铃、开关和水电等损坏，只要业委会能做到的，全都免费维修，让业主们享受到更贴心、更优质的物业服务。与此同时，小区的物业费不升反降，普通住宅物业费从前期物业服务企业时的每平方米 0.5 元降为每平方米 0.4 元，商铺物业费从每平方米 0.8 元降为每平方米 0.5 元，这是全市同类小区中物业费收费标准最低的。随着物价上涨，该小区的物业费虽有所上调，但仍低于当地政府的指导价，使业主们真正享受到了业主自管带来的实惠。

最后，小区实行业主自管，却并不是业主唱独角戏。恰恰相反，浦江名苑小区特别注重"多元共建、共治共享"，与政府 10 多个部门展开共建活动；各种可用可及的公共资源都被引进到浦江名苑，为提升小区的公共管理水平和文明层次夯实了基础。如表 7-1 所示。

表 7-1　浦江名苑与政府各部门"多元共建"项目一览

序号	共建部门	共建形式	共建成果
1	与区民政局共建	大力发展社区养老事业，拓展社区社会组织培训工作；争取到省、区政府居家养老以奖代补资金 17 余万元，两次获得省、市居家养老公益创投项目奖励资金，共计 13 万元；并获国家民政部门赠送的多媒体一体机	建起作为省级示范点的社区居家养老服务中心，建起作为盐城市试点的社区社会组织培育中心；成为全和谐社区示范小区，被评为区尊老爱老先进单位和区、市先进社会组织
2	与区原人口和计生委共建	合力打造社区"百米人口文化长廊"、夕阳之家，设立计生用品发放窗口，举办健康知识讲座，争取到部分活动经费和电脑等	成为全区人口和计划生育居民自治示范小区、市人口文化节的观摩典型，被评为市人口文化示范阵地
3	与区文广新局共建	合力打造社区公共文化服务体系，健全室内外配套文体设施，争取到图书、电脑和文化用品，并获中央财政社区文化建设奖励资金 2 万元	建起全省首家小区公共文化活动中心，成为全区群众文化示范小区、市公共文化服务体系现场会观摩典型，被评为区社区文化示范室、文明小区、盐城最美小区，荣获"2018 首届中国幸福社区范例奖"

续表

序号	共建部门	共建形式	共建成果
4	与区体育局共建	积极开展社区全民健身活动，争取到乒乓球桌和室内配套健身器材	成为全区全民健身示范小区，被江苏省体育局命名为"江苏省社区体育健身俱乐部"
5	与区原公安消防大队共建	帮助小区消防业务培训，排查安全隐患，举办全区社区消防演练观摩会	成立全区首家小区消防工作站
6	与区消费者协会共建	消协送法律书籍进小区，举办老年消费教育讲座、为业主维权	成立全区老年消费教育示范基地，成为区维护业主权益示范小区
7	与区城管局共建	加强小区的绿化管理，整治小区商铺餐饮业环境污染问题，争取到部分垃圾桶等；获得区垃圾分类以奖代补资金2.5万元、万科项目危废垃圾分类管理公益创投奖励资金3.5万元	建起小区环境管理委员会，成为全区城市管理示范小区、垃圾分类管理示范小区、万科公益基金会危废垃圾分类管理长三角示范小区、全国优秀业主自管小区；被江苏省发改委、省质监局当作物业管理服务标准化建设试点；被江苏省水利厅、省发改委评为江苏省节水型社区
8	与区公安局共建	合力打造平安社区建设，加强小区的治安管理，发现治安苗头及时处置，为业主自治工作保驾护航	成立全省首家小区民警警务室，成为全区平安文化建设示范小区
9	与区委老干部局共建	积极做好老干部"四就近"服务工作，获赠老年刊物和脚部按摩器等	成立全区老干部社区服务站，成为区老干部社会化服务示范小区，被评为市服务离退休老干部示范小区
10	与区供电部门共建	向业主宣传安全用电知识，上门免费维修电器，及时维护电力设施，保障民生	成为供电部门电力志愿者服务点
11	与金融部门党建共建	小区党支部与江苏银行大丰支行党支部进行党建共建，做到共建、联建、联创、联办、联管，促进小区党组织的建设	小区党支部被上级党委评为先进基层党组织
12	与区发改委、住建局、国土局、环保局、税务局、电信公司等共建	给予资金、政策和工作上的大力支持，广泛开展社会公益活动	共建共享，提升小区公共管理水平，改善小区环境，促进小区的全面建设

资料来源：浦江名苑业委会。

对于人们对业主自管专业性的质疑，实际效果给出了答案，事实上浦江名苑的自管做法比物业服务企业更专业。比如，业委会不仅配备有专职水电工、瓦工等专业技术人才，还成立了全区唯一的小区消防工作站，配备了灭火器、消防桶、水带、水枪、消防斧、头盔等消防器材。他们定期举办消防演练活动，切实保障业主的生命财产安全。

小区物业业主自管后，业主们就好像家庭联产承包责任制实行后的农民一样，焕发出巨大的维护秩序的热情，在物权自主的激励下，业主们会更加用心去为小区服务，业委会也会更加节省地使用业主们交上来的物业费。从效果看，自管后的小区物业费收缴率达100%，高于原先的物业服务企业。盐城市大丰区的丰和丽都小区也同样如此，之前物业服务企业管理小区时，物业费收缴率不足30%，而业主自管后，该小区的物业费收缴率均达100%。这种情况也不是盐城市的个例，乃是全国类似模式的共性，比如全国第一个实行业主自管的广州市丰景大厦小区，之前物业服务企业经营时，物业费收缴率不足30%，业主自管15年来物业费收缴率一直为100%。收缴率高说明社区业主满意度高，这份满意不仅来自对业主自管的热情，而且还源于业主们对共有物权创新式的经营之道。原来物业服务企业管理小区时，用小区的公共用房对外出租是普遍现象，其收益基本与业主没有关系，都被纳入企业利润之内，这其实严重侵犯了广大业主的利益。而业主自管后，业委会将小区公共用房用于公益活动，开展各种便民服务。例如浦江名苑小区，业委会用从物业服务企业手中收回的500平方米的公共用房，不仅创办起后来成为省级示范点的社区居家养老服务中心，还兴办起公共文化活动中心，设有棋牌室、阅览室、电视室、乒乓球室、健身室等，而且每周放映一次电影，丰富了社区老年人和其他业主的精神文化生活。此外，调查发现，不仅是浦江名苑，而且是所有笔者调查的业主自管的小区，物业服务质量普遍优于之前的物业服务企业（见表7-2），可见这是一条可复制的路径。

表7-2　全国10家成功的自管小区经验

序号	小区名称、概况	物业管理的小区状况	业主自管的主要措施和成效
1	江苏省盐城市大丰区丰和丽都小区，建于2007年，建筑面积6.5万平方米，有商铺、多层住宅楼15栋，共有业主650户	前期物业服务企业留下烂摊子，环境卫生脏乱差，公共设施破烂不堪，此物业服务企业因收不到物业费自行撤出	业主自管7年来，大力整治环境，实行小区封闭式管理，出入口安装电动门，更新改造监控设施，改造可用空间解决停车位问题，不断改善服务质量，物业费收取率达100%。在全区创建国家文明城市争先创优活动中，取得第三名的成绩，获得区住建部门资金奖励

续表

序号	小区名称、概况	物业管理的小区状况	业主自管的主要措施和成效
2	江苏省盐城市大丰区恒达世纪新城小区，建于2006年底，建筑面积11万平方米，共有商铺、多层住宅楼24栋、业主820户	前后换了三家物业服务企业，物业服务一家不如一家，都因服务低劣、业主投诉多而自行撤出	业主自管5年来，全面整治环境，清理建筑垃圾，修剪草坪树木，对损坏的公共设施全部维修到位，使小区环境面貌焕然一新。在全区创建国家文明城市争先创优活动中，取得第二名的成绩并获得区住建部门资金奖励，受到来小区调研的盐城市人大领导的高度称赞
3	江苏省无锡市吉祥国际花园小区，建于2004年，建筑面积32.5万平方米，是一个由商铺、住宅楼和别墅构成的混合型小区，共有业主2431户	前期物业企业管理5年，小区管理混乱，杂草丛生，门禁形同虚设，车辆乱停乱放，监控、消防设施瘫痪，偷盗现象时有发生，各类投诉频发。企业与业主矛盾突出，因收不到物业费自行撤出	业主自管5年来，整治环境，物业管理服务规范，基础设施、公共设施和环境面貌焕然一新，化解了业主的各种矛盾，小区从零资产发展到公共积累资金400多万元，成为无锡市业主自管的标杆
4	江苏省无锡市春江花园小区，建于2003年，建筑面积54.8万平方米，共有住宅楼45栋、业主3312户	前期物业服务企业管理4年，账目从不公示，违规乱收费，严重侵犯业主利益，被法院判决归还业委会公共收益517万元。该案成为江苏省2010年10大典型案例和最高法院典型判例。该企业被业委会解雇	业主自管11年来，物业管理服务规范，从未涨过物业费，财务公开，在全国率先成立了社区车辆交通安全服务站，成立社区环境管理委员会，解决停车难、买气供热供水等遗留问题，结余公共积累资金上千万元，成为江苏省城市管理示范社区，荣获联合国"人居环境奖"
5	江苏省淮安市红豆美墅小区，建于2009年，建筑面积11万平方米，是一个高层住宅和别墅混合型小区，共有业主555户	之前，共用设施设备几乎全部瘫痪。高层建筑消防管道长期无水，地下车库深水井的124台水泵中的60%损坏，电梯无法使用，监控瘫痪，环境卫生差，垃圾成堆。物业企业违规乱收费，甚至预收业主3~5年的物业费；在区住建部门组织的第三方测评中，其综合评分连续14次倒数第一。是全区典型的脏、乱、差小区。该企业被业委会清退	业主自管1年来，整治环境，整顿停车秩序，对损坏的公共设施全部维修到位，财务公开，积极为业主办实事做好事，为全体业主购买了公众险、为物业服务人员买雇主险、为电梯买电梯险。如今小区环境优美，秩序井然，消防安全，停车有序。投诉少了，小区成为淮安市业主自管的先进典型。市政府领导专门率住建、城管、物价部门等到该小区调研考察，对小区业主自管取得的成效给予了高度评价。小区得到来自深圳、南京、无锡、盐城、淮安等地、参加"五地小区治理经验交流会"专家们的一致好评

续表

序号	小区名称、概况	物业管理的小区状况	业主自管的主要措施和成效
6	北京市东升园小区,建于1997年,建筑面积10.06万平方米,共有商铺、多层住宅楼14栋,业主881户	前期物业服务企业服务低劣,电梯停运,绿地荒废,环境脏乱。该企业乱涨价,被法院判决返还业主的部分公共收益,因收不到物业费自行撤出	业主自管7年来,本着服务项目不少、质量标准不降、服务收费不涨、公共秩序不乱的原则,做到了共有产权落实、设施设备更新改造到位、公共秩序理顺(解决了小区出入管理乱、停车管理乱、乱堆杂物的问题)。小区环境优美,公共维修资金得到补充,成为北京市业主自管的先进典型
7	湖南省长沙市D大厦,建于1999年,建筑面积4.7万平方米,是一个由商铺、高层住宅构成的单体楼小区,共有业主140户	前期物业服务企业管理5年,服务低劣,公共设施设备破烂不堪。该企业违规乱收费,掏空360多万元维修资金,被业委会诉讼至法院,后来被清退	业主自管4年来,物业管理服务规范,取消之前对业主的各种不合理收费,财务公开。没花业主一分钱,对小区12种重大设施设备进行更新改造。每年结余公共积累资金150多万元,每年为每户业主发红包690元。成为湖南省业主自管的先进典型,曾被《中国消费者报》、《中国青年报》、《湖南日报》、湖南卫视等新闻媒体多次宣传报道
8	广东省深圳市市宝安山庄小区,建于1998年,建筑面积近5万平方米,是一个有两栋高层住宅楼的小区,共有业主477户	前期物业服务企业管理混乱,使小区环境"千疮百孔",公共设施设备破烂不堪,存在问题多。该企业因收不到物业费自行撤出	业主自管6年多来,物业费和停车费不升反降,小区实行封闭式管理。安装了管道天然气,添置优化了文体设施,更新了老化的变压器和供电线路,解决了高层用水难和车辆乱停乱放的问题,整改"蜘蛛网电线",结余公共积累资金200多万元,并为小区购买了公共责任险。成为深圳市业主自管的先进典型
9	广东省广州市金盈居小区,建于2003年,建筑面积3万平方米,是由两栋高层住宅楼构成的小区,共有业主301户	前期物业服务企业管理混乱,账目从不公示,物业费乱涨价。该企业与业主矛盾突出,被业主大会解雇	业主自管12年来,从未涨过物业费,财务公开透明。制定了业主代表评议制度,定期对物业管理服务情况进行评议打分。不断改善服务质量,对公共设施全部更新改造,增加文化娱乐设施。小区曾创"四年零发案"记录,获广州市"平安小区"称号,被树为全区业主自管的先进典型。广州市平安办、法制办、荔湾区委区人大领导先后到小区调研考察,对他们业主自管取得的成绩给予了充分肯定

续表

序号	小区名称、概况	物业管理的小区状况	业主自管的主要措施和成效
10	广东省广州市丰景大厦，建于2000年，建筑面积2.5万平方米，是一个单体高层住宅楼小区，共有业主220户	前期物业服务企业，公共设施维护差，违规乱收费，侵占维修资金，严重损害业主利益，被业委会解雇	是全国第一个实行业主自管的小区，业主自管15年来，物业费不升反降，"三保一绿"（即保安、保洁、公共设施维保、绿化养护）落实到位。小区增添文体设施。财务公开透明，做到每月、每季、每年度都公示。物业费收缴率一直为100%，结余公共积累资金500多万元，曾被新华社、中央电视台、《经济日报》等中央新闻媒体宣传报道。2011年5月，美国著名政治家、公共选择学派创始人、诺贝尔经济奖获得者埃莉诺·奥斯特罗姆女士访华期间，专程考察了该小区，对丰景大厦业主自管的长期实践和探索给予了高度的赞赏

资料来源：笔者调查所得。

3. 业委会的其他功能

难能可贵的是，浦江名苑在业委会带领下还大力兴办起公益事业。比如，用从物业公司处收回的500平方米公共用房，创办了江苏省首家小区公共文化活动中心，建有棋牌室、电视室、阅览室、乒乓室、视听室、健身室、休闲室、多功能活动室等。另外小区还有体育健身广场、数字电影广场，数字电影广场每周放映一场电影。此外还创办了我国首家由业委会承办的社区居家养老服务中心，该中心为省级示范点。

业主大会、业主委员会等业主组织在法律规定上仅限于履行物业管理方面的职能，这使得业主组织基本上只能管理一个住宅区内部的事务，然而，它还有两种作用。第一，业主组织的存在，客观上有助于居民在小区公共事务中有效协商，从而在基层实现人民当家作主。当群众能够在这个平台上实现思想交流和利益权衡时，很多误解、纠纷和矛盾都可以化解于未萌状态，无疑促进了整个社会的稳定。第二，业主组织并不只是关注物业管理方面的事务，其实有不少面向群众的公共服务都完全可以通过业主组织来做。这样，业主组织就可以通过政府购买服务、公私合作或利用而非政府组织的社会资源来让"最后一公里"的社区服务渠道更畅通,让人民的满意度和幸福感也会更高。就浦江名苑的业主委员会来讲,它就在物业管理之外承担起一些其他职能。比如,浦江名苑业委会在经营物业之余,于2010年10月投资兴办了全国首家由业主组织投资兴办的"社区居家养老服务中心",随后陆续斥资17万元对养老用房等基础设施进行了改造更新,同时招聘了专业的服务工作者7人,并召集起一支多达40人的志愿者队伍,队伍的宗旨是"服务老人、奉献社会"。

当然,这种功能是否在业委会的组织使命范围之内,还有待商榷。然而,从实践角度看,业委会所做的这些社区服务工作,却深得人心,取得的口碑和认可度就足以说明问题。事实上,浦江名苑社区养老服务中心,在了解其社区老年人服务需求后,围绕老年人的衣食起居及精神文化生活展开了一些具体的服务项目,见表7-3。

表7-3 浦江名苑业委会兴办的养老服务项目

服务项目	具体内容	方式
定点就餐	委托附近饭店为老年人提供卫生、健康、便于消化的饭菜	外包方式
建立档案	负责为社区老年人建立档案,随时了解其身体状况和服务需求	利用社会资源和慈善项目
家政服务	成立了养老服务队伍,由业委会物管处专职人员和社会志愿者构成	
	与供电部门联系,组成电力亲情志愿服务队,负责小区老年人家庭的电力故障问题	
	与武警和消防队搞军民共建项目,为小区安全提供保障	
	与各家政服务公司签订服务合同,为社区老人提供多元而专业的服务	市场化和社会化方式,尽量采用优惠价,个别服务免费
文体健身	成立了社区老年乐队、合唱队、舞蹈队、腰鼓队、健身队等,定期为老人举办各种文体活动或比赛	老年人自发组织,业委会予以组织和引导
文化休闲	为老人提供健身锻炼、音乐影视、书报阅览、聊天休闲等的条件	业委会免费提供
	棋牌室,提供设备、照明和茶水	每人每天一元的水电费

续表

服务项目	具体内容	方式
把爱党爱国的宣传寓于喜闻乐见的娱乐项目当中	根据老人的愿望,举办庆五一、庆国庆社区老年人掼蛋比赛。为庆祝党的生日举办"党的阳光照浦江"文艺演出。为迎接党代会举办"阳光浦江"艺术节。每次活动,注意用细节提高老人们参与的积极性,比如给参与者分法纪念品或者奖品等,通过老人的参与增加社区归属感和凝聚力,同时再通过老人们将爱党爱国的教育传递到各自的家庭成员	业委会拿出资金来组织
卫生保障	联系社区卫生服务站和大丰区妇幼保健站,定期为老年人举办健康知识讲座、进行心理咨询,定期为老人免费测量血压,并提供康复理疗等服务	与相应单位共建
维权保障	聘请一名律师担任小区的常年法律顾问	业委会出资
	发放普法宣传资料,先后为老人调处家庭和邻里纠纷数百起,维护了他们的合法权益,也维护了社区的和谐与社会的稳定	与相应单位合作
	与公安机关共建,成立小区民警警务室	警民共建的方式:小区出办公地、公安机关出人力和设备

资料来源:浦江名苑业委会。

二 浦江名苑自管模式的经验小结

浦江名苑业主自管具有五大亮点。

亮点一:物业管理服务效果显著。小区先后荣获大丰区"城市管理示范小区""文明小区"称号,被江苏省发改委和省质监局当作全省物业管理服务标准化建设的试点,被评为全国业主自管优秀小区并荣获"2018年中国幸福社区范例奖"。2013年3月,在盐城市最美小区评选中,在物业管理服务、环境卫生、公共设施维护、绿化养护、防火防盗、公共秩序管理、社区文化、养老服务、综合治理、精神文明建设等10项指标考核中,浦江名苑取得了9个单项第一名、总分第一名的优异成绩,当之无愧地被盐城市文明委授予"盐城十大最美小区"。

亮点二:创新社会管理成果多。小区先后获得20多项社会管理创新成果,被省、市、区授予10多项社会管理创新工作的荣誉,包括:示范小区、示范基地、示范阵地和示范点。他们首创的全国小区"五位一体"业主自治管理模式,得到市、区政府领导的肯定。他们破解业主大会召开、表决难题，首创的业主大会默认表决方法，在财政部、住建部发出的优化维修资金使用的业主大会表决方法文件中被推广。注重党建引领，他们在全省率先成立小区业主党支部。他们与民政部门合作，成立的社区社会组织培育中心，成为盐城市民政局的试点单位，他们的10多项社会管理创新工作，走在了全国、省、市、区的前列。

亮点三：大力兴办公益事业。他们用从物业服务企业收回的500平方米公共用房，创办起全省首家小区公共文化活动中心、全国首家由业委会承办的公益性的社区居家养老服务中心。

亮点四：民主管理颇具特色。小区成立党支部、业委会、业主监事会和业主代表大会，凡重大决策，均由业委会、业主监事会共同研究决定，经业主代表大会批准。如小区业委会的换届选举工作、物业服务费的收费标准、收支账目，以及维修资金使用等，都做到公开、透明、公正。他们每年年终都将物业费等收支账目，经业主监事会和社区居委会审核后，向业主代表大会报告，在小区公示，自觉接受业主的监督。

亮点五：业主法律意识极强。业委会被邀参加江苏省政府法制办《江苏省物业管理条例（修订草案）》立法听证会，其15条建言大多被修改后的条例采纳；被邀参加省、市、区三级政府物价部门关于物业服务收费管理办法的修订。他们关于业委会诉讼主体资格的请示报告，得到江苏省人大法工委的复函支持。

浦江名苑业委会在业主自治、共建共治共享方面，作了大胆的实践探索和有益的尝试，取得显著成效，为创建和谐社区和良好的社会环境、全面提升大丰区的城市形象作出了应有的贡献，受到了小区业主、政府和社会的广泛好评。小区先后荣获国家、江苏省、盐城市和大丰区40多项荣誉，10多次被邀参加全国社区治理、物业管理、业主自治等研讨会并作学术交流和经验介绍。浦江名苑业主自管、共建共治共享幸福美好家园，已成为大丰区创新社会管理的一张亮丽名片。

所有这些宝贵的制度探索和实践，都对社区管理带来很多启发。

首先，居委会不能完全满足居民的各项需求，业委会更能灵活处理居民各项需求，弥补居委会的一些职能上的不足。

其次，随着业主维权意识的提高，物业服务企业的角色得以摆正。

市场规则使得性价比好的企业就能获消费者青睐。若物业服务企业以管理者自居,显然是误解了自己的组织属性和市场角色,这对于物业服务企业自己和所服务社区的居民都是有害的。浦江名苑小区业委会就给不能摆正自己位置的物业服务企业上了一课。在业委会、业主代表大会决定和广泛征求业主意见的基础上,业委会最终通过民主程序和市场原则清退了不按规则经营的该企业。

最后,制度健全对于业主自管起关键作用。浦江名苑的业主自管路子,创新了新时代的基层社会管理模式。通过"党建引领、业主自管、共建合作"的理念,浦江名苑业委会提供了令业主满意的物业服务。该小区自动缴费率大幅提高,对于拒付物业费的居民,业委会通过法律途径解决问题。同时,要健全小区的财务和人力资源管理制度。一方面,管理的核心是"钱袋子"问题。在经费管理方面,业委会负主要责任,但要受到业主监事会和社区居委会的监督。另一方面,业委会成员基本上都是党政机关、事业单位和国企的党员干部,政治素质好、思想觉悟高、工作责任心强,具有较高的领导力。

三 社区业主自治力量纳入基层治理体系的政策建议

浦江名苑作为业主自管社区在秩序方面表现良好,基层治理体系应当如何吸纳这种管理模式,是一个理论和实践问题。下面以该小区在新冠肺炎疫情防控中的表现作为例子,补充一点政策建议。

政府对社区居委会建设,以及对老旧小区的物业服务企业,都会有一定的经费补贴,而对于非营利性的业主自管小区,则没有这项补贴。以2020年新冠肺炎疫情防控工作为例,浦江名苑业委会在得到街道居委会传达的防疫任务后,业委会在小区发起"让党旗在浦江名苑高高飘扬,坚决打赢疫情防控阻击战"的倡议。首先在防疫物质保障方面,小区及时购进疫情防控物资。其次,在人力配备方面,业委会发动居民参与,吸纳志愿者充实防控力量。总之小区业主出人力、出物资、出方案积极应对疫情。

为了有效和持续,国家对承担公共职能的业主组织应予以一定的政策与物质的支持。

第二节　其他地区业主自管的典型经验

浦江名苑的业主自管并非个例，该模式在全国正在逐步推广。下面概要谈谈全国其他地区业主自管的各种努力，从中可归纳出现代中国商品住宅小区治理的新特点。由于这些地区的情况多是通过微信调查所得，课题组并没有到现场调查，因此仅简单陈述，供研究之用。

一　华南地区 J 大厦的经验与启发

笔者在全国社区治理的行业会议中，几次遇到深圳的 J 大厦业委会主任 Z 先生。笔者聆听其报告，与之访谈，后又在相关在微信群中注意收集相关信息，并参考其他文献材料，最终汇成如下几点。

1.业主治区缘起

深圳 J 大厦位于深圳市福田区，共有两栋塔楼，均为纯商品住宅，居民有 443 户，于 1998 年"入伙"[①]。业主组织的经济属性和物权属性决定了业主团体对住宅小区里各种权益都非常关注。物权纠结是业主们决定自管的原因。据了解，业主刚入住 J 大厦便出现严重的电梯质量问题，理性的业主们很多都想立即卖掉房子，到这时才发现 J 大厦的建设用地在性质上从原来的行政用地变成了商用地。按理开发商需要补交土地用途转化后带来的增值税，但开发商却拖延不交。所以，J 大厦迟迟办理不了房产证。这直接影响了希望卖掉房子的业主们。因此业主跟开发商之间的关系紧张起来。在这种情况下，J 大厦第一届业委会成立，业主 Z 先生被推举为业主委员会主任。

2.J 大厦的治理逻辑：法治社区与"定分止争"

如前所述，J 大厦业主成立了第一届业主委员会。从一开始，业主们就非常重视制度框架的搭建，先后通过了《业主大会、业委会议事规则》《自律规则》《业主公约》《物业管理服务合同》等制度文件。通过这些制度，业主们详细约定了各自的权利义务范围。比如，只要有十户

[①] 现在业主活动领域，习惯将商品住宅小区交房给业主的过程，称为业主们入伙，这一形象的说法很能说明业主组织的属性，那就是基于特定地域物业产权的财产性组织。

业主联名推荐，任何业主都可以参加业委会委员的选举，确保了业主的被选举权、知情权、表达权和监督权。同时规定业主大会或业主委员会作出的任何决定都必须在社区公示，只有公示14日后无异议方能生效，重大事项的公示更要延长一周。

决策的谨慎增加了制度的约束性。公示事项一旦通过，将对全体业主具有严格约束力。假如公示期间业主中有20%的人对公示事项或决议有意见，那业主委员会就应该举行业主听证会，接受业主质询，并对相关内容作出解释。同时，公示事项或者决定要在社区居委会参与监督听证后根据业主们的意见进行修改，然后再次公示。如果仍有半数业主反对，则作废该事项或决定。所有决定均须业主投票表决。在表决当中，实行少数服从多数的原则，每户一票。当然，为减少表决计票的成本，也有对特别事件的简易表决程序。就一般事项而言同意的票数需要达到投票户数的半数，至于重大事项，需要超过2/3的投票户同意才可。为同时保障业主与租房户的权益，J大厦的业主组织还规定，凡出租房的业主，若事前未向业主委员会和物管处申明要亲自投票，并留下联系电话，则将视为放弃亲自投票，租房户将代为行使投票表决权，从而避免票权虚置。在J大厦的治理中，复杂问题都尽量做到简化，所有程序都摆上台面。

小区通过契约规定J大厦业主与业主、业主与业主大会、业主与业主委员会以及业主大会与业主委员会之间的多层权利义务关系，实现定分止争。同时，小区再用经济合同约定业主与物管权益范围，运用市场手段解决物管市场纠纷。当然，在实践中民主化契约与市场化契约确实存在多层利益矛盾，不过，只要规矩与办法到位，问题自然化解。在有效的内部治理基础上，业主与物业服务公司之间确立稳健的契约关系，确保双方各安其位。

J大厦选用的这种"契约式业主自治"模式[①]，其实就是促使社区治理遵循市场化逻辑。市场意味着交易是在平等身份的买者和卖者之间进行的。其中，买方的欲望和需求成为启动双方交易的钥匙，从买卖的关

---

① 唐娟：《缔造社区共同体：深圳基层治理创新案例研究》，中国社会出版社，2016，第337页。

系上看，买方在市场中通常居于主动地位，一个个买者的选择的总和就生成一种信息，而卖者则须搜集这些信息来判断消费者愿在什么价位上购买何种产品。因此，市场的重要职能就是信息传递，买方的选择促使卖方竞争，而卖方为此会竭力创新，以便提供更多、更好、更适合买方需求的产品或服务，同时压缩成本、提高生产率，扩大自身的盈利空间。对物业服务市场而言，我们首先要打破前期物业垄断，再鼓励多种物业管理服务参与竞争，通过市场机制确保业主的合法权利，最终打造买方选择与卖方竞争之间的逻辑链，即"业主选择—供给侧竞争—效率提高"，而任何妨碍这一过程的东西都被认为是不可取的。[1] J 大厦的主要经验就是完善了市场机制，成立了业主大会并选举了业主委员会，健全了业主治理的相关规约。同时，明确了市场的主体，即物业服务市场的买方和卖方。卖方，自然是物业服务企业，应该不是垄断的、单一的企业；而买方，则是社区业主全体，按照相关法律文件，达到一定比例的业主同意某种选择，就可视为整个业主大会都认同了该选择。社区内部治理公开透明、合法合规，无论是选举业主委员还是支出收入项目，一切都放在"阳光"中进行"消毒"，防范暗箱和腐败的滋生。比如，J 大厦业主大会规定每季度都要将财务信息张贴在小区宣传栏，同时发布在博客、业主沙龙、QQ 群等信息平台上面，不仅公布小区公共收支账目和银行逐月的对账单，还提供每一笔支出项目及支付凭证，接受小区全体业主质询和监督。

信息公开透明，互相的理解和信任就会产生。而信任本身也是一种资本，如福山所坚信的，信任资本的培育会大大有助于公共问题的解决。比如，2016 年 J 大厦业委会将物管费收支报表和审核结果全部在小区各沟通渠道公示，并召开 J 大厦小区听证会，耐心向业主解释物管费提价的原因，并将拟调价的项目表随业主大会的其他表印在一起，方便业主了解费用的支出去向。通过算明账，信息公开，让广大业主对小区业主委员会非常信任，J 大厦仅用不到 10 天的时间就顺利完成了住宅物管费从 2.50 元调到 3.00 元的调价工作；小区 95.32% 的业主表示对物管费调

---

[1] James G. Carrier, *Meanings of the Market: The Free Market in Western Culture* (Oxford and New York: Berg, 1997), pp. 2 – 7.

价理解，投票同意物管费调价。

实践证明，只要物管财务收支公开透明，业主对物管收费调整就能理解支持。放开住宅物管、停车收费政府指导价，并不意味着物管疯狂涨价。用市场机制调节物管、停车费，体现了市场原则的回归，体现了物管市场的良好秩序。

商品住宅社区，虽牵涉公共事务，但说到底还是属于私域。J大厦业主自管的发展过程就是业主争取物业权益的过程。J大厦的市场化契约便是在纠纷解决当中逐步完善的。

以物权为基础的社区治理，强调责权利的明晰与平衡。围绕物业产权、经营权，J大厦业主建立了一个公平的协调解决的机制，实现了《物业管理条例》中有关业主可自主选聘物业管理公司的法定权利。由此J大厦重塑了业主与物业企业之间的关系，走上了市场化契约化的道路。小区地面道路、广场、停车场、公共绿地、大堂、电梯间、游泳池等，这些项目的建设成本已摊入业主购房价款，因此，自房地产开发商把房屋产权转移给业主后，这些设备也归全体住宅业主共同所有，而利用这些共有物权所实现的经营收入，也应归业主共同支配。在财务管理方面，J大厦采取公共收益与物业管理服务费分开管理的办法，以业主委员会的名称单独建账列项。

3. 依法治区、行动遵循制度

J大厦邀请律师进小区，一方面对业主进行普法教育，提高他们的法律意识；另一方面，配合地方政府的城市治理的方略。比如，J大厦业主委员会配合地方政府每年组织法律进社区活动。

总而言之，J大厦理顺了业主与物业公司的关系，使小区和谐有序。社区共同体建设不仅仅是硬件的添加或者活动的组织，而是真正到位的"引领"，让人民心悦诚服地参与社区共同体建设。

二 华中地区D大厦业主的公司化自管之路

华中地区的湖南省长沙市D大厦小区位于市中心，是座32层的商住楼，其中1~13层为商业写字楼区，14层以上为居民住宅，共有145户居民。该楼于1999年交房，建筑面积4.7万平方米。房子建成交给业主后，仍由开发商开办的物业公司来管理。这家前期物业无视业主的共有物权,淘空了该小区的公共维修资金,让原本良好的社区环境一片狼藉。最终 D 大厦业主选举出业委会,于 2016 年成功备案,由此让 D 大厦的面貌焕然一新。

D 大厦首先明确了业主大会的主体责任,辞退了前期物业公司。同时,成立了由业主自管的物业公司,方式是让几位业主义务担任代持股东,其中一名业主当名义上的法人;业委会与这些股东签订协议,规定股东不参加业主自管物业公司的工作,不享受利润分成,当然也不承担公司风险等。其次,D 大厦业主组织完善了自管物业的内部治理,包括确定业主委员会物业工作部的人选及职责(见图 7-4),同时明确工资数额,也健全了工作人员的到岗考勤制度。

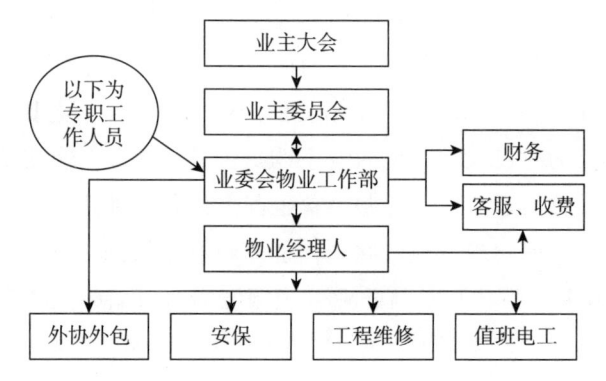

图 7-4 D 大厦业主自管物业公司的分工情况

资料来源:D 大厦内刊(第二册)。

再次,建立明晰分工负责的体制(见图 7-5),健全工作流程,让公司管理各环节有章可循,比如资金安排、采购计划、报销凭证、财务报表、审核批准等都要确保公开、透明、科学、规范。

最后,将物业资源的经营作为取得稳定收入、维系小区美好环境的命脉。自管物业公司对小区的资源进行专业经营,比如共有资源的出租、商业广告的引进和收费、停车场的管理等,从而确保小区"维修有钱,居住不慌"。业委会利用收益为大厦购置了性能优良的中央空调,并更换了热水锅炉,还安装了 126 个数字监控探头,确保不留死角。同时,水电改造、消防改造以及大厦内部装修等项目也都相继开展。根据这样一种发展趋势,当 D 大厦维修结束后,小区公共收益将成为全体业主共有的利润。

第七章　构建社区共同体的"民办"路径

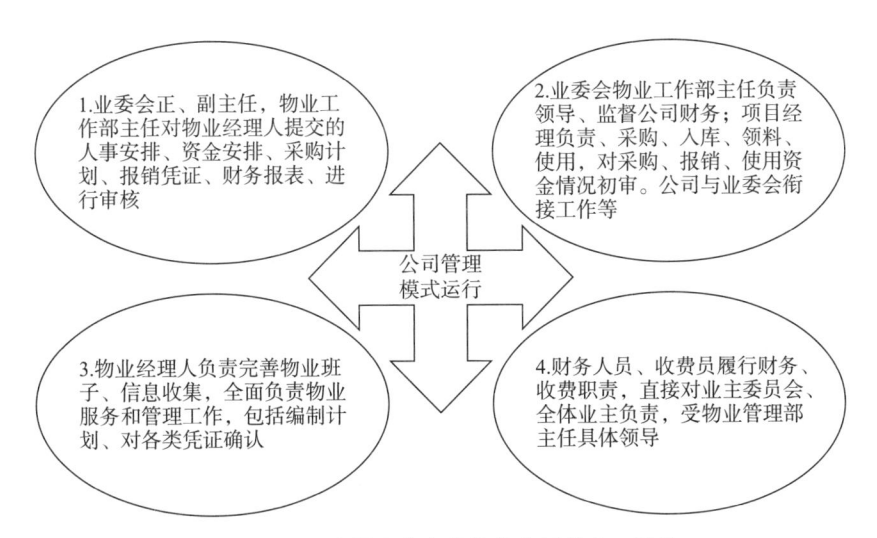

```
┌─────────────────────┐           ┌─────────────────────┐
│ 1.业委会正、副主任， │           │ 2.业委会物业工作部主 │
│ 物业工作部主任对物业 │           │ 任负责领导、监督公司 │
│ 经理人提交的人事安排、│          │ 财务；项目经理负责、 │
│ 资金安排、采购计划、 │           │ 采购、入库、领料、使 │
│ 报销凭证、财务报表、 │           │ 用，对采购、报销、使 │
│ 进行审核             │           │ 用资金情况初审。公司 │
│                     │           │ 与业委会衔接工作等   │
└─────────────────────┘           └─────────────────────┘
            ↕           公司管理           ↕
                        模式运行
┌─────────────────────┐           ┌─────────────────────┐
│ 3.物业经理人负责完善 │           │ 4.财务人员、收费员履 │
│ 物业班子、信息收集、 │           │ 行财务、收费职责，直 │
│ 全面负责物业服务和管 │           │ 接对业主委员会、全体 │
│ 理工作，包括编制计划、│          │ 业主负责，受物业管理 │
│ 对各类凭证确认       │           │ 部主任具体领导       │
└─────────────────────┘           └─────────────────────┘
```

图 7-5　D 大厦业主自管物业公司的分工情况

资料来源：D 大厦内刊（第二册）。

总而言之，D 大厦业主自管有四大亮点。第一，利用法律管理社区。第二，D 大厦业主成立代持式的物业管理公司，所有业主都是股东，公司收取物业费、掌管小区的维修和经营，赚取公共收益。第三，公共收益会按照公司利润的性质在所有业主当中分配。第四，D 大厦成立自己的物业公司，自己管理自己，同时，小区业主还可以以公司股东的身份，对小区公共资源的收益，进行自主分配。

罗森布鲁姆认为公共事务的复杂性决定任何单维度研究均不可能使人们对其产生系统而全面的认识，所以，公共管理既是管理问题，也是政治和法律问题，只有将管理、政治、和法律三种认知途径整合起来，才能正确理解公共管理问题，进而获得有效的解决路径。[①] D 大厦正是从小区管理、小区政治、小区法律角度对社区物权管理进行了梳理。首先，在确保业主主体地位的前提下，采用企业管理的方法和市场的逻辑来运作小区业主的共有资源，并且将收益及时分红，来促进小区的共同体感以及居民参与的积极性。其次，业主事务业主决定，切实做到业主当家作主，这是小区自管的政治路径。最后，从法律路径看，D 大厦对法律的认识和运用可以说已经到了炉火纯青的地步，社区内部有严格的制度，

---

① 丁煌：《西方行政学说史》，武汉大学出版社，2015，第 386 页。

各项运作均有章可循；外部则用法律手段解决一切纠纷。

三 华北地区"丽娜模式"的职业经理人制度

C女士曾担任天津市多个小区的业委会主任，还担任天津市业主委员会联合会会长，创立了职业经理人的"丽娜模式"。丽娜模式的核心内容可以概括为16个字原则，即"区分穷尽、物权自主、量化公开、利益共享"。丽娜模式是对小区共同财产物权"区分穷尽"后实现业主收益最大化的管理机制。丽娜模式将共同的部分物权在业主使用的各个层面进行区分，并将相应的付费责任一同转移给相关主体，直至穷尽，因此，丽娜模式的物业管理可以简单概括为对分不出去的部分财产的管理。凡是分不出去的，由全体业主承担成本，由小区物业费开支费用，在权责分明的区分情况下实现了把物业费降到最低，把收益最大化的管理制度。

笔者曾到访天津市业主委员会联合会，探讨丽娜模式，也曾到天津市津涞花园等社区做实地调查。下面是简要总结。

1. 丽娜模式的形成

物业服务的职业经理人是将物业经营管理作为长期职业，具备一定的职业素质和职业能力、掌握行业经营技能、具备专业优势，并以这种经营管理经验和技能来参与社会交换并获得报酬的人。[①] 天津C女士被认为是这一行业的代表人物。C女士认为，小区治理需要调动起每一个人的责任意识和权利意识，因此，就有必要区分责任，明确每一个人的权利范围，明确每家的专有区域、共有区域，这样，既避免了"看似大家都关心实则都不关心"的集体行动困境，也有利于定分止争，营造出良好的社区秩序。

作为小区自管的探索者，C女士认为市场中的企业可以做好的事情，业主也能做好。丽娜模式的终极目标就是明确小区的物权责任，将职责各归其位。当业主开始掌管小区共有资源的经营管理权后，是完全可以利用市场创造经济收益、减轻业主负担、化解小区矛盾的。C女士认为，尊重物权乃是营造公共秩序的关键，各项物权收益、维修资金使用等经

---

① 李向前、江维：《院落自治实务》，四川大学出版社，2017，第109~110页。

济项目都应该公开,让业主明白消费,让物业市场正常运作。事实上,丽娜模式的确为小区物业管理作出了一定贡献,赢得了群众的好评,突出的优点体现在:①小区总体支出费用降低;②小区资源利用达到最大化;③打破邻里关系僵局,业主之间关系融合;④业主自觉性提升,关注小区发展。

简言之,丽娜模式是面对现代商品住宅小区遇到的共同物业管理问题而兴起的一种责权利相统一的经验方法,目的是让社区的物权各有所属,各主体各司其职、各尽所能各主体各得其宜,实现多元共建共治的格局。人们在一起共同生活、共同工作,是一个共同体,但一个共同体更需要预先明确各成员彼此的界限,必要的产权界限、必要的责任归属,是社区善治的基本前提。

2. 丽娜模式十六字原则的内涵

这16个字虽然普通,但却精辟,并在实践中得到证明。C女士在很多社区物业管理实践了这一模式,目前经验已经相当成熟,她时常被邀请到全国各地"传经送宝"。

首先,所谓区分穷尽,是指社区将物业公共部分的外部成本内部化、将公共物权权益也与个人挂起钩来。公共物权只要能分给业主的就都分出去,谁使用谁维护,这个很重要。比如,一个单元共用的电梯,单元里所有的居民就是共同责任人,维修妥善就是他们的收益,假如电梯坏了就需要全单元人想办法维修。可见,区分穷尽,就是尽量去掉那些"不关我事"的惰性思维。"我的小区我作主",固然是一种权利宣示,但也意味着责任的归属。除专有部分以外的共有部分,能区分的都要区分,使规划范围内的每个角落都因权利、义务、责任而分;最后分不出去的部分的维护费用才使用全小区的物业维护费。这样就可以让责权利落实到人,大家就能清楚各自的付出与收益。在这种模式下,每个人都因物权的不同而取得不同的利益,同时承担相应比例的成本。成本和收益成比例,就能形成一种理性的正激励机制。在此激励机制下,通过人们之间的合作来实现公平透明的管理,实现社区和谐的目标。C女士认为区分要细,也就是既要注意专有和共有的区分,也要区分共有物权的"小共有"和"大共有"之间的边界,例如单元门对讲门铃,可以按照单元区分使用者,属于"小共有";而保洁、绿化,保安等小区公共服务则属于"大共有"。

其次,所谓物权自主,也就是主张"谁的物业谁作主",注重权利与义务的平衡。比如楼上漏水到楼下的问题,必须明确是哪些主体的责任。厘清责任主体之后再找出法律主体是谁,否则漏水给楼下造成损失的问题就永远解决不了。丽娜模式下的物权自主,强调的是依附在物上的客观自主,是对私人专属产权之外公有部分的区分,要求业主能独立解决私人产权和共有产权里的物权问题。

再次,量化公开的意思是指对小区管理的成本和经营收益实行量化和公开,要有一本清楚明白的收支账目,物业费收缴的标准必须科学测算,而非随意设定标准,各项收支,比如人力成本、办公成本、维护成本、自然利润及缴纳税款等,都应一一列明,让业主明明白白消费。同时对共有物权的收益,诸如停车费收益、广告费收益、出租租金收益等同样需要明明白白地列出。有了"量化公开",业委会更容易得到业主的支持和信任。

最后,利益共享。权利与责任向来相伴而行,所以利益共享其实就是责任共担的另一面。在成立业委会实现业主自管之后,原来由物业公司享有的一些业主物权利益将回归业委会。业主共有财产是私有财产的一种集聚,可以通过运作获得收益。拓展思路,利用共有财产做好增值服务是C女士工作思路之一。据了解,C女士在天津市服务的小区,由于公共资源得到很好的开发利用,已有两个小区取消或大幅减免了物业费。

3. 丽娜模式简评

丽娜模式是一种开拓型的新型物业管理模式,是真正尊重物权自主的物业服务,是规范管理、精细管理、增值管理的典范。保证小区长期正常运行的是小区的经费问题。对物业企业的监管,单单靠行政部门和业委会远远不够,应当动员全体业主共同监督。区分穷尽、物权自主、量化公开、利益共享,不仅能促进小区共有经济,在某种程度上亦能够调动广大业主参与小区事务的积极性。包干制一种模式基本垄断物业市场的局面,并不符合社会主义市场经济的原则,市场垄断必然造成市场交易不公平,容易引发小区物业矛盾和纠纷。我们建议,职能主管部门应当鼓励包干制物业企业转变思想,积极创新,改变过去的习性和习惯,从丽娜模式中吸取营养。丽娜模式明确使用者付费的原则,使权利和责任对等并确立了商品住宅小区治理的基本架构。

目前,丽娜模式已走出天津,在北京、河南等多个地方推行并取得较好效果:不仅因物管环节因精简而降低了支出费用,还能在共有物权基础上获取公共收益,从而给小区增添了可贵的造血功能。

四 西部地区的 X 小区的业主当家作主之路

笔者将西安市 X 小区作为中国西部地区小区建设的代表,对其运作模式和取得的成效简述如下。

1. 基本情况

该小区位于陕西省西安市雁塔路,建成于 2003 年,有 4 栋楼,共计 236 户;总建筑面积为 36797 平方米,其中,高层住宅面积为 33777 平方米,公建面积为 240 平方米,人防地下室面积为 1140 平方米,地下停车面积为 1640 平方米。该小区整体上是一个比较小的小区。

按说,该小区地段位置、建筑设计等指标都挺好,但交房后该小区也是被"送来的"前期物业"管理"得乱象丛生:乱改房屋性质、私搭私建、外租作仓库、乱涨价等,致使小区秩序混乱,业主怨声载道。2011 年首届业主大会成立了首届业委会,随后业委会便在 Z 女士领导下围绕维护设施设备、建设社区文化来展开各项社区管理工作。业委会的履职,使小区作为甲方真正有了与乙方的对等地位。甲方可以作为物业服务购买方来切实有效地监督物业公司的服务质量。

小区开源节流,经营共有物业资源,强化管理绩效,确保业主应得的物权收益,包括停车费、广告费,原本由前期物业占用的资源收益终于回归业主手中。业委会几经努力,终于赢回了属于全体业主的小区服务楼及其他共有空间,为业主们赢得了 4 间办公用房、2 间业主活动室、1 间小区档案室、1 间业委会小仓库等;同时,X 小区还为本小区业主争取到大量的公共收益,由此大大改善了小区的公共设施。

在公共收益及物业费管理方面,该小区实行"大共有、小共有账户分类管理"的制度。① 具体来说,就是将房屋维修费用的分摊范围细分

---

① 周飞宇:《再造家园(三)》,心晴雅苑,2020 - 07 - 11,https://mp.weixin.qq.com/s/VV - FOCEqRkFy06YBmUvaNw,最后访问日期:2020 年 7 月 12 日。

为全体业主共有范围与部分业主共有范围。之所以如此是考虑到以下三点。①这样更能符合"亲兄弟明算账"的道理，能尽量去除大锅饭的弊端；避免不同单元、不同建筑形式的业主间产生"占便宜"的问题，比如住高层的要求维修电梯，维修费用如果平摊到没有发生维修的单元，那么后者肯定会觉得自己吃亏。②将"小共有"账户的资金从"大锅"里刨去，"大锅"尽量清晰，可以降低经办人浑水摸鱼的可能。③小范围的公共管理通常比大范围的公共管理更容易操作，效果也会更好，所以从"小共有"做起才有可能慢慢掌握"共有共享共治"的操作要领，最终达到权责利相统一的局面。

2. 解决社区矛盾的方式：以业主赢得物业管理用房过程为例

中国商品住宅小区的主要矛盾中，业主围绕物权产生的纠纷算是最突出，有时候这样的冲突还很激烈。下面以 X 小区的物业用房归属问题为例，阐述社区矛盾的解决方式。

小区成立业委会后通过招标选择了新的物业服务公司，但前期物业公司却拒绝退出小区，拒绝交接物业管理设施设备，拒绝向 X 小区业委会移交全部物业服务档案资料。为此，业委会多次向政府相关物业管理部门求助。西安市相关部门主持召开几次多方协调会，但均无效果。

不得已，业委会决定走司法程序。业主大会授权业主委员会就涉及全体业主共同利益的物业管理用房的归属问题去打官司。诉讼过程几经波折，业委会终于在 2014 年 12 月 20 日赢得了诉讼，法院判决开发商和前期物业公司撤出物业管理用房，交给 X 小区业主委员会，并向 X 小区业主委员会返还预收的电费 37541.77 元。然而，前物业公司及开发商提出了上诉，但业委会在 2015 年 11 月 3 日的庭审中再次胜诉，法院驳回了开发商和前期物业公司的上诉。后来又经历了开发商及前期物业公司拒不执行法院判决等波折，最终，法院就小区物业服务楼发出腾房公告，并联系当地公证处、派出所、社区等，最终让业委会收回了小区物业服务楼的支配主权。

第三节 业主自治的"民办"路径的意蕴

通过对以上五个"民办"社区治理状况的分析，可得如下几点。

一 业主责任范畴

小区的物业管理事务，在某种意义上就是业主采用"AA制"凑钱请专业管理服务团队对小区共有设施进行管理的过程。这里的关键是对大家都有份，但大家都不想管的那些共用设施、设备的保养、维护、维修的管理，所以物业管理应该是对共有物的管理，而不是管理共有人。谁来负责物业管理不到位的责任？第一责任人其实应该是"共有人"，也就是大家经常说的业主。小区业主通过物业合同聘请了专业的物业公司提供相应物业管理服务，只要合同对服务事项、标准有明确约定，物业公司就应该做好相关工作；物业合同应当约定管理不到位导致的事故由管理人承担责任。业主们之所以要成立业委会，是因为要捍卫"我的地盘我做主"的权益，还因为以下几个因素：①业主成立了业委会才能有一个合法的组织，跟跟物业公司签订经营合同，然后按照物业合同和物业服务标准监督物业公司的服务质量；②成立业委会才能切实拿回小区内合法的公共收益；③业委会的存在能有力地保障小区内公共维修基金的安全。

从组织上看，业主委员会是由业主大会选举产生，代表业主的利益，向社会各方反映业主意愿和要求，并监督物业管理公司管理运作的一个民间性组织。业委会是业主大会的运作主体，而业主大会是小区全体业主的议事组织。现在很多社区的居民更加重视自己的业主身份，通过业委会维护各种物业权益，成为社区共同体建设中的一大亮点。

当然，对业主组织亟须从制度层面作出合理的引导，以便既发挥其长处，也能有效规避该领域存在的某种无序性。事实上，多元共建共治共享的理念就是这方面的一种有益探索，其实质就是在我国现有的基层社会管理体制框架内努力实现有效的吸纳与融合。

二 "民办"社区自管与国家吸纳并行的逻辑

物业管理事关民生，居民自管是社区治理、城市治理和社会治理的重要组成部分，对此党和政府高度重视，已为此出台了专门文件。《中共中央关于坚持和完善中国特色社会主义制度　推进国家治理体系和治理能力现代化若干重大问题的决定》指出："健全基层党组织领导的基层群众自治机制，在城乡社区治理、基层公共事务和公益事业中广泛实行群众自我管理、自我服务、自我教育、自我监督，拓宽人民群众反映意见和建议的渠道，着力推进基层直接民主制度化、规范化、程序化"。①因而，创新社会管理、充分发挥业委会在居民自管和管理物业中的作用，显得尤为重要。目前，业主自管也有一些问题亟待解决。

首先是业委会成员的工作报酬问题。目前，对于业委会成员的工作报酬问题，各地的做法均不相同。有的地方法规确定由业主大会决定业委会成员的报酬。如北京市规定，业委会工资从公共收益支出，具体数额由业委会商定。江苏省无锡市的做法是，由政府统一改造老住宅区一部分绿地为停车位，其收入用于支付业委会人员的工作报酬。江苏省常熟市金坛区的做法是，业主自管小区的业委会成员的工作报酬，由政府予以补贴。但也有很多地方的业委会目前还纯粹是公益性质，业委会成员并无报酬。从业委会的长期发展和社区建设的长远利益来讲，给予业委会成员一定的工作报酬，不仅符合按劳分配的社会主义分配原则，也有助于增强业委会成员的工作责任感。还有专家建议政府对于业主自管小区的业委会成员的工作报酬，给予适当补贴。

其次是注重吸纳机制，突出党建引领的作用。一方面对党员干部和公职人员加强物业意识教育。维护小区物业管理秩序，党员干部带头是关键。另一方面，对业主组织尤其是其中的积极分子，应该采取支持和吸纳的态度，将这些一心为民的社区业主组织的积极分子团结在党的周围。

浦江名苑很早便成立了浦江名苑党支部，业主们自发地竖起党的旗帜来大公无私地为小区业主服务，为小区增进团结的同时，也为党旗增添了亮色。

---

① 《中共中央关于坚持和完善中国特色社会主义制度　推进国家治理体系和治理能力现代化若干重大问题的决定》，中国政府网，http://www.gov.cn/zhengce/2019 - 11/05/content_ 5449023. htm，最后访问日期：2021 年 12 月 13 日。

第八章　社区共同体建设的实证调查

以问题为导向，本研究在一定理论指导下紧贴真实社区问题先后进行过两次问卷及有针对性的访谈，一方面为了把握社区基本面的情况，另一方面为了验证某些研究假设。从形式上，调查分为问卷与访谈，对象则是社区工作人员、居民群众，范围则涉及多个地方。由于中国社区是从社区服务概念兴起的，所以第一次问卷调查是以北京市西城区的社区服务为例，来探讨社区层面多主体职能的协调与配合，从中也可以验证我国街居部门领衔的"公办"社区建设路径的效果；第二次问卷调查则是从全国采取样本，涉及内容也更为综合，除了街居提供的社区服务之外，还包括民情因素及更多社会组织的作用，笔者希望借此了解更为一般的社区治理机制，进而探索规律性的认识。

第一节　社区公共服务调查

社区基本公共服务特指用于保障公民基本需求的公共服务，[①] 它强调在政府引导与支持下，以公共利益为导向、以社区为基本单元，向全体居民（尤其是弱势群体）提供基本公共产品或服务。目前社区公共服务的实效如何？政府通过这些社区公共服务怎样建构"公办"型社区秩序？笔者就此进行了调查。

一　调查概述

本次调查选择北京市西城区作为研究对象，原因主要是该区在社区服务方面具有突出的示范性。西城区是党和国家首脑机关的办公所在地，又有近千家中央机构及所属事业单位，向来有"首善之区"的美誉。对该区社区基本公共服务状况所作的调查，就有某种窗口意义。调查方法主要包

---

① 陶勇：《县级政府提供基本公共服务的困境——基于地方政府治理结构的视角》，《公共经济与政策研究》2014年第1期，第1~10页。

括问卷与访谈。其中，问卷设计与样本抽取均基于《北京市社区基本公共服务指导目录》所包含的180项服务项目，这些服务涵盖就业、社保、救助、计生、文教、流动人口、出租房管理、安全、环境美化、社区便利等。西城区开发有配套的"社区基本公共服务信息管理系统"，定期采集所辖15个街道、255个社区落实这些项服务的实际情况。此次调查便参照了该系统所提供的数据，兼顾不同层次，选取了8个街道即展览路、新街口、什刹海、牛街、天桥、广外、月坛、金融街等。

在每个所选街道选取服务项目完成度较高与较低的社区各一个作为抽样样本，共计16个社区样本。每个社区的问卷发放与访谈对象的选择，主要是社区居委会与服务站工作人员来协助和组织，他们召集社区活动的积极分子作为小区居民的代表。每个社区组织了20名居民作为代表，共发放320份问卷，实际回收320份，有效问卷319份。问卷的内容主要是群众对目前基本公共服务工作的认知度、满意度及对基本公共服务的意见、建议和新预期或要求。在访谈环节，主要采取"问题导向"的思路，与居民代表、街道、居委会干部和工作人员分别进行访谈，最后对回收问卷和现场录音作了整理。

二 问卷结果展示与评析

1. 样本分析

问卷受访者呈现出以下主要特征。①男性占21%，女性占79%，女性占比远远高于男性。②在婚姻情况方面，有94.7%的受访者已婚，单身只占5.3%。③在年龄方面，56岁以上的受访者人数最多，占总人数的74.6%；其次是31~55岁年龄段的受访者，占22.9%；21~31岁年龄段的受访者人数最少。这说明在社区受访者中最主要的群体是老年人，特别是女性。④在户口方面，有94.0%的受访者是北京市西城区的户口，3.5%的人是北京市其他区的户口，2.5%的人是非京户口。这说明从社区参与活跃度上，有无当地户口是个重要变量，客观上成为社区成员认可所居住社区、养成归属感和荣誉感的条件。⑤在文化程度上，受访者中36.4%是初中文化水平，30.4%是高中文化水平，18.2%是大专水平，8.5%是本科，5.6%是小学，0.9%是研究生。大部分受访者的学历集中在初中和高中，这个跟受访者的年龄集中度有关，由于受访者大部分人是老年人,高中对他们那个年代来讲就算是比较有文化的象征了,所以基本上说受过良好教育是社区参与的一个正面的因素。⑥住房情况,54.5%的受访者是自有住房,22.9%的受访者是单位宿舍,22.6%的受访者是在租房。⑦在收入方面,大部分受访者的月收入集中在2000~5000元,比例占到66.8%;21.0%的被访者收入在5000~10000元;11.0%的被访者收入在2000元以内;只有极少数受访者的收入在10000元以上。这符合社会收入的一般模型。⑧在身份上,68.3%的受访者是退休人员,8.8%是国企职工,5.6%是服务人员,3.1%为无业,2.2%是机关干部,其他身份的人只占很少一部分。可见大部分受访者都是退休人员。这也反映出年轻人通常对社区活动兴趣不大的现实。此外,公共服务虽然理论上不应该具有排他性,但事实上西城区很多基本公共服务都存在不同程度的排他性,户籍仍然是很多人在西城生活很久却不能充分享受基本公共服务的壁垒。人户分离现象十分严重,在新街口街道,户籍人口与非户籍人口占比接近,导致某些服务对象已搬往他地,而在该区生活的居民有的又不在服务对象之列的现象,这给基本公共服务的供给造成不便,也客观上产生了一些疏离感,不利于社区凝聚力。

2. 社区基本公共服务的效果分析

首先,社区居民对公共服务的态度比较积极。有96.43%的受访者关注过社区基本公共服务的项目和内容,1.57%的受访者没有关注过社区基本公共服务的项目和内容,还有部分受访者未回应此问题,大部分居民对社区基本公共服务给予了比较高的关注度。有89.97%的受访者希望社区能够提供更多的基本公共服务,这反映出大部分社区居民希望增加社区服务。

其次,社区居民对社区基本公共服务的认知总体上比较积极,社区居民的意见在公共服务的供给中基本得到了尊重,同时社区公共事务的信息渠道总体畅通,见表8-1至8-3。

表8-1 社区基本公共服务的意义

		响应	
		N(人)	百分比(%)
意义	增强社区认同感	130	12.4

续表

		响应	
		N（人）	百分比（%）
意义	解决民众实际问题	289	27.5
	促进人际交流	133	12.7
	维护党和政府的执政基础	162	15.4
	和谐社会建设	206	19.6
	践行社会主义核心价值观	121	11.5
	其他	10	1.0
	总计	1051	100.0

资料来源：笔者调查所得。

表8-2 社区基本公共服务项目和内容的制定依据

		响应	
		N（人）	百分比（%）
	依据民众的需求	301	53.5
	依据环境或条件的变化	170	30.2
	依据兄弟社区的经验	63	11.2
	依据领导的偏好	25	4.4
	其他	4	0.7
	总计	563	100.0

资料来源：笔者调查所得。

表8-3 居民了解社区事务的途径

	个案百分比（%）	响应	
		N（人）	百分比（%）
渠道	通过小区宣传栏	239	35.3
	通过社区举行活动	276	40.8
	通过媒体宣传	94	13.9
	通过有关文件	62	9.2
	其他	6	0.9
	总计	677	100.0

资料来源：笔者调查所得。

通过上面三个表格可发现以下几点。①对于社区基本公共服务的意义，12.4%的被访者认为社区基本公共服务的意义在于增强社区认同感，27.5%的被访者认为在于解决民众实际问题，12.7%的被访者认为在于促进人际交流，15.4%的被访者认为在于有利于维护党和政府的执政基础，19.6%的被访者认为在于有利于和谐社会建设，11.5%的被访者认为在于有利于践行社会主义核心价值观。这组数据说明大部分居民认为社区基本公共服务的作用在于解决民众的实际需求和有利于和谐社会的建设。②对于社区基本公共服务项目和内容，大部分居民认为应该依据民众的需求来制定，比例占53.5%。有30.2%的受访者认为应该依据环境或条件的变化来制定，认为应该依据兄弟社区的经验来制定的受访者比例为11.2%，少部分被访者认为应该依据领导的偏好来制定。这说明大部分居民认为社区基本公共服务项目和内容应该最终来源于居民需求。③在居民获取信息的途径方面，40.8%的受访者通过社区举行活动来了解社区事务，35.3%的受访者通过小区宣传栏了解社区事务，13.9%的受访者通过媒体宣传了解社区事务，9.2%的受访者通过有关文件了解社区事务。这说明居民获取信息的渠道主要是社区举办的活动以及小区宣传栏。

再次，居民对社区服务工作的评价基本上是满意的。对社区工作者和社区公共服务设施的评价方面有以下三点。①从宏观上，有78.37%的受访者对"社区基本公共服务全覆盖"工作比较了解，18.81%的受访者不太了解，2.82%的受访者不了解。②对社区工作者服务态度和服务质量的评价，55.80%的受访者表示满意，43.57%的受访者基本满意，0.63%的受访者不满意。居民对社区工作者的服务态度和服务质量总体评价比较好。③对社区公共服务设施的评价，35.25%的受访者满意，54.85%的受访者基本满意，9.09%的受访者不满意。如图8-1所示。

此外，社区服务的满意度情况调查显示，社区居民对街居部门提供的社区服务有的满意，也有的不太满意，其中意见较大的集中在社区安全、社区医疗及诸如老人看护等社区生活便利服务方面，具体见表8-4至表8-6。

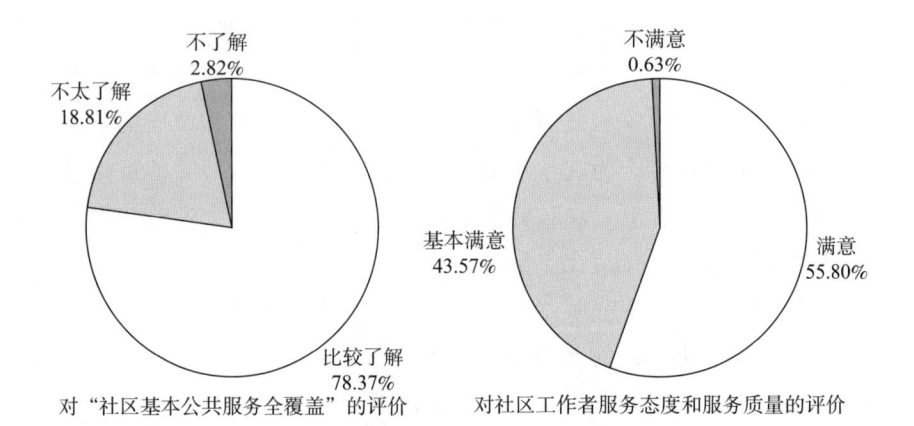

不了解 2.82%
不太了解 18.81%
比较了解 78.37%
对"社区基本公共服务全覆盖"的评价

不满意 0.63%
基本满意 43.57%
满意 55.80%
对社区工作者服务态度和服务质量的评价

不满意 9.9%
满意 35.25%
基本满意 54.85%
对社区公共服务设施的评价

图 8-1 社区居民对社区公共服务的基本评价

资料来源：笔者调查所得。

表 8-4 社区居民最满意的社区服务

单位：人，%

		响应	
		N	百分比
最满意的项目	社区就业服务	49	8.2
	社会保障服务	52	8.7
	社会救助服务	26	4.4
	医疗保健服务	66	11.1
	社区文化教育及体育服务	115	19.3
	出租房及流动人口管理	102	17.1

续表

		响应	
		N	百分比
最满意的项目	社区治安服务	78	13.1
	社区环境美化服务	34	5.7
	社区生活便利服务	65	10.9
	其他	9	1.5
	总计	596	100.0

资料来源：笔者调查所得。

表8-5 社区居民反映的最缺的服务项目

单位：人，%

		响应	
		N	百分比
最缺的项目	社区就业服务	24	4.5
	社会保障服务	19	3.6
	社会救助服务	22	4.1
	医疗保健服务	78	14.6
	社区文化教育及体育服务	30	5.6
	出租房及流动人口管理	36	6.7
	社区治安服务	147	27.5
	社区环境美化服务	76	14.2
	社区生活便利服务	92	17.2
	其他	10	1.9
	总计	534	100.0

资料来源：笔者调查所得。

表8-6 实用性最强最重要的社区服务项目

单位：人，%

		响应	
		N	百分比
实用性最强最重要的项目	保洁保安	110	19.1
	幼儿看护	23	4.0
	老人看护	95	16.5

续表

<table>
<tr><th colspan="2"></th><th colspan="2">响应</th></tr>
<tr><th colspan="2"></th><th>N</th><th>百分比</th></tr>
<tr><td rowspan="6">实用性最强最重要的项目</td><td>病人看护</td><td>32</td><td>5.6</td></tr>
<tr><td>午餐配送、孩子放学托管</td><td>41</td><td>7.1</td></tr>
<tr><td>社区医疗保健</td><td>143</td><td>24.9</td></tr>
<tr><td>社区文化站</td><td>94</td><td>16.3</td></tr>
<tr><td>社区学校培训</td><td>31</td><td>5.4</td></tr>
<tr><td>其他</td><td>6</td><td>1.0</td></tr>
<tr><td colspan="2">总计</td><td>575</td><td>100.0</td></tr>
</table>

资料来源：笔者调查所得。

据笔者调查，对社区提供的服务项目，34.1%受访者认为提供的社区服务项目不适用，10.2%受访者认为服务质量差，5.3%受访者不满意收费及乱收费项目。除了上述三个方面，50.4%的受访者提出了自己的观点，概括起来有以下几个方面：老龄服务不好，社区服务项目不够多元化，社区矛盾调解不力，社区健身设施、场地不足，社区文化娱乐场所不足，老旧小区物业治理差等。根据表8-4，相比于最不满意的服务内容，19.3%受访者最满意社区文化教育及体育服务，17.1%受访者最满意出租房及流动人口管理，13.1%受访者最满意社区治安服务，11.1%最满意医疗保健服务，10.9%受访者最满意社区生活便利服务。其他的服务项目按满意度从高到低依次是社会保障服务（8.7%）、社区就业服务（8.2%）、社区环境美化服务（5.7%）、社会救助服务（4.4%）。根据表8-5，对于社区服务中最缺的服务项目，27.5%受访者认为最缺治安服务，17.2%受访者认为最缺生活便利服务，14.6%受访者认为最缺医疗保健服务，14.2%受访者认为最缺环境美化服务。其他最缺的服务项目按百分比从高到低的依次是出租房及流动人口管理（6.7%）、文化教育及体育服务（5.6%）、就业服务（4.5%）、社会救助服务（4.1%）、社会保障服务（3.6%）。根据表8-6，对于实用性最强最重要的社区服务项目，24.9%受访者认为医疗保健最重要，19.1%受访者认为保洁保安最重要，16.5%受访者认为老人看护最重要，16.3%受访者认为社区文化站最重要。其他的服务项目按重要性从高到低依次是午餐配送、孩子放学托管（7.1%），病人看护（5.6%），社区学校培训（5.4%），幼儿看护（4.0%）。

还有，在社区基本公共服务落实效果方面，居民对社区服务表示认可。可见，随着"社区基本公共服务全覆盖"工作的一步步开展，社区基本公共服务得到了改善。

最后，居民对与参与社区活动基本认同"重在参与"的号召，并不像 X 理论预设的那样，居民都是自私、狭隘、一盘散沙的，如表 8-7 所示。

表 8-7 社区居民参与志愿服务的态度

单位：人，%

		响应	
		N	百分比
态度	发挥一技之长为居民服务提供	108	26.9
	参加社区组织的公益活动	267	66.6
	提供经济支持	19	4.7
	不愿意做	3	0.7
	其他	4	1.0
	总计	401	100.0

资料来源：笔者调查所得。

与此同时，社区居民表现出一种特殊的民情，即对政府提供的社区服务形成某种依赖，一方面，希望享受更多的社区服务；另一方面，希望由政府背景的部门来专业提供，如图 8-2 及表 8-8 所示。

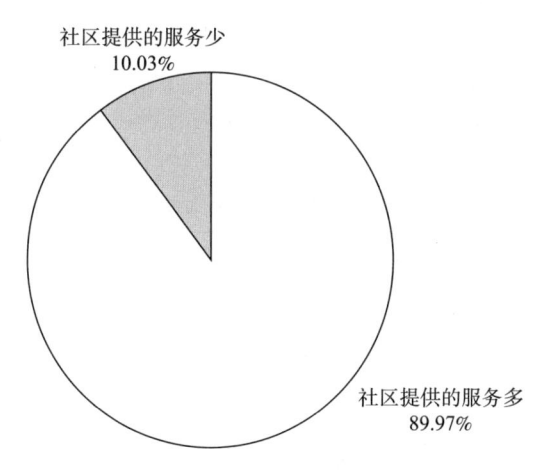

图 8-2 居民对社区服务的依赖倾向

- 社区提供的服务少 10.03%
- 社区提供的服务多 89.97%

资料来源：笔者调查所得。

表 8-8　社区服务体系构建途径

单位：人，%

		响应	
		N	百分比
服务体系	通过组织志愿者服务来构建	121	30.3
	通过街居体系整合提供	278	69.7
总计		399	100.0

资料来源：笔者调查所得。

调查显示，人们对社区参与的态度有以下几类。①2/3 的受访者表示乐于参加社区组织的公益活动，还有两成多的受访者愿意发挥一技之长为居民服务提供，有 4.7% 的受访者愿意提供经济支持，只有少部分受访者表示不愿意做志愿工作。②当社区没能处理好居民所反映的问题时，40.4% 的受访者选择向职能部门投诉；19.6% 的受访者表示无所谓，转而看能否从家人、亲戚、朋友处寻求解决问题的办法；19.1% 的受访者表示无所谓，算了；3.6% 的受访者会不配合社区工作。③对于社区体系的构建，30.3% 的受访者通过组织志愿者服务来构建，69.7% 的受访者认为通过街居体系整合提供来构建。

3. 问卷结果小结

综合此次问卷结果可知，社区居民对社区服务的质量总体表示认同，对社区公共服务设施的供给也基本满意，在居民最为满意的社区公共服务项目中，社区的体育设施、文娱活动的支持或协助项目所占比重最大。相比之下，社区治安、社区环境美化、社区生活便利服务、救助服务等项目显得满意度较低，如表 8-9 所示。

表 8-9　不同街区居民对社区服务的整体评价

调查项目	天桥	牛街	月坛	金融街	展览路	广外	什刹海	新街口
最不满意服务	提供的社区服务项目不适用	提供的社区服务项目不适用	提供的社区服务项目不适用	提供的社区服务项目不适用	提供的社区服务项目不适用	提供的社区服务项目不适用	提供的社区服务项目不适用	—
最缺的服务	社区治安服务	社区治安服务	社区治安服务	社区治安服务	社区环境美化服务	社区治安服务	社区治安服务	社区生活便利服务
做得最好的服务	社区文化教育及体育服务	社区生活便利服务	社区文化教育及体育服务	出租房及流动人口管理	社区文化教育及体育服务	社区治安服务	出租房及流动人口管理	出租房及流动人口管理

续表

调查项目	天桥	牛街	月坛	金融街	展览路	广外	什刹海	新街口
感到社区服务提升者占比	39.47%	61.90%	51.28%	37.50%	30.77%	35.00%	30.00%	43.90%
认为服务质量提升不明显者占比	55.26%	38.10%	48.72%	62.50%	69.23%	65.00%	60.00%	53.66%
认为社区服务无改变者占比	5.26%	0	0	0	0	0	10%	2.44%
改进最为明显的服务	社区文化教育及体育服务	社区生活便利服务	社区文化教育及体育服务	社区治安服务	社区文化教育及体育服务	社区就业服务	社区环境美化服务	社区环境美化服务

资料来源：笔者调查所得。

此外，问卷还显示九成以上的受访者希望政府所提供的公共服务数量再多些，希望服务内容跟居民需求更贴近些，而不要让某些政府服务"吃力不讨好"的同时又让另外一些服务需求得不到满足。还有近半数的居民人为在政府提供社区服务的同时，更应注重民间自发秩序和社会组织承担基本公共服务的职责。

关于社区基本公共服务的意义，大部分受访者认为公共服务的意义就在于解决民众的实际问题。而关于社区基本公共服务项目和内容的制定，大部分认为应根据民众动态的需求来调整，说明大部分居民认为社区基本公共服务就是解决居民的现实问题。目前居民的社区参与度有待提高。

三 访谈结果报告

访谈主要以问题为导向，分两个层面：①与8个街道办事处的员工代表谈公共服务的供给；②向社区居民代表了解公共服务的需求。街道、社区情况各异，但也表现出以下共性问题。

首先，社区工作的权责很不清晰。尽管社区居委会是居民自治组织，而服务站是政府设在社区层面的服务平台，但由于体制原因，目前服务站工作过重，居委会也常过于行政化。在社区工作人员理解中，居民需求若按供给主体分，大致分为三类：可明确供给主体的需求、难以确定供给主体的需求、居民自发性的社交需求。但凡难以确定供给主体的需求，居民常默认应由居委会兜底负责。而当工作全推在居委会成员身上时，居委会成员事务就显得格外琐碎与繁重。譬如，目前社区居委会承担着太多的开证明和盖章事务，甚至连夫妻关系、父子关系等这种本可通过其他证件证明的情况，也要社区盖章证明，而这些信息可能未必是社区工作者能充分掌握并予以证明的。此外，现在有很多机构，如法院、保险公司等，也在各自的业务程序中要求当事人到社区开具证明，而这些证明意味着社区工作者要承担责任，但这些个人信息客观上不是社区工作者所能全部知晓的，但若不办又会被办事人认为是"推诿"。

其次，社区基本公共服务的很多成绩背后存在不容忽视的制度缺陷。比如，西城区的标志性服务项目"一刻钟服务圈"（让居民在出家门步行一刻钟时间内得到生活所需的各种便利服务，比如购物、理发、寄东西、找家政等）。这项民心工程固然离不开政府支持，但也更须市场与社会力量的介入才能做实、做久。这就会面对激励机制问题。若要想让企业"入圈"，就应尊重市场规律，在利益激励上予以适当的制度设计。否则，很可能由于难以调动起相关组织的参与积极性，造成"实事办虚"。比如，西城区鼓励驻区单位开放自身资源，向所在社区居民提供有关服务，如体育设施、食堂、停车场等。但实施中这种好事却未尽如人意。比如，有单位因开放其篮球场反而由于场地安全责任而深陷民事赔偿案，也有单位因开放停车场却带来额外的管理负担和安全隐患。所以，这些民生服务项目在现实中若单凭企业或社会力量发挥责任感或奉献精神，而无可靠的制度相配套，就很难确保这些服务的可持续性。

四 关于改进路径的几点反思

1. 社区公共服务需求侧的思考

人的需求具有无限延伸的可能，因而居民的服务需求也就可能超过有限的供给能力。因而，基本公共服务不要考虑居民的需求，还应照顾到资源的供给能力和政府服务职能的边界。

应特别注意服务项目的选择，适时做好宣传，明确服务的界限，这样方便居民对公共服务项目作出理性预期。同时，居民的基本公共服务需求不是铁板一块，而是存在需求的张力。居民会因利益和立场的不同，在安全需求、环境服务需求与生活便利需求之间表现出很大差异。比如，北京市西城区太平湖集贸市场的撤与留问题，不同的居民给出了不同的意见，距离稍远的要求保留以图方便，距离太近的则因为安全和环境问题而希望撤除。因而，政府在试图回应居民需求时尤其要注意，在满足部分居民的需求时也要尽量防止给其他居民造成过多成本。

2. 社区公共服务供给侧的思考

中国目前的基本公共服务的供给主要依赖自上而下的行政体制。这就要求服务目标的指标化、明确化，而服务的质量通常也与上级规定的操作程序的明确性和配备的资源的充裕性相关。上级同样会因有限理性的约束而遭遇决策困境，即规定过于模糊可能会影响下级的执行效果，而规定过细也会造成机械性，使得信息不能充分流动，妨碍决策的科学性。

另外，如毛寿龙教授所说的那样，过于严格的行政制体系会造成较为冷漠的社会参与，为此政府不宜用大包大揽的方式来管理社会事务。[①] 换言之，应按政府职能转变的要求，进一步厘清政府与社会、政府与市场的关系，在法治政府和有限政府的框架内提供公共服务。

3. 公共服务供给模式的创新案例：以养老服务的公私合作路径为例

北京市西城区政府向来都重视老龄工作，在组织保障上，设立老龄工作委员会，41个委办局、各街道办事处为成员单位；在经费保障上，老龄事业经费已纳入财政预算，建立了稳定的经费保障机制。据了解，西城区各种养老机构的总床位数只有2277张，全区每百名老年人拥有床位数为0.63张。即便政府已经决定再投资4亿元，建设养老综合服务中心，其容量也不过300张床位左右，难以完全满足需求。所以，政府在基本公共服务方面不可无限兜底，而要充分考虑到非政府组织的行为空间，发挥各自优势。

西城区目前已开启此类尝试，与红枫盈社区服务有限公司合作就是一个例子。通过政府提供场地、企业负责经营的方式，该服务公司已开发多种服务项目。尽管企业在责权利的明确度以及税费减免方面仍有不

---

① 毛寿龙：《以政府领导力推动社区居民自治主体领导力的发挥》，华中师范大学人文社会科学高等研究院的演讲，2014年7月8日，http://www.shanbeihongzao.com/news/show.asp? id=2140，最后访问日期：2019年5月5日。

足，但总体上运作良好，赢得了一定的市场。在公私合作模式下，企业家精神得以充分施展和应用。在企业家眼里，服务受众——老年人——不纯粹是弱势群体，而是融技术、经验和闲暇于一体的"强者"群体。企业通过对这些特殊人力资源的挖掘，也能得到社会和经济效益。

4. 制度在基本公共服务供需平衡中的作用

社会、市场可较好地提供某些公共服务，而政府在这种互动关系中的角色体现在良好秩序的维护上。用设计优良的制度规范社会运作和市场机制，这或许是政府做好服务的一个重要方面。制度对于经济发展的重要性，诺斯等学者已有令人信服的论证；而制度对公共服务的功用同样应当重视。为有效应对服务需求，政府就要作出制度安排并加以维护。

五 社区公共服务呼唤多主体的供给模式

综上可以认为，在政府职能转变的总要求下，单纯倚靠行政体制和手段来选择和推行基本公共服务的模式，会因机械性而影响到服务供需平衡的动态实现，进而影响服务受众的满意度，为此便有必要通过恰适的制度安排提高公民的参与度，并鼓励市场和社会力量在公共服务供给中发挥更大作用。鉴于目前社区基本公共服务中的慈善化倾向，尤其要注意将服务型政府的诉求与有限政府和法治政府的打造协调起来，毕竟政府的基本公共服务职能也应当是有限的。党的十八届四中全会强调"法治政府"的建设，也就意味着政府的行政行为要严格置于制度的框架内，包括基本公共服务内容的选择和实现路径的选择也都需要在制度框架内进行。政府通过制度创新，在有限政府的框架下有效发挥社会和市场在公共服务中的作用，从而实现共赢，应是一种可行的路径。

第二节　社区共同体建设机制调查

第一次问卷调查主要是针对特定地区的"公办"社区工作人员，第二次问卷调查的范围更广，问题覆盖了"公办"与"民办"两种路径，题目设计也与社区共同体建设更加贴近。

一　研究假设

当前中国城市社区的概念已发生迁移，从原来的共同的东西和亲密的伙伴关系，迁变为在一定地域内发生的各种社会关系和社会活动中有特定生活方式并具有成员归属感的人群所组成的相对独立的社会实体。事实上，中国社区从一开始就被理解为社会管理体系的基础，反映出较多行政色彩。这也就意味着在社会管理方面，社区以及社区组织（尤其是居委会）的职能定位保持一定的行政色彩。随着改革的深入，不仅"单位制"渐趋解体，而且城市发展也迅猛推进，由此商品房小区及物业服务企业大量涌现，进城务工人员也随之增多。城市社区成为政府力量、市场力量和社会力量交汇的领地，各种力量的交汇固然有助于造就繁荣，但也同时容易引发某些社会问题。如何在城市社区出现新情况的背景下，建设"居民安居、业主乐业"的新型社区共同体，成为人们关注的焦点问题。

本研究如下假设。第一，目前我国在经济和社会大转型的阶段，社区治理面临新的问题，社区治理仍然需要探索与时俱进的制度安排。第二，居民在新型小区对公共事务管理的新需求，跟传统的社区治理体制的能力之间存在矛盾。第三，新常态下社区建设问题呼唤党组织发挥强有力的作用。第四，社区终归是人的社区，社区事务的管理质量，最终也是由居住在社区的居民自身的民情质量所决定的。天下兴亡匹夫有责，新时代社区的活力与秩序，同样离不开生活其中的居民，离不开他们积极有效参与社区活动并提高参与的技能。在此意义上也可以说，社区建设的质量会依具体社区居民的民情质量而有所差别。下面将通过重点探讨社区机构和民众角色现状的问卷调查，来验证以上假设。

二 问卷过程

本次问卷调查针对社区居民/业主展开，旨在通过搜集这些人群的相关数据，发现现阶段社区建设存在的问题，并作出相应的分析，进而为优化社区建设的路径选择提出建议。此次问卷整体上是随机调查，在操作环节上选择了纸质填写和网上填写两种方式。其中纸质问卷随机选取若干小区作调查。这里需要解释的是，由于受调查者往往不愿意在调查中透露太多私密信息，所以他们在所住地域的反馈中一般只写到区为止，而未填写小区的名字。另外还有许多问卷的反馈来自网上，也不容易准确统计此次调查涉及多少个小区。至于网上问卷工作，主要借助问卷星和微信等网络平台来进行。在用互联网作问卷调查时,调查范围突破了天津市的地理限制,扩展到全国各地。

就问卷回收情况看,有效问卷的录入量为523份,受调查者的性别大致平衡,年龄一般在31～60岁,政治面貌多为中共党员,文化程度集中在本科学历,工作单位多数属于国有企业,月收入集中在5000～10000元。受访者大都已婚且有子女,住房条件多为自有住房,且居住时间在7年及以上。关于样本的可视化详情见表8-10、图8-3。

表8-10　受调查者年龄分布

单位:人,%

A.18岁以下	0	0
B.18～30岁	41	14.49
C.31～60岁	234	82.61
D.61岁以上	8	2.90
本题有效填写人次	283	

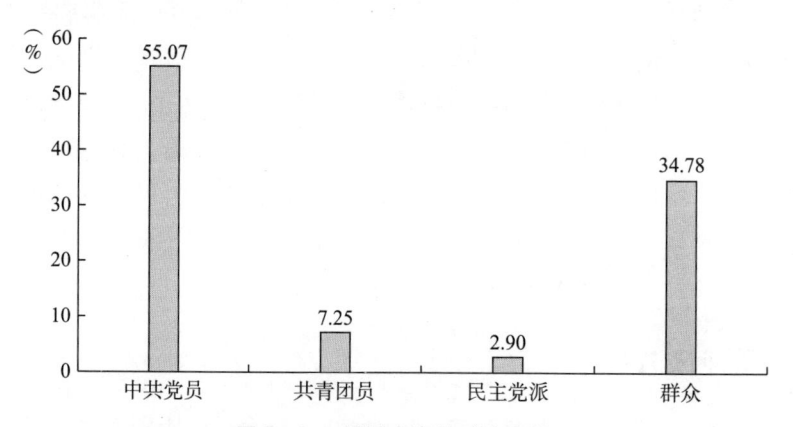

图8-3　受调查者的政治面貌

基于以上样本可知,受调查者多数在政治上都靠近党组织;产权属性上以自有住房业主居多;从教育状况看,受过高等教育者占比很大;从经济地位看,高收入和中下收入者分布均衡,具有较为广泛的代表性;由于多数受调查者在所住社区居住时间在7年及以上,因此对于社区建设的情况有着较多的体会和感知,从而增加了调查的效度。具体见图8-4至图8-7。

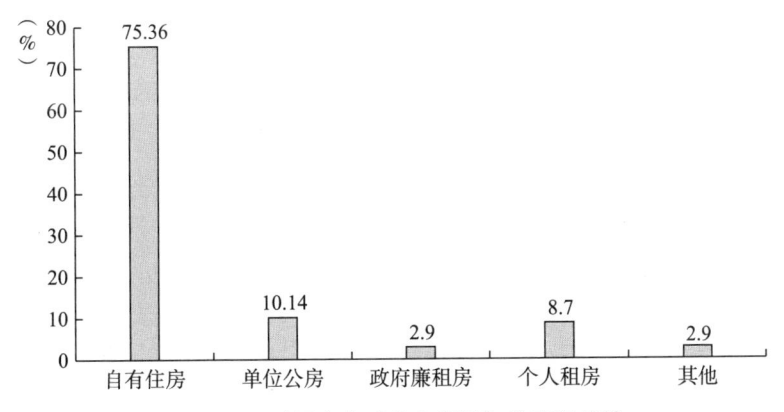

图 8-4　受调查者"住有所居"的产权属性

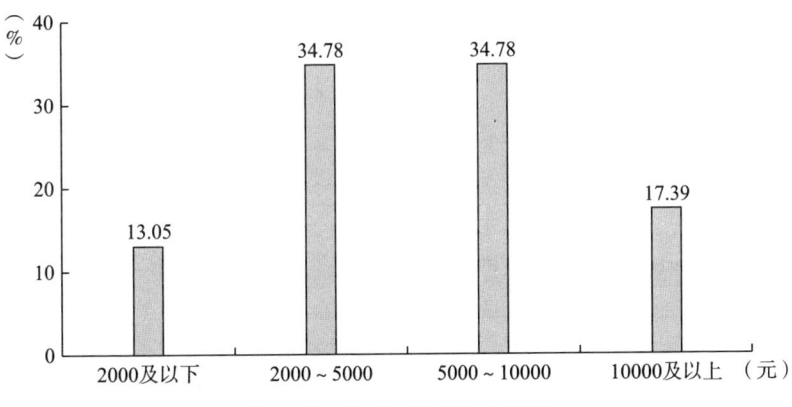

图 8-5　受调查者的收入状况

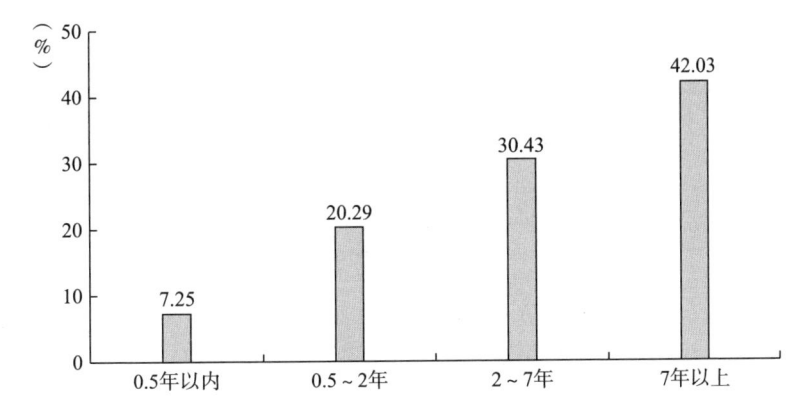

图 8-6　受调查者在社区居住时长

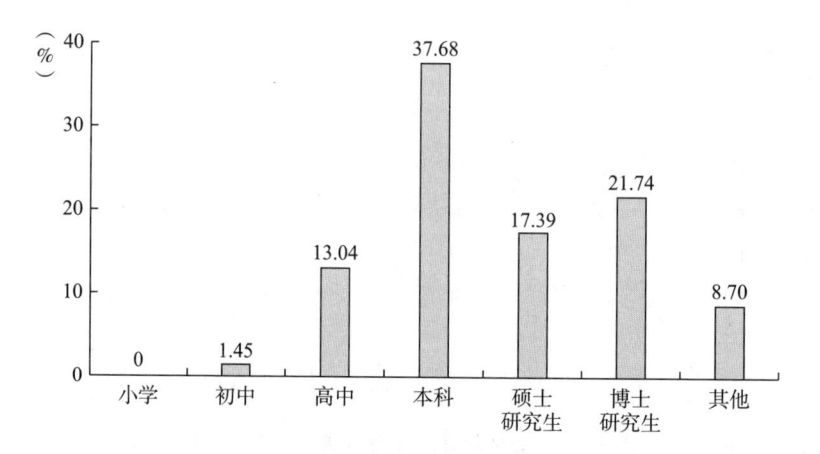

```
  %
40
                              37.68
30
                                              21.74
20                                    17.39
              13.04
10                                                      8.70
        1.45
 0  0
   小学  初中   高中   本科   硕士    博士   其他
                        研究生  研究生
```

图 8-7 受调查者的学历学位情况

（一）调查反映的现状和问题

1. 社区管理机构的作用

从问卷调查的结果来看，目前社区建设的模式仍以居委会为主导的组织管理机构，物业公司和业委会为辅助，这可以在业主/居民对"您小区有哪些管理机构"的回答中，得到印证，具体数据见表 8-11。

表 8-11 本社区内各管理机构的人数

社区管理机构	数量（个）
社区党委	37
居委会	186
服务工作站	40
物业公司	81
业委会	55
房管部门	13
其他	19

尽管居委会是计划经济时代基层社会管理的制度产物，但或许由于路径依赖或制度惯性使然，目前居委会在社区治理中仍旧占据着显著的优势地位。调查发现，很多居民认为社区居委会不能满足居民的需求。

作为市场经济产物的物业公司，也在诸多小区入驻，尤其在新型的商业小区中，物业公司俨然已成为某种标配。在物业公司入驻的小区内，也存在不少问题。比如，在调查中，有34.8%的人反映小区内存在不同程度的物业纠纷，还有44.93%的人尽管未表示存在物业纠纷，但也认为物业公司在保洁、绿化、设备条件、公共收益方面存在服务瑕疵，这些问题也常常是出现物业纠纷的原因。

相比之下，成立业委会的小区还不多，业委会的作用发挥还不够。

2. 社区民情的问题

民情涉及人们的信念、态度、习惯以及行为模式，在社区建设领域，民情的质量的影响甚至可能比法律、制度和环境更大。

笔者调查发现，社区居民中相当多的人表示缺少参与社区建设的时间和空间。关于时间问题，据课题组调查统计，当被问及"业余时间都去哪了"时，85%以上的居民都以居家休息和外出旅游、购物为主，他们花费极少的时间和精力在社区事务上。有70%的居民认为社区事务虽重要，但是没有空去关注。这就形成了主观上希望参与社区事务但客观上没空参与社区事务的普遍矛盾。关于空间问题，随着城市的发展，社区逐渐由"平房"向"楼房"变化，而且现在的新建小区以高层为主，这样的建筑形态虽然改进了社区的物质环境，但"物质环境形态的改善不一定就带来良好的社区社会环境形态，也不一定让居民具有更高的社区满意度"，甚至还可能导致"社交互动的环境形态和社区的居民活动感知形态"更差。① 小区里人与人之间交流在空间上就被被迫隔断。而在这样的小区里，像电梯这样的拥挤的公共空间也都可能成为人们最经常使用的交流空间。可见，在现代社区里，人们缺少促进邻里关系的"公共空间"。公共空间的数量少、质量差也是影响人们参与社区建设的一大因素。

从本次问卷调查结果可知，社区民众都认为社区氛围、社区事务非常重要，为维护好社区的生活品质，从理论上是值得投入精力和时间的；在实践上，他们也对社区生活环境的宜居度给予了较多关注，比如在对社区现存问题的描述中，只有7.25%的人认为没有什么问题，绝大多数人都会在社区中感知到很多的问题，这也从侧面反映出社区民众对更加美好社区氛围的期待，见图8-8。

---

① 张纯：《城市社区形态与再生》，东南大学出版社，2014，第6~7页。

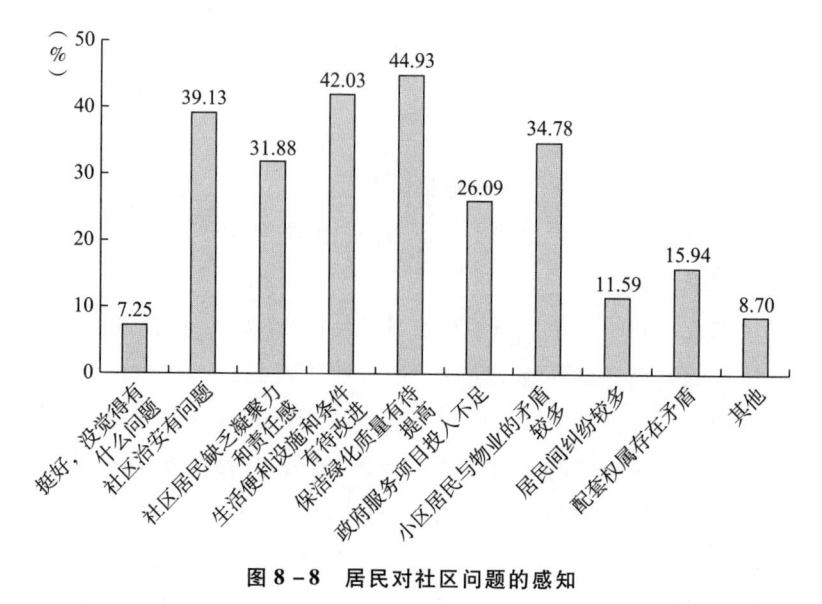

图 8-8 居民对社区问题的感知

不过，这种理解往往只停留在应然层面，也就是他们觉得存在的问题应该关注，但如果说到切实的行动，社区民众却未必都愿意参与社区事务。至于原因，有的是因为有更重要的事情占据着注意力，所以腾不出时间来关心社区的公共事务（占到39.13%），有的甚至对参加社区集体活动连兴趣都提不起来（占28.99%），只有少数人真正参加过促进社区公益的活动，见图 8-9。

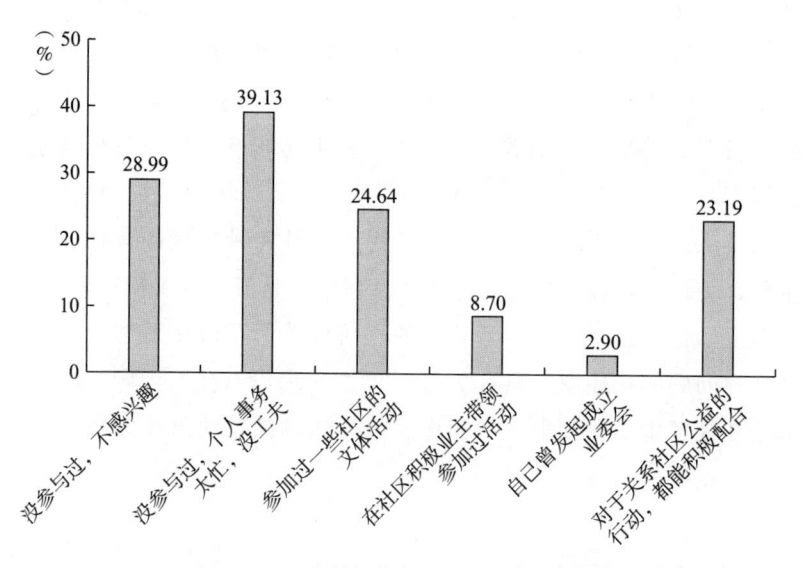

图 8-9 居民的社区事务参与度及其原因

民众对社区的认同感或归属感也值得注意。当被问及"在您理解中，哪个组织更像共同体"时，选择"工作单位"的人多达56%，也就是说，这些人将社区理解为一个"公共池塘资源"（CPR），而并不会在内心赋予其太多的"共同体"意义。与此同时，在剩下的44%人群中，也只有一半的民众觉得自己居住的社区就是一个共同体，另一半则持模棱两可、无所谓的意见。可以设想，假如民众对社区的这种心态延续下去，势必不利于促成有机团结的社区共同体。所以说，社区如果要真正担负起凝聚人心的职能，在民情培育方面尚有许多改进之处。

另外，调查结果也显示社区的社会资本需要涵养。尽管六成以上的受调查者已在小区居住了2年到7年，但与邻居交往的情况基本为"少有往来"。这个问题普遍存在于城市新建的社区中。随着经济发展，就业岗位和就业机会增加，工资待遇的提高等因素吸引了大量外来务工人员。社会人口流动量大，外来人口不断增多，"小社区"逐渐消失；与此同时来自同一地方的外来人员会因为众多的共同利益而形成自己的"小组织"。所有这些情况都在使现代城市社区居民的构成变得复杂，也很容易形成小利益团体，团体间彼此隔离，而游离性的个体也在变多。这都在一定程度上也影响了社区的秩序和环境，增大了社区管理难度。

总的来看，当前社区居民对社区共同体建设呈现需求多而满足少的状态。调查问卷显示，75%的居民关心小区文化活动、公共服务、生活服务配套、小区设备的质量等公共产品和公共服务的提供。这些居民的需求既包括物质需求，也包括精神需求。但是在社区管理中存在着公共需求高与公共参与度低的矛盾。按照西方经济学的原理，人们都是"经济人"，追求实现个人利益最大化。在社区中，人们普遍存在"搭便车"的心理，即通过社区其他成员的积极参与使自己的权益得到满足。这种"搭便车"的心理，也容易形成在社区管理中的"公共的悲剧"。所以在社区管理中，也要尽力避免过度经济化而导致的"不经济"和"个人理性"导致的"集体不理性"。

社区居民对社区基层管理机构的工作满意度不高，这也是此次问卷的一个结果。首先他们认为社区管理中制度落实不到位。调查问卷显示，居民认为业委会成立的困难主要是"利益集团的阻挠"，这一项占60%；"居民会议""社区公约"等看似很有效益的制度，并不被居民所熟知，绝大多数居民表示并没有听说这些制度，即使听说过，也不清楚具体内容。制度制定得好，却迟迟落实不了，这在一定程度上导致制度落实不到位，效果不明显，难以发挥制度的优越性。制度落实不到位也体现出基层工作的复杂性。其次，基层管理部门的工作缺乏主动性与创新性。这体现在实际工作中，基层管理部门的工作缺乏主动性与创新性。基层党组织与社区委员会主要以办公室工作为主，居民对其印象不深、感情不深、信任度不高。基层管理组织应该弱化"权威性"，强调"服务性"，提高主动性与创新性。最后，社区公共信息传播手段单一，传播效果有限。调查报告显示，25%的居民通过社区工作站获取信息，20%的居民通过居委会宣传，40%以上的居民获取信息要靠自己去打听。这种种现象反映了居民对信息的需求并没有被已有的社区信息传播方式所满足，表明基层管理机构在信息宣传的方面还需进一步加强工作。跟过去相比较，社区消息主要通过张贴公示来实现。但是这样的宣传效果和通知效果并理想。大多数居民只有在涉及自己关键利益的问题上才会不得不主动收集所需。信息需求数量与供给数量的矛盾，信息需求质量与供给质量的矛盾，成为社区公共信息传播的主要矛盾。

三 成因分析

首先，谈一下社区管理机构方面。从应然意义上说，社区居民委员会应把社区内所有居民的利益诉求放在首位，立足于社区自治，最大程度地调动居民的积极性，让他们主动参加社区建设。居委会应接受政府的工作指导、支持和帮助，协助政府做好与居民利益相关的各项工作，并且向政府及其派出机构反映居民的意见、要求和建议。但居委会的实际运行中原来的法律定位产生了较大偏差。居委会的各项开支是政府财政拨款支付的，这就造成了居委会在资源与业务上过度依赖政府的现实机制，以至于作为群众组织的居委会常常把政府当作科层意义的上级，很自然地接受政府交给的各项工作，为政府部门负责、给政府服务，形成了政府科层机构制度下的基层行政附属组织机构，展现出人们所说的行政化色彩。与此同时，居委会作为城市基层群众性自治组织，其机构内的成员如主任、副主任、委员等均应由住区有选举权的居民选举产生，选举的目的是维护该住区居民的共同利益。当然，实践中社区居委会也由于行政化的倾向而时常被误解为政府的基层政权组织，以至于有些地方也会采用考任制来选用委员会成员，这就意味着委托代理关系在基层管理中会复杂起来。

其次，从社区居民角度看，居民自身仍有不断学习和提高的需要。唯有不断学习，才能适应日新月异的新环境、新要求。人们有了一定经济基础的时候，对于法律、政治、文化、环境等需求水平就会提高。最先表现出来的就是，人们对于自身权益保护的意识越来越强。人们知道运用法律手段去维护自身合法权益。随着政府信息公开制度的逐渐完善，政府工作透明度越来越高，人们对于政府所做的工作就会更加了解。了解得越多，人们对于政治参与的热情也会提高。而这两点变化就会在社区管理中展现出来。人们会越来越关注自己在社区管理中的利益。

为使问题及其成因能有更科学合理的描述，特做出问题和产生问题的原因之间的相互联系图，如图 8-10 所示。

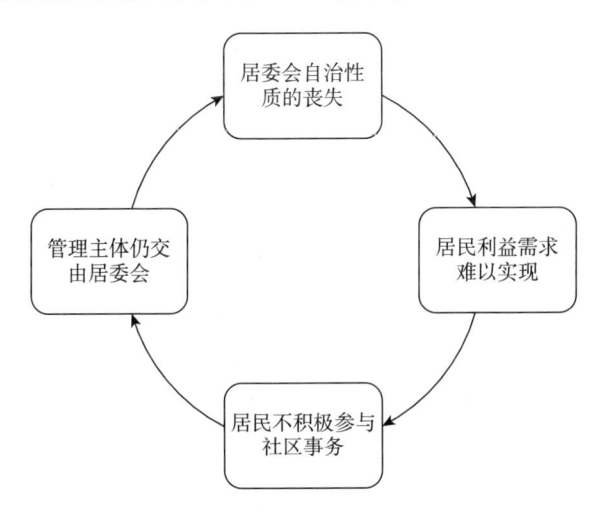

图 8-10　城市社区建设问题及成因关系

从图 8-10 中可以看出，只有把居委会作为群众自治性组织，才能解决城市社区建设中存在的问题。社区居委会作为社区主要的管理主体，要树立以居民为本的新观念，把实现居民的最大利益作为服务的准则，把为社区成员提供更好的生活服务为首要任务。

在基层社区只有强有力的党组织有力有效地发挥作用，才可切实让共建共治共享的理念落到实处。就共建参与者而言，社区组织在制度上还需更多优化，而社区民众的社区共同体意识也需要持续地涵养。从国家对社区的期许看，"社区生活共同体"是社区治理的愿景，目前的组织建设、制度建设乃至社区民众的思想引导和民情培育方面都有必要朝着同一个目标着力。从精神层面的认同感和归属感的培养，到物质层面的物业权益的维护，均需要广大居民/业主真正地参与到社区活动中来。为此，社区便需要拓宽居民了解社区内活动及信息的渠道，吸纳新兴的业主组织形式，尊重基层各种有益的制度创新。在原有由居委会宣传、工作站通知的单一模式的基础上，结合现代技术如社区微信平台和社区网上论坛来促进多主体的沟通。

从社区建设的需求侧看，由于社区不仅是个生活场所，还是一个经济、服务、保障、等多方面活动的场域，居民对社区的需求也日渐多元化、多层次化，特别是关于治安、环境、健康的需求增加，为此社区建设也就应该大力围绕这些需求展开。从社区服务供给侧看，在政府职能转变背景下要特别注重发挥社会与市场力量，特别是要发挥好社区新兴业主主体及市场主体的各自优势，促使居委会、业委会、物业公司及第三方组织等实现良好的协同。

面对各种问题，社区需要一个能够凝聚人心、指引方向、维护秩序的力量，这个力量就是党组织。社区作为社会治理的基础，其治理目标（即营造美好和谐的社区生活共同体）能否实现，关键在党。只有加强社区党建，在党的坚强而正确的领导下，才能使得社区公共事务的治理有效、有序地开展。

一方面要在制度层面增强科学化、民主化的顶层设计，督促各类组织在社区建设中能够将各自职能履行到位，特别需要突出党组织的核心作用；另一方面也要明确，完美的计划或制度都将离不开鲜活的个人去执行，所以当社区治理的"多元共治"框架在党和政府撑起来之后，最终还是要寻求社区基层民众的切实配合，这就要设法引导社区业主/居民切实融入社区建设的程序里面，通过合适的机制创新，使民众能够将个体诉求和公共利益妥善地协调起来，让社区治理的政策倡议跟民众实际的关注点得到有效的对接，从而构建起各种力量有机参与的、充满和谐与活力的社区。总而言之，党领导下的社区多元共治将是实现社区共同体愿景的必由之路。

四　小结

社区共同体建设需要在国家治理能力现代化背景下予以高度重视，以期实现基层社会稳定和谐的发展。目前，社区层面问题叠加的情况使社区治理面临新的挑战。在治理主体方面，传统的居委会主导的格局面临转型的压力，同时，社区党组织的作用还有待加强。居民在新型小区对于公共事务管理的新需求，跟传统的社区组织的能力之间存在明显的张力。这些都需要的党的领导下，发扬创新精神，努力解决这些问题。

通过两次问卷调查，我们考察了社区服务供给端与需求端的实际情况，从中对社区服务的"供给侧"改革感触尤深。社区基本的公共服务除了例行项目外，更要根据时代发展与民众动态的需求，提高供给项目的质量和针对性。当然，从服务需求端的民众来讲，对于免费的公共服务，自然抱着"多多益善"的欢迎态度。居民还广泛存在着凡事都靠政府，遇到问题请政府解决的心理。固然，这是民众对社区美好生活的向往使然，但社会能做的还是交给社会来做，不应一切都靠政府。

另外，我们在调研中也清楚看到，目前中国社区共同体建设中，街居制仍然起着主导的作用。从国家治理体系角度看，夯实社区党委、社区居委会在基层的治理基础，使其为居民做好基本公共服务工作，是惠民之策。

第九章　中国社区共同体建设的基本逻辑与路径选择

本研究从社会物理学视角来分析我国社区共同体建设的基本问题和解决路径，同时结合上述文献研究、历史研究、案例研究、比较研究，可得如下启示。首先，政府在社区建设中需协调街居力量、社会组织以及市场组织、业主组织。其次，社区建设存在制度惯性或路径依赖，这体现在历史带来的深厚积淀当中，我国社情民意基础上运行很久的基层管理模式势必还会在今后的社区建设中发挥作用；而微观社区的治理格局也同样受制于总体的制度体系与基本的民情质量。再次，中国社区正处于棱柱状态，既有整体管理的元素，也已经出现多主体分散的趋向，因而社区共同体的建设必然需要在多中心格局下实现秩序维度的融合。此外，中国当前社区新兴主体中业主对于社区善治的路径选择带有极大的制度偏好。最后，也是本研究着重探讨的，即分形理论框架。也就是说，社区共同体建设其实在行政管理中属于政府职能中社会管理的范畴，而国家的宏观治理体系或顶层设计的意图，将与微观的基层社区的治理格局之间，展现出微妙的自相似性；反过来说，社区共同体建设路径的选择，虽然表面看带有一定的自由度，实则受到基本制度环境、社会条件和民情状况的规范。

第一节　中国社区共同体建设的基本逻辑

一　社区共同体建设的本质透视

中国现代社区既是政府提供公共服务、实施社会管理的公共场域，同时也在房屋商品化、物业市场化过程中带有了私域物品的属性。这种混合性决定了社区问题及解决路径的复杂性。一方面作为政府治理社会的抓手，社区公共服务将本着均等化原则由公共部门供给；另一方面，社区业主基于私人物权也在倡导有界限的自主性公共治理模式。所以说，当前中国社区是融合了私人产品属性、公共产品属性、"公共池塘资源"属性的一种复杂存在，这决定了社区共同体建设的建设路径不是单一的。它既需要政府通过职能部门、街居部门的组织设计，派出人力、物力、财力来营造理想的社区格局，在遵循行政制的运作逻辑下确保政府的社会管理政策下沉到基层；同时也需要明确公域私域的界限，明确公共部门的职能范围，特别是在商品住宅业主责任共担、权利共享的作用下，实现二者职能的有机契合。这样既能够维护基层社区的稳定秩序，又能够发挥基层群众的首创精神与自管活力，由此有效化解各种基层问题。换句话说，我国基层社区共同体建设一方面要有公共部门的指导，在基层社会形成可控制、可预期的秩序；另一方面，也需要充分发挥群众的智慧和力量，让市场化、专业化、法治化的社区建设稳步推进。因此，街居制代表的建构性科层制秩序与业主组织代表的自发性市场秩序将共同促成社区的多元共治局面，本书用"公办"社区路径与"民办"社区路径的概念作了细分。

根据分形理论开发出我国社区共同体建设路径的基本框架，该框架认为微观秩序与宏大格局虽相隔甚远却存在丝丝相扣的关系。其中，政府职能的设置与转变思路，跟基层社区秩序的营造及再造，这两个任务尽管处于不同维度，却如量子纠缠一样，如影随形，相互影响。所以，当明确了社区在国家治理体系中的定位，就实质性地决定了社区共同体建设的路径选择。作为国家治理体系的末端，街居制的准行政制结构在历史上有传承、在民情上有支持、在职能上有需求，因而仍将成为社区共同体建设主要依靠的组织力量。对于房改后广大业主而言，社区所寄托的物权利益已经把社区人从单纯居住意义上的居民，变成了财产意义上的业主。居民看重的是安居，是居住环境的使用价值；而业主看重的则是乐"业"，突出了居住环境的财产属性。这一转变的影响是深刻的，基于私人产权的社区业主将在趋利性力量促使下，促使社区展现出与传统社区治理格局不尽相同的路径，尤其是在争取物权（尤其是共有物权）自主自决的过程中，社区业主（作为市民和市场消费者）的治理逻辑将对传统街居体系的基于社区服务与社区管理的整个管理系统带来结构性的补充。

对活跃在当今社区中的业主组织的地位问题、对如何规范这些产权人的集体行为的问题，以及对如何使现有的街居体系与新兴的业主组织形成融合的问题，中国都在从法律等方面尝试解决。实践中，业主组织的组织目的与行事逻辑与传统的街居部门有很大不同，因而在管理路径上也需要另辟蹊径。当然，沿着私人物权逻辑开辟的路径有可能是狭隘的，所以，政府所承担的社区公益服务内容目前看仍无法替代。也就是说市场主体、业主组织或其他社会力量，都无法替代政府所供给的一些特定的社区服务，比如政策宣传、民生福利、为老助残、贯彻党的群众路线、维护基本秩序等。为此，传统的街居力量仍将构成社区共同体建设的主要力量。而且，从执行效率上街居制的效率更高。相比之下，社区业主组织更崇尚市场化方向。丽娜模式的"十六字"原则——区分穷尽、物权自主、量化公开、利益共享——就鲜明展现了公私公明的产权意识。

二 社区内涵、目标与建设路径的权变关系

中国社区共同体建设既有古典社区的情感联结性质，也有行政体系下基层单位的属性，还兼具市场经济中资源和服务交换平台的市场元素，而且随着技术革新，虚拟社区的概念也不断被提起。这样看来，既然中国社区共同体的概念本身存在多维取值，同时社区建设目标也非单一，那从目标管理论来看，社区共同体建设的路径自然也就多样：若注重滕尼斯意义的社区内涵，就会促使社区建设走向"家园化"营造；若认为社区是基层社会治理单元的话，则社区建设目标将定位于社会治理的抓手，那路径便围绕确保基层秩序平稳而展开；若在市场趋利观念引领下注重商品经济意识，则作为消费者聚集的社区，其建设自然会引入市场管理的运作逻辑；此外，若将社区看作业主自治平台，则维护物权、发扬自主治理精神的风气将会日盛。无论如何，社区内涵理解上的差异，将直接影响社区建设的目标。

建设社区共同体的第一步自然就是要明确社区建设的目标了，人们对这个问题的回答决定着路径的选择。就社区而言，大概呈现以下关系，见表10-1。

表 10-1　多层次下社区共同体建设的目标定位

管理层次	社区建设的目标	对应的机构或制度
顶层设计	国家治理体系对社区的战略定位	中央部门
基层政府	行政制任务目标体系	街居部门
社会组织	社区事务治理秩序的主体	业主组织
专业性经济组织	通工易事、共建共治	物业公司及其工作人员

所以，社区共同体建设的路径选择更多地带有权变性。关于路径，既没有适合一切地域的教条式路径，也没有万能钥匙，关键要结合情境，根据主客观条件去不断调适所选路径。

目前大体来看，社区建设逐渐凸显出两类路径，即"公办"路径与"民办"路径。无论是街居制领衔的"公办"路径，还是"民办"路径，都属于棱柱型社区发展阶段的自然过程，此过程中要实现沟通协调、共建共治，兼顾政府主导与社会协同，在制度设计和技术运用中不断选择出最优配置。其中，"公办"社区路径优点在于政府交办的各项事务可以有效推进；而"民办"的社区路径下，基层民主与自治能力也可得到切实鼓励。社区共同体建设的未来必然是两个逻辑相伴而行的结果。

三　定分止争对于多元共生秩序的意义

一般来说，社区层面多元主体各自应承担何种职能的问题，也就是什么东西被谁所拥有，应由谁来负责的问题。比如，共有区域都是有限范围内购房业主的物权，属于业主大会所有，而怎样分配这些物权则由业主组织在法律范围内通过民主协商来决定。

社区的善治需要完善业主组织的运作机制，比如在成立业主组织方面适当降低门槛，为现代社区多元共建的事业提供良好的前提条件。毕竟单依靠街区部门已经不足以解决社区所有问题（特别是物业纠纷）了。以街居制为阵地的"公办"社区共同体建设路径，与以业主组织为主体的"民办"社区建设路径，将在一定时期内"共生共在"。

社区共同体建设只能是"公办"和"民办"融合在一起，在党的领导下实现职能的协同。寻求多元主体的平衡稳定是社区共同体建设的重点。原来的街居制诞生于传统的惯性，也兴起于特定历史环境下的时代需要，到现今已成为社区共同体建设中"公办"路径的依托。未来一段时间内社区治理制度改革中，一项重要的内涵就是让业主成为社区治理的重要主体。人们之所以产生争斗纠纷的主要原因就是权界模糊，即"分未定"；而一旦确定了权属界限，则各就各位、各安本分。今天我们的社区，特别是房改后的社区，尤其需要一个责权利各归其位的治理局面。

四 社区共同体建设中群众参与的民情力量

基层社区需要发动社区民众积极参与社区公共事务，只有社区群众充分动员、集体智慧充分交流，这个社区才能真正活起来，成为真正的社区共同体。

从历史维度看，社区共同体建设最终还是要纳入基层社会治理的范畴，这就意味着政府在社区的职能必然是有张有弛、能进能退，而不是一味干涉或者一味放任自由。当然，接下来的问题就是什么地方、什么时候该管起来、收起来；什么地方、什么时候该退出去、放出去。我们认为，即使在政府职能转变的背景下政府在社区共同体建设中依旧会扮演着难以替代的积极角色。与此同时，我们的社区民情在很多时候也需要，甚至呼唤政府的参与。

当然，这并不排斥社会和经济组织介入。业主群体在社区治理中构成基本的民情底色，[1] 而业主构成的社区其实更像是一个经济利益的共同体组织，这些群体以共同利益为基础构建起与之相应的共同规范。[2] 目前，基层社区治理总体是令人满意的，尽管也有个别问题，比如某些物权纠纷之类，但这些都是改革中的自然现象。

我们现在的社区中的各种矛盾、纠纷，说到底，也是发展中的问题，是"成长中的烦恼"，而发展的问题也必须用发展的眼光来看待。解决问题的关键在于促成多元主体的良性沟通。在社区管理中，应更多利用互联网手段，创新社区信息传播与交流的方法，提高信息传播的范围和质量，构建起"互联网+社区管理"的新型社区管理模式与信息传播方式。

---

[1] 郭于华、沈原、陈鹏主编《居住的政治：当代都市的业主维权和社区建设》，广西师范大学出版社，2014，第4页。

[2] 北京市西城区民政局：《西城区社区工作者手册》，北京出版社，2018，第3页。

第二节 社区共同体建设的路径选择

一 社区共同体建设路径选择的规范性：秩序与活力

从分形理论框架看，社区共同体建设的愿景乃是与我国政府职能转变、治理体系的布局相关联的。我国基层社区共同体建设是宏大国家治理体系中的一部分。基层社区在某种意义上在履行政府交办的某些社会管理职能。从功能结构论来看，社区的治理结构与社区共同体建设的路径，势必决定于上级政府对社区的定位，其中秩序与活力的统一已成为某种规范。

从行政生态学看，我国社区正处于棱柱性状态，也就是过渡阶段，既有整合性质的社区组织任务，也有已经开始分化的现象，相当于衍射前的状态，体现在社区层面就是"小而全"的街居体系和社区群众组织的自管力量的共存。这也可以说明，中国的社区共同体建设的路径虽可自由选择，其实仍有较强规范性。这种规范性一方面与我们的制度大环境乃至国家治理体系相关，另一方面也与制度惯性及熔铸于民情文化基因中的治理偏好相关。长期以来基层社会管理的思维定式与路径依赖，不是轻易能改变的。有些地方政府已对社区业主组织的运作予以进一步规范，既鼓励其对相关物业管理问题负起甲方责任，又确保其运作符合规范。顶层的制度设计会对基层社会的管理产生规范作用，尽管社区共同体建设的路径多种多样，但从大类上看具有"万变不离其宗"规范性。当前社区里的民众已越来越多地表现出"业主"身份，其思维和行动模式就是以维护私人物权为核心的，因而更要用市场逻辑与法治办法来处理社区内的各种市场问题。这样，"公办"路径更多表现为"秩序"，"民办"路径更多表现为"活力"，它们互相融合，共同推进社区共同体建设。

二 "通则不痛"的社区共同体建设之路

社区共同体建设中所遇到的问题，通常也是因沟通不畅、交流失败所致。社区层面不同行动主体各自基于自身特定的有限理性、特殊利益，很容易使小区落入混沌失序的状态。解决之道自然就在于将各种阻碍沟通和交流的弊端去除，使大家能凑在一起，公开协商、促进理解、增加互信，只有协商沟通才是解决一切冲突的不二路径。

为此，在社区层面构建对话机制，组织规则与协调平台，通过科学民主透明的决策过程实现交流，消除误会和隔阂，促成换位思考，是很好的选择。比如各地兴起的社区议事厅或搭建起的微信群等交流平台，鼓励多方协调联动，都是有益的尝试。那种常见的物业纠纷，其根源无非是各方执着于自己单方的利益，各自为政，自行其是，只知道有自己的利益、不知道照顾他人的利益。换位思考让彼此更加相互了解，从而让复杂的纠纷变得可以消除，化社会矛盾于未形成之时。

社区党委被视为基层群众工作的"战斗堡垒"，起着"联系群众、化解矛盾、促进和谐"的关键作用。基层社区事务处理既难又易，只要采用公开、透明、听证、对话、协商等方式，很多事务处理起来就会顺畅。

当然，社区共同体建设的路径也没有完美无缺的。在这个路径选择过程中，要充分发挥相关者的主体作用，通过沟通、协商、参与来将公共选择外部成本最小化。

三 多层次、渐进主义的社区共同体建设之路

首先，社区共同体的建设是多层次的。不仅体现在地理、物理层面的营造，还体现在共同体意识的培养，同时更需要从文化层面为物质的社区充满活力的共同体元素。此外，社区共同体建设终归是围绕人进行的，人不仅具有理性，还具有情感属性，而且社区共同体从古典内涵上本来就强调情感元素。此外人类需求也不仅有基层的生理、安全等需求，更有社会、归属、精神层面的追求。所以，社区共同体建设的多层次目标就注定其建设路径也必然是多层次的。其次，各种层次的建设之路通常是渐进的，而不是一蹴而就的。在多层次的社区共同体建设方面，通常也是先将基础的、物权方面的问题解决了，而后跃升到秩序、制度、文化乃至情感、精神层面。最后，为达成各层次的社区建设目标，使建设路径具有相对稳定性，行政指导、宣传、教育、立法与司法保障都是通向社区共同体所必不可少的。

结束语　社区共同体建设何以圆融

习近平总书记指出，人类"越来越成为你中有我、我中有你的命运共同体"①，而我们每天生活其中的社区自然更是一个个的共同体。共同体中不同的成员各自完成特定的职能使命，确保整个社区平台或系统能够良性、有序地运转。社区共同体的建设必然牵涉政府、社会、市场等各维度、各属性的组织力量与个体的协调、互动。当然，这些主体之间终归是相互依赖的，没有一方能脱离其他主体而独存，特别是所有各方都必须在基本秩序环境下才能实现有效、有序的互动。

社区共同体建设的路径选择中，无论是"公办"还是"民办"的路径，都有着自身的运作逻辑，只有相向而行，才能建设美好和谐的社区。

当然，路径的选择是灵活的，而一旦选定制度，则须维持必要的刚性。目前，我们国家为了基层社区的和谐稳定，为了广大居民安居乐业，已经出台了很多法律，比如《居民委员会组织法》《民法典》等，这些将给我们棱柱型社区的事务处置提供法律标准。所以，社区共同体建设首先应该是建设一个制度共同体，做到有法可依；其次在社区内部也鼓励形成各自的"小区公约"与"议事规则"，从而让社区基本问题的解决都纳入制度路径，实现依法治区。

人们都知道合作共赢是好的，但真实世界却不乏协作失灵的情况，实际上居民与居民之间、业主与业委会之间、业委会与物业公司之间、业主与开发商之间、业主组织与居委会组织及职能部门之间等，之所以常常出现协作失灵，有时矛盾严重到足以威胁社区稳定，是因为各主体自说自话、各讲各的道理。个人诉求不同，不同的组织也期待不同的运作秩序，当每一方都在自说自话时，很容易陷入集体行动的困境。所以说，秩序构建是社区共同体建设的核心任务。而这种秩序的供给自然需要强化基层党组织的作用，靠党的向心力来确保社区多主体间不至于走向离散，同时营

---

① 《习近平谈治国理政》，外文出版社，2014，第272页。

造出一种互信、互容、互爱的气氛，发挥各方长处。

当原始秩序及旧社会结构下的社区共同体无法对成员形成足够的凝结诱因时，社区势必要走向新的平衡。来自行政制的建构秩序与来自社区组织的市场秩序，将取代原始秩序成为新时代社区共同体建设的主要推动力量。其中，党建引领团结各方、协调各方起关键作用。而社区共同体建设首先也要确保党建工作扎实有力，在党的统一领导下"实现政府治理同社会调节、居民自治良性互动"①。如果说这种建构秩序主要与趋稳性相关，那市场秩序则与趋利性相关。这两种不同的逻辑也就造成"公办"社区与"民办"社区两种不同侧重的建设路径。在社区共同体建设当中，这两种路径并非迭代关系。也就是说，在中国广大的社区中有上百万街居体系工作者通过落实政府慈善、政府福利政策在基层社会建立起治理网络，用公办资源来寻求社区共同体的建设。与此同时，商品住宅小区内的业主则从物权利益出发，形成自主治理的诉求并开发出相关的组织和运作程序。

所以，现代社区共同体建设已经很难做到完全的组织化，只能是在社区层面搭建一个平台，提供一系列服务，营造公平、公正的秩序，来保护社会互动平台、保护群众生命财产安全、保护基本的交易环境。

综上所述，社区走向共同体的过程，就好像在纸上画圆。我们知道画圆离不开三点，一是稳定的圆心，二是适度的半径，三就是推动半径旋转的力量。我们认为社区共同体建设必须有党建引领作为圆心；有尽可能广的半径幅度，将多元主体吸纳起来，用其所长；当然还需要政府和市场力量将这个半径推动旋转下去，这样才能最终将圆画得规范而圆满。

党的领导是圆心，把街居部门、开发商、物业服务企业、业主组织、专业服务机构、驻区单位、社区志愿组织等吸纳到社区共同体的营造事业当中，促使多元主体各尽所能、各展所长，真正实现社区生活共同体的愿景。当然，集体行动离不开秩序，因而也就需要协调。为此，社区共同体的营造必然是一个动态与不断更新的过程，而非一劳永逸，所以需要一个持续的动力。这个动力主要来自政府推动和市场推动，政府推

---

① 习近平：《在经济社会领域专家座谈会上的讲话》，人民出版社，2020，第9页。

动主要体现在对基层社会治理的领导,以趋稳逻辑为其鲜明特色;市场推动则以对物权、利益的维护和追逐为要点,以趋利逻辑作为主要推手。两种力量的平衡将推动社区共同体各种组织与个人在社区平台上良性有序地互动,最终画成社区生活共同体之圆。

参考文献

一 经典著作

马克思、恩格斯:《马克思恩格斯全集》,人民出版社,1972。
毛泽东:《毛泽东选集》,人民出版社,1991。
习近平:《习近平谈治国理政》,外文出版社,2014。
习近平:《习近平谈治国理政》第2卷,外文出版社,2017。
习近平:《习近平谈治国理政》第3卷,外文出版社,2020。
习近平:《在基层代表座谈会上的讲话》,人民出版社,2020。
习近平:《在经济社会领域专家座谈会上的讲话》,人民出版社,2020。
中共中央文献研究室编《习近平关于社会主义社会建设论述摘编》,中央文献出版社,2017。

二 中文著作

白钢:《序言》,载赵秀玲《中国乡里制度》,社会科学文献出版社,1998。
北京市委社会工作委员会、北京社会建设工作办公室编《北京市社会建设政策文件汇编(2008.1~2013.9)》,西城区人民政府内部资料,2013。
北京市西城区民政局:《西城区社区工作者手册》,北京出版社,2018。
陈建国:《业主选择与城市社区自主治理》,社会科学文献出版社,2014。
陈林杰:《房地产开发与经营实务》,机械工业出版社,2017。
陈剩勇、马斌:《温州民间商会自主治理的制度分析》,载张曙光、金祥荣主编《中国制度变迁的案例研究》,中国财政经济出版社,2006。
陈颙、陈凌:《分形几何学》,地震出版社,2005。
陈志武:《金融的逻辑》,国际文化出版公司,2009。
代春泉:《房地产开发》(第二版),清华大学出版社,2019。

丁煌:《西方行政学说史》,武汉大学出版社,2015。

董克用:《构建公共服务型政府》,中国人民大学出版社,2007。

董伟主编《北京市朝阳区基层社会治理探索与实践》,人民日报出版社,2007。

范耀登:《城市社区管理》,中国社会科学出版社,2010。

费孝通:《江村经济》,戴可景译,北京大学出版社,2012。

傅兴春:《化学学科思想》,福建教育出版社,2017。

龚贤:《明代管理思想:基于政策工具视角的研究》,经济管理出版社,2017。

郭俊虹:《北京市朝阳区基层社会治理探索与实践》,人民日报出版社,2017。

郭于华、沈原、陈鹏主编《居住的政治:当代都市的业主维权和社区建设》,广西师范大学出版社,2014。

韩敬:《法言今译》,巴蜀书社,1999。

胡雪:《社区丽人》,同心出版社,2006。

黄利新:《人民共和国初期北京市城区基层政权建设(1949—1954)》,安徽人民出版社,2018。

黄平、王晓毅:《公共性的重建》,社会科学文献出版社,2011。

黄仁宇:《中国大历史》,生活·读书·新知三联书店,2007。

李向前、江维:《院落自治实务》,四川大学出版社,2017。

梁漱溟:《乡村建设理论》,上海人民出版社,2006。

林尚立:《社区民主与治理:案例研究》,社会科学文献出版社,2003。

刘瑞、伍少俊、王玉清编著《社会发展中的宏观管理》,中国人民大学出版社,2005。

娄成武、孙萍:《社区管理》,高等教育出版社,2003。

陆丽琼等:《北京城市居民社区归属感对社区治理影响的调查研究》,气象出版社,2015。

马国杰:《北京市朝阳区基层社会治理探索与实践》,人民日报出版社,2017

马仲良:《社区建设概论》,中国社会出版社,2012。

孟祥国:《为政古鉴》,人民日报出版社,2008。

彭文贤:《行政生态学》,(台北)三民书局,1988。

史明正:《走向近代化的北京城——城市建设与社会变革》,北京大学出版社,1995。

孙萍:《实用社区管理学》,高等教育出版社,2017。

唐娟:《缔造社区共同体:深圳基层治理创新案例研究》,中国社会出版社,2016。

田毅鹏:《单位共同体的变迁与城市社区重建》,中央编译出版社,2014。

王鲁娜、张秀芬:《城市社区治理研究》,载陆丽琼、孙龙飞编《北京城市居民社区归属感对社区治理影响的调查研究》,气象出版社,2015。

王宪明编《严复学术文化随笔》,中国青年出版社,1999。

杨宏山:《城市管理理论与实务》,中国人民大学出版社,2016。

杨开道:《中国乡约制度》,商务印书馆,2015。

杨宽:《中国古代都城制度史研究》,上海古籍出版社,1993。

张晨:《城市化进程中的"过渡性社区":空间生成、社会整合与治理转型》,广州人民出版社,2014。

张纯:《城市社区形态与再生》,东南大学出版社,2014。

张德美:《皇权下县:秦汉依赖基层管理制度研究》,清华大学出版社,2017。

张康之:《为了人的共生共在》,人民出版社,2016。

郑杭生:《社会学概论》,中国人民大学出版社,2015。

郑中玉:《社区的想象与生产》,中国社会科学出版社,2016。

周长城主编《社会管理》,中国人民大学出版社,2016。

朱海松、李晓成:《微博微信政务:中国政务微博与政务微信的应用方法与原则》,南方日报出版社,2016。

三 译著

〔印〕阿玛蒂亚·森:《以自由看待发展》,任赜、于真译,中国人民大学出版社,2012。

〔美〕艾伦·沃尔夫:《合法性的限度——当代资本主义的政治矛盾》,沈汉等译,商务印书馆,2005。

参考文献

〔英〕安东尼·吉登斯：《现代性的后果》，田禾译，译林出版社，2000。

〔美〕本尼迪克特·安德森：《想象的共同体：民族主义的起源与散布》，吴叡人译，上海人民出版社，2011。

〔美〕彼得·德鲁克：《下一个社会的管理》，蔡文燕译，机械工业出版社，2006。

〔日〕大前研一：《洞察力的原点》，朱悦玮译，中信出版社，2013。

〔美〕道格拉斯·C. 诺思：《经济史中的结构与变迁》，陈郁、罗华平等译，上海三联书店、上海人民出版社，1994。

〔德〕斐迪南·滕尼斯：《共同体与社会》，林荣远译．商务印书馆，1999。

〔美〕佛雷德·里格斯：《行政生态学》，金耀基译，台湾商务印书馆，1978。

〔美〕赫伯特·西蒙：《管理行为》，杨砾、韩春立、徐立译，北京经济学院出版社，1988。

〔美〕杰伊·M. 沙夫里茨、艾伯特·C. 海德、桑德拉·J. 帕克斯编《公共行政学经典》第5版，中国人民大学出版社，2010。

〔法〕克罗齐耶、〔法〕费埃德伯格：《行动者与系统——集体行动的政治学》，张月等译，上海人民出版社，2007

〔加〕加雷斯·摩根：《组织》，金马译，清华大学出版社，2005。

〔英〕里奥纳德·霍布豪斯：《自由主义》，朱曾汶译，商务印书馆，1996。

〔法〕卢梭：《社会契约论》，何兆武译，商务印书馆，2005。

〔美〕陆威仪：《哈佛中国史》，张晓东、冯世明译，中信出版社，2016。

〔奥〕路德维希·冯·米塞斯：《人类行为的经济学分析》，聂薇等译，广东经济出版社，2010。

〔美〕罗伯特·赖克：《国家的作用——21世纪的资本主义前景》，徐荻洲等译，上海译文出版社，1994。

〔美〕罗伯特·帕特南：《独自打保龄：美国社区的衰落与复兴》，刘波等译，北京大学出版社，2011.

〔美〕罗伯特·帕特南：《使民主运转起来》，王列、赖海榕译，江西人民出版社，2001。

〔英〕罗纳德·哈里·科斯、王宁：《变革中国：市场经济的中国之路》，徐尧、李哲民译，中信出版社，2013。

〔美〕罗威廉：《最后的中华帝国：大清》，李仁渊、张远译，中信出版社，2016。

〔美〕R.E. 帕克、E.N. 伯吉斯、R.D. 麦肯齐：《城市社会学——芝加哥学派城市研究文集》，宋俊岭、吴建华、王登斌译，华夏出版社，1987。

〔美〕塞缪尔·亨廷顿：《变革社会中的政治秩序》，李盛平、杨玉生等译，华夏出版社，1988。

〔美〕汤姆·帕尔默：《实现自由》，景朝亮译，法律出版社，2012。

〔美〕托马斯·L. 皮纳德：《身边的数学》（英文版），机械工业出版社，2003。

〔美〕W. 理查德·斯格特：《组织理论：理性、自然和开放系统》，黄洋等译，华夏出版社 2002

〔美〕文森特·奥斯特罗姆：《美国公共行政的思想危机》，毛寿龙译，上海三联书店，1999。

〔瑞典〕喜仁龙：《北京的城墙与城门》，邓可译，北京联合出版公司，2016。

〔英〕约翰·梅纳德·凯恩斯：《就业利息和货币通论》，徐毓楠译，商务印书馆，1963。

〔美〕约瑟夫·斯蒂格利茨：《政府为什么干预经济》，郑秉文译，中国物资出版社，1998。

〔美〕詹姆斯·G. 马奇、〔挪〕约翰·P. 奥尔森：《重新发现制度：政治的组织基础》，张伟译，生活·读书·新知三联书店，2011。

〔美〕詹姆斯·科尔曼：《社会理论的基础》，邓方译，社会科学文献出版社，1999。

〔美〕珍妮特·V. 登哈特等：《新公共服务：服务，而不是掌舵》，丁煌译，中国人民大学出版社，2004。

四　中文论文

《北京市第九区一年两个月工作报告》（1950 年 4 月），北京市档案馆 45-3-49 号。

蔡长昆：《从"大政府"到"精明政府"：中国政府职能转变的逻辑——

交易成本政治学的视角》,《公共行政评论》2015 年第 2 期。

蔡磊:《清明祭祖与宗族共同体的延续——以鄂东浠水 C 氏宗族为例》,《学术界》2015 年第 11 期。

曹端波、陈志永:《遭遇发展的村落共同体》,《中国农业大学学报》(社会科学版) 2015 年第 6 期。

曹正汉:《中国上下分治的治理体制及其稳定机制》,《社会学研究》2011 年第 1 期

陈东英:《马克思的共同体思想的主要来源和发展阶段》,《哲学动态》2010 年第 5 期。

陈金英:《城市社区建设离"参与式治理"有多远》,《社会主义研究》2006 年第 6 期。

陈敏、邹家健:《中国第一业主——业主邹家健的维权心路》,《中国改革》2005 年第 5 期。

陈思、曹敏:《西安市社区服务中非政府组织发展问题探讨——以西安市碑林区为实例》,《宝鸡文理学院学报》(社会科学版) 2014 年第 3 期。

陈文:《社区三治制:管治、自治与共治的调适逻辑与理论建构》,《和谐社区通讯》2017 年第 5 期。

陈雪莲:《从街居制到社区制:城市基层治理模式的转变——以"北京市鲁谷街道社区管理体制改革"为个案》,《华东经济管理》2009 年第 9 期。

陈颐:《社会管理创新和城市社区管理体制创新》,《江海学刊》2012 年第 2 期。

陈忠:《城市社会文明多样性与命运共同体》,《中国社会科学》2017 年第 1 期。

丁伟忠:《对制度的重新认识》,《北京大学学报》(哲学社会科学版) 2003 年第 1 期。

丁亚鹏:《一年收二年扣三年走 如此物管托底能" 托" 多久》,2011 - 07 - 26,https://cz. news. fang. com/2011 - 07 - 26/5508860. htm,最后访问日期:2020 年 2 月 3 日。

范逢春:《改革开放以来的社会治理创新:一个伟大进程》,《人民论坛·

学术前沿》2019 年第 3 期。

费孝通：《中国现代化：对城市社区建设的再思考》，《江苏社会科学》2001 年第 1 期。

冯兴元：《自发秩序 vs 建构秩序：本能与理性之间有什么》，《民主与科学》2020 年第 1 期。

高大中：《"居者有其屋"——论住房制度改革的根本目的》，《城市》1989 年第 2 期。

公维友、刘云：《当代中国政府主导下的社会治理共同体建构理路探析》，《山东大学学报》（哲学社会科学版）2014 年第 3 期。

桂勇、黄荣贵：《城市社区：共同体还是"互不相关的邻里"》，《华中师范大学学报》（人文社会科学版）2006 年第 6 期。

郭海霞：《当代中国社会资本重建与协商民主的实质化践行》，《浙江社会科学》2016 年第 3 期。

何海兵：《我国城市基层社会管理体制的变迁：从单位制、街居制到社区制》，《管理世界》2003 年第 6 期。

何威：《治理共同体建构：城市社区协商治理研究——以上海市普陀区为例》，博士学位论文，华东师范大学社会发展学院，2018。

何艳玲：《"社区"在哪里：城市社区建设走向的规范分析》，《华中师范大学学报》（人文社会科学版）2007 年第 5 期。

何志荣：《"独自打保龄球"与"一起跳广场舞"：中国社区的现状与社区 O2O 实践》，《广告大观》2014 年第 12 期。

《和平里社区概况》，北京市东城区人民政府网，http://www.bjdch.gov.cn/n1708646/n2680395/c2731741/content.html，最后访问日期：2018 年 8 月 8 日。

胡义成：《哥德尔定理和灵感的互补机制》，《求实学刊》1988 年第 3 期。

黄树贤：《奋力开创新时代城乡社区治理新局面——学习贯彻习近平总书记关于城乡社区治理的重要论述》，《中国民政》2018 年 15 期。

黄涛、李光：《百步亭和谐社区建设机制研究》，《科技创业月刊》2009 年第 8 期。

景朝亮、林建衡：《关于公共服务均等化制约因素的制度分析》，《山西高等学校社会科学学报》2015 年第 11 期。

景朝亮、毛寿龙:《社区共同体的秩序逻辑》,《云南大学学报》(社会科学版) 2017 年第 4 期。

景朝亮:《试论双回路维稳模型》,《山西高等学校社会科学学报》2012 年第 9 期。

康晓光、李晓旺、娜拉:《小型社区内草根 NGO 的生长路径研究——以品阁小区业主委员会为例》,《北京科技大学学报》(社会科学版) 2011 年第 2 期。

郎友兴:《村落共同体、农民道义与中国乡村协商民主》,《浙江社会科学》2016 年第 9 期。

李飞:《政府职能的定位及其转变的轨迹》,《经济社会体制比较》1994 年第 2 期。

李国惠:《天津:打破天花板铁饭碗"能上能下"强基层》,《决策探索》(上) 2020 年第 7 期。

李国庆:《关于中国村落共同体的论战——以"戒能—平野论战"为核心》,《社会学研究》2005 年第 6 期。

李宽:《城市社区共同体的生成机理:从陌生人到熟人》,《重庆社会科学》2016 年第 5 期。

李强、李洋:《居住分异与社会距离》,《北京社会科学》2010 年第 1 期。

李松有:《宗族共同体延续的血脉基础》,《湖北民族学院学报》(哲学社会科学版) 2017 年第 4 期。

李文钊:《重构简约高效基层治理体系的中国经验——一个内外平衡机制改革的解释性框架》,《河南师范大学学报》(社会科学版) 2020 年第 2 期。

厉以宁:《市场调节经济 政府管理市场》,《经济研究》1992 年第 11 期。

廖敏:《管理职能视角下社区服务项目的运行机制研究》,《企业家天地》2014 年第 6 期。

凌德庆:《法治化市场化是小区治理方向》,搜狐网,2019 - 10 - 17,https://www.sohu.com/a/347669364_305884,最后访问日期:2020 年 1 月 5 日。

刘继同:《从依附到相对自主:国家、市场与社区关系模式的战略转变》,《毛泽东邓小平理论研究》2003 年第 3 期。

刘继同:《国家话语与社区实践:中国城市社区建设目标解读》,《社会科学研究》2003年第3期。

刘继同:《中国城市社区建设发展阶段与主要政策目标》,《唯实》2004年第3期。

刘建军:《上海市社会治理创新的十个维度》,《社会治理期刊》2020年第3期。

刘晶:《晏阳初乡村建设理论及其启示——以定县为中心的考察》,《文史博览》(理论)2015年第2期。

刘熙瑞:《服务型政府——经济全球化背景下中国政府改革的目标选择》,《中国行政管理》2002年第7期。

刘莘、张迎涛:《辅助性原则与中国行政体制改革》,《行政法学研究》2006年第4期。

刘玉照:《村落共同体、基层市场共同体与基层生产共同体——中国乡村社会结构及其变迁》,《社会科学战线》2002年第5期。

刘兆鑫、高卫星:《政府能力建设的四维要素论》,《河南社会科学》2011年第1期。

鲁西奇:《"下县的皇权":中国古代乡里制度及其实质》,《北京大学学报》(哲学社会科学版)2019年第4期。

吕方:《从街居制到社区制:变革过程及其深层意涵》,《福建论坛》(人文社会科学版),2010年第11期。

吕青:《"村改居"社区秩序如何重建?——基于苏南的调查》,《华东理工大学学报》2015年第6期。

马池春、马华:《宗族共同体:农民利益表达的一种选择》,《中共山西省委党校学报》2017年第1期。

毛丹:《村落共同体的当代命运:四个观察维度》,《社会学研究》2010年第1期。

毛寿龙:《改革以来社会治理模式变革的历史与经验(下)》,2015,百度文库,https://wenku.baidu.com/view/9d0bac3dfc0a79563c1ec5da50e2524de418d01f.html,最后访问日期:2019年12月20日。

毛寿龙:《农村社区发展的秩序维度》,《和谐社区通讯》2017年第5期。

毛寿龙:《人类秩序、小区治理与公共参与的纯理论》,《江苏行政学院学报》2015年第4期。

毛寿龙:《市场和政府:是方法还是秩序》,https://mp.weixin.qq.com/s/M7I5ZJyGKEQ5A2BX-IuCuw,2019-08-21,最后访问日期:2020年3月18日。

毛寿龙:《以政府领导力推动社区居民自治主体领导力的发挥》,华中师范大学人文社会科学高等研究院的演讲,2014年7月8日,http://www.shanbeihongzao.com/news/show.asp?id=2140,最后访问日期:2019年5月5日。

苗月霞:《社会资本视域中的中国城市社区建设》,《河北学刊》2007年第2期。

聂锦芳:《"现实的个人"与"共同体"关系之辨——重温马克思、恩格斯对一个重要问题的阐释与论证》,《哲学研究》2010年第11期。

牛文元:《社会物理学与中国社会稳定预警系统》,《中国科学院院刊》2011年第1期。

前瞻产业研究院:《2021年我国保安服务行业的营业额预计将近1000亿元》,前瞻网,https://bg.qianzhan.com/report/detail/459/160718-c71753d4.html,最后访问日期:2021年8月17日。

全球共生研究院:《共生概念的介绍》,http://symbiosism.com.cn/igs/introduce,最后访问时间:2020年2月3日。

任放:《从历史的视角看中国城市的"墙"》,《武汉大学学报》(人文科学版)2016年第3期。

任宗哲:《中国地方政府职能、组织、行为研究:一种经济学视角》,博士学位论文,西北大学,2002。

《2020山东潍坊青州市招录城市社区工作者150人公告》,2020-06-28,http://shequ.offcn.com/2020/gg_0628/20990_3.html,最后访问日期:2020年8月1日。

上海阳明社区党支部书记:《略论居委会在社区物业管理中的地位和作用》,中国社区工作网,http://www.zhongguoshequ1990.org/list_member.asp?id=55,最后访问日期:2020年5月1日。

宋梅:《关于共同体的衰落与复兴》,《城市问题》2011年第3期。

孙柏瑛:《基层治理怎样平衡"自上而下推动"与"自下而上创新"》,

《国家治理周刊》2020年第5期。

孙柏瑛、游祥斌、彭磊:《社区民主参与:任重道远——北京市区居民参与社区决策情况的调查与评析》,《国家行政学院学报》2001年第2期。

孙洪军、赵丽红:《分形理论的产生及其应用》,《辽宁工学院学报》2005年第2期。

谭健:《政府职能的理论必须发展》,《政治学研究》1985年第1期。

陶勇:《县级政府提供基本公共服务的困境——基于地方政府治理结构的视角》,《公共经济与政策研究》2014年第1期。

田凯:《组织外形化:非协调约束下的组织运作——一个研究中国慈善组织与政府关系的理论框架》,《社会学研究》2004年第4期。

田毅鹏、吕方:《社会原子化理论谱系及其问题表达》,《天津社会科学》2010年第5期。

王伯承、余跃:《从闹元宵到宗族共同体》,《山西农业大学学报》(社会科学版)2017年第3期。

王春:《城市新建社区共同体营造的路径分析》,《浙江工商大学学报》2016年第1期。

王静:《"三社联动"加快社区治理现代化》,新华网,2017-6-28,http://www.xinhuanet.com//gongyi/2017-06/28/c_129642717.htm,最后访问日期:2020年6月15日。

王利明:《物业服务合同立法若干问题》,《财经法学》2018年第3期。

王小章、冯婷:《城市居民的社区参与意愿:对H市的一项问卷调查分析》,《浙江社会科学》2004年第7期。

王小章、王志强:《从"社区"到"脱域的共同体"》,《学术论坛》2003年第6期。

吴青熹:《基层社会治理中的政社关系构建与演化逻辑——从网格化管理到网络化服务》,《南京大学学报》(哲学·人文科学·社会科学版)2018年第6期。

吴青熹:《社会化媒体与社区治理难题的破解——基于社区共同体的分析视角》,《南京大学学报(哲学·人文科学·社会科学版)》2017年第4期。

吴树灿:《哥德尔定理与逻辑认知进化》,《自然辩证法研究》2011年第1期。

吴文藻:《吴文藻自传》,《晋阳学刊》1983年第6期。

吴晓林:《城市社区的"五层次需求"与治理结构转换》,《国家治理》2018年第31期。

吴晓林、郝丽娜:《"社区复兴运动"以来国外社区治理研究的理论考察》,《政治学研究》2015年第1期。

吴晓林:《治权统合、服务下沉与选择性参与:改革开放四十年城市社区治理的"复合结构"》,《中国行政管理》2019年第7期。

夏建中:《从街居制到社区制:我国城市社区30年的变迁》,《黑龙江社会科学》2008年第5期。

夏学銮:《中国社区建设的理论架构探讨》,《北京大学学报》(哲学社会科学版)2002年第1期。

向德平、华汛子:《中国社区建设的历程、演进与展望》,《中共中央党校(国家行政学院)学报》2019年第3期。

项继权:《中国农村社区及共同体的转型与重建》,《华中师范大学学报》(人文社会科学版)2009年第3期。

萧英智、刘鸿儒:《住房制度改革与利益关系调整——国务院住房制度改革领导小组副组长刘鸿儒答记者问》,《中国经济体制改革》1991年第9期。

《小小社区,为何牵动总书记的心?》,光明网,https://politics.gmw.cn/2020-07/24/content_34026351.htm,最后访问日期:2021年5月1日。

新华网:《用壮士断腕的决心转变政府职能》,http://news.xinhuanet.com/2013lh/2013-03/17/c_115053934.htm,最后访问日期:2020年6月3日。

徐中振、徐珂:《走向社区治理》,《上海行政学院学报》2004年第1期。

薛文同:《社会资本转换与社区建设的互动:中国的经验》,博士学位论文,复旦大学,2009。

严振书:《转型期中国社区建设的历程、成就与趋向》,《成都行政学院学报》2010 年第 2 期。

晏阳初：《定县的实验（节选）》，《中国改革》（农村版）2003 年第 5 期。

央视网：《家风是什么？》，http://opinion.cntv.cn/2014/02/09/ARTI1391958231372867.shtml，最后访问日期：2018 年 7 月 7 日。

杨贵华：《社区共同体的资源整合及能力建设》，《社会科学》2010 年第 1 期。

杨贵华：《重塑社区文化，提升社区共同体的文化维系力——城市社区自组织能力建设路径研究》，《上海大学学报》（社会科学版）2008 年第 3 期。

杨贵华：《自组织与社区共同体的自组织机制》，《东南学术》2007 年第 5 期。

杨君、徐永祥、徐选国：《社区治理共同体的建设何以可能——迈向经验解释的城市社区治理模式》，《福建论坛》（人文社会科学版），2014 年第 10 期。

杨敏：《公民参与、群众参与与社区参与》，《社会》2005 年第 5 期。

杨腾原：《中国城市社区建设研究文献述评》，《陕西行政学院学报》2013 年第 1 期。

叶汉庭：《物业管理的崭新模式——城市管理的一支生力军》，《城市问题》1993 年第 5 期。

叶汉庭：《赢得小区物业管理的主动权——深圳市物业管理公司经理》，《中国房地信息》1994 年第 2 期。

伊尘：《严守"微战场"答好"大考题"》，央广网，2020-03-13，http://news.cnr.cn/native/gd/20200313/t20200313_525015622.shtml，最后访问日期：2020 年 3 月 21 日。

于莉：《城郊农民集中居住社区的社区参与状况：基于 326 位城郊农民调查数据的实证分析》，《城市问题》2016 年第 2 期。

郁亮：《大转折到来，万科的目标是"活下去"》，《房地产导刊》2018 年第 10 期。

张宝锋：《城市社区参与动力缺失原因探源》，《河南社会科学》2005 年第 7 期。

张康之、张乾友:《对共同体演进的历史考察》,《西北大学学报》(哲学社会科学版) 2008 年第 4 期。

张康之、张乾友:《在共同体的视角中看民主》,《学习与探索》2011 年第 2 期。

张康之:《政府职能模式的三种类型》,《广东行政学院学报》1999 年第 4 期。

张丽曼:《业主自治需要更多的制度创新——北京品阁小区公司制自主管理模式的启示》,《现代物业》2008 年第 4 期。

张铃枣:《马克思主义政府理论视域下的服务型政府职能研究》,博士学位论文,福建师范大学,2009。

张志旻、赵世奎、任之光、杜全生、韩智勇、周延泽、高瑞平:《共同体的界定、内涵及其生成——共同体研究综述》,《科学学与科学技术管理》2010 年第 10 期。

赵衡宇、胡晓鸣:《基于邻里社会资本重构的城市住区空间探讨》,《建筑学报》2009 年第 8 期。

赵沛:《论先秦到两汉宗族形态的变迁》,《学习与探索》2006 年第 4 期。

赵孟营、王思斌:《走向善治与重建社会资本》,《江苏社会科学》2001 年第 4 期。

郑长忠:《社区共同体建设的政党逻辑:理论、问题与对策》,《上海行政学院学报》2009 年第 5 期。

郑杭生、高霖宇:《提高社会管理科学化水平的社会学解读》,《思想战线》2011 年第 4 期。

郑琦、乔昆:《论社区共同体生成的政府培育主导路径》,《北京社会科学》2010 年第 6 期。

郑扬:《多方融合的小区治理之路:业委会协会运作的淮安模式》,江苏省业委会协会,https://mp.weixin.qq.com/s/aorecXDwPc6nO00f_dNh-Vw,最后访问日期:2020 年 6 月 8 日。

周飞宇:《再造家园(三)》,心晴雅苑,2020 - 07 - 11,https://mp.weixin.qq.com/s/VV-FOCEqRkFy06YBmUvaNw,最后访问日期:2020 年 7 月 12 日。

周庆智:《在官治与民治之间:关于基层社会秩序变革的一个概括》,

《学术交流》2019 年第 7 期。

周莹、王巳龙：《宇宙自相似性在中国古代社会的体现——中国传统"家国同构"式社会的自相似性》，《西藏民族大学学报》（哲学社会科学版）2016 年第 1 期。

朱婧：《创新网格化运行机制的探索与启示》，载董伟主编《北京市朝阳区基层社会治理探索与实践》，人民日报出版社，2007。

左芙蓉、刘继同：《中国社区生活结构战略转型与现代社区福利制度框架建设》，《学习与实践》2013 年第 3 期。

五 外文著作

A. Etzioni, *The Spirit of Community: Rights, Responsibilities and Communitarian Agenda* (New York: Crown Publishers, 1993).

B. Franklin, *Poor Richard's Almanacs* (1733 ~ 1758) (New York and London: G. P, Putnam's Sons, A Division of Knickerbocker Press, 1890).

Benoit. B. Mandelbrot, *Fractals; Form, Chance and Dimension* (San Francisco: Freeman, 1977).

Benoit. B. Mandelbrot, *The Fractal Geometry of Nature* (New York: W. H. Freeman and Company, 1983).

BrianHook, ed., *The Cambridge Encyclopedia of China* (Cambridge University Press, 1982).

Careth Morgan, *Images Of Organization* (Thousand Oaks, California: Sage Publications, 1997).

D. C. North, *Institutions, Institutional Change, and Economic Performance* (New York: Cambridge University Press, 1990).

D. Evans, *How to Buy a Codominium or Townhouse* (Naperville, Illinois: Sphinx Publishing, 2006).

D. Abravanel, *The Secrets of the Hebrew Alphabet*, trans. by Kay Wallace (Torino, Italy: Edizioni Amrita/BlossomingBooks, 2015).

D. L. Philips, *Looking Backward: A Critical Appraisal of Communitarian Thought* (Princeton, NJ: Princeton University Press, 1993).

F. W. Taylor, *Scientific Management* (London and New York: Routledge,

2003).

FrankJ. Goodnow, Politics and Administration (New York: Macmillan Company, 1900).

Fred E. Foldvary, *public goods and private communities: the market provision of social services* (Northhamption, VA: Edward Elgar Publishing House, 1994).

IsraelKirzner, *The Meaning of Market Process* (Oxford, Routledge Press, 1996), pp. 152 – 153.

J. Jacobs, *The Life and Death of Great American Cities* (New York: Vintage Books, 1961).

James G. Carrier, *Meanings of the Market* (Oxford and New York: Berg, 1997).

JanKooiman, *Modern Governance: New Government-Society Interactions* (London: Sage Publication, 2002).

K. Lynch, *The Image of the City* (Cambridge: MIT Press, 1960)

M. Buber, *I And You* (New York: Scribner, 1958).

M. Buber, *Between Man And Man* (New York: Macmillian, 1965).

M. Gotdiener & R. Hutchison, *The New Urban Sociology.* (Boulder: Westview Press, 2011).

PageSmith, *As a City upon a Hill: The Town in American History* (New York: Alfred A. Knopf, 1996).

PeterAlexeyevich Kropotkin, *Mutual Aid: a A Factor of Evolution* (New York: McClure Phillips & Co., 1902).

PhilipSelznick, *TVA and the Grass Roots* (LA: The University of the Carlifornia Press, 1949).

R. Dunbar, *How Many Friends Does One Person Need? ——Dunbar's Number and Other Evolutionary Quirks* (Cambridge, Massachusetts: Harvard University Press, 2010).

R. H. Wiebe, *The Search for Order* (New York: Hill & Wang, 1976).

Richard Dawkins, *The Selfish Gene* (New York: Oxford University Press Inc., 1989).

RobertNozick, *Anarchy, State, and Utopia* (Oxford: Blackwell Publishers, 1971).

Robert T. Kiyosaki, *Rich Dad, Poor Dad* (New York: Warner Books Inc., 2011).

S. A. Calvo et al, *The Charter of Machu Picchu* (Lima and Cuzco,: Eternal Intihuatana of Machu Picchu, 1977).

T. James, *Aesop's Fables: a new version chiefly from orignial sources* (Springfield, Ohio: Farm and Fireside Company, 1881).

Theoni Pappas, *The Joy of Mathematics* (San Carlos: Wide World Publishing, 1989).

William B. Gudykunst, Young Yun Kim, *Communicating with Strangers: An Approach to Intercultural Communication* (Shanghai: Shanghai Foreign Language Education Press, 2007).

William G. Breggemann, *The Pracctice of Macro Social Work* (Wadsworth: Wadsworth Group, 2002).

William G. Flanagan, *Urban Sociology: Images and Structure* (5th Edition) (Lanham, Maryland: Rowman& Littlefield Publishing Group, Inc., 2010).

PeterSmith, *An Introduction to Godel's Theorems* (Cambridge: Cambridge University Press, 2007).

Yuval NoahHarari, *Sapiens: a Brief History of Humankind* (New York: Harper Perennial, 2014).

Yan Jirong et al., *China's Governance: Road of Rejuvenation of Eastern Power*, trans. by Huang Fang (Beijing: China Renmin University Press, 2017).

六 外文论文

AxelBorsdorf, Rodrigo Hidalgo, Rafael Sánchez, "A new model of urban development in Latin America: The gated communities and fenced cities in the metropolitan areas of Santiago de Chile and Valparaíso," *Cities* 5 (2007).

C. Song, et al., "Self-similarity of complex networks," *Nature*, 2005 (5).

CharlesTiebout, "A pure theory of local expenditure," *Journal of Political Economiy* 5 (1956).

FredRiggs, "The Econology and Context of Public Administraion: A Comparative Perspective," *Public Administration Review* 2 (1980).

M. Barnet & A. King, "Good Fences Make Good Neighbors: A Longitudinal Analysis of an Industry Self-Regulatory Institution," *The Academy of Management Journal* 5 (2008).

Michael Cohen, James G. March, and Johan P. Olson, "A Garbage-Can Model of OrganizationalChoice," *Administrative Science Quarterly* 1 (1972).

R. A. W. Rhodes, "The New Governance: Governing without Government," *Political Studies* 4 (1996).

T. J. Lowi, "Legitimizing Public Administration: a disturbed dissent," *Public Administration Reivew* 3 (1993).

Z. Trachtenberg, "Good Neighbors Make Good Fences," *Philosophy and Literature* 3 (1997).

Renee A. Irvin and JohnStansbury, "Citizen Participation in Decision Making: Is It worth the Effort?," *Public Administration Review* 1 (2004).

附 录

一 对社区居委会的各种评比达标项目

序号	评比达标项目
1	幸福社区评比达标
2	老干部服务示范评比达标
3	无邪教示范社区评比达标
4	"无毒"示范社区评比达标
5	居家养老先进社区评比达标
6	充分就业保障社区评比达标
7	智慧社区评比达标
8	绿色社区评比达标
9	药品安全示范社区评比达标
10	科普社区评比达标
11	文化社区评比达标
12	节水型社区评比达标
13	社区文化活动示范点评比达标
14	居民文体活动示范社区评比达标
15	社区居民学校评比达标
16	社区档案工作评比达标
17	未成年人零犯罪评比达标
18	社区妇女儿童之家评比达标
19	体育生活化社区评比达标
20	"六型"社区评比达标
21	民主法治示范社区评比达标
22	规范化调解委员会评比达标
23	全民健康生活示范社区评比达标
24	文明养犬社区评比达标

续表

序号	评比达标项目
25	垃圾分类社区评比达标

资料来源：北京市西城区民政局编《西城区社区工作者手册》，北京出版社，2018。

二 社区服务站项目举例

例1 某社区服务站的服务项目

社区服务站科室	服务类别	具体服务内容
科室一	社会福利服务	申请低保
		办理低收入证
	保障性住房服务	申请公共租赁住房须知
		申请廉租租房补贴住房须知（与公租房同表）
	再就业服务	办理失业登记
		办理灵活就业
		办理中止灵活就业证明
		办理自谋职业
		灵活就业签字
	计生服务	办理生育服务证
		办理独生子女父母光荣证
		办理独生子女奖励费
		办理独生子女伤残、死亡家庭的特别扶助
科室二	老龄服务	办理60岁老年证
		办理65岁老年优待证
		办理80岁居家养老（助残）服务券
		办理高龄老人津贴
		发放80岁以上高龄老人居家养老服务卡
		95周岁以上老年人补助医疗
		"一老一小"项目中老年人补助医疗办法
	社保、医保服务	社会化退休人员医疗费报销
		办理"一老一小"医疗保险
	社区服务站残疾人服务	办理残疾人证
		申请养老助残券（卡）

续表

社区服务站科室	服务类别	具体服务内容
科室三	流动人口管理	办理暂住证
		办理出租房屋登记
	党员管理	社区党员转入
		社区党员转出

资料来源：北京西城区永安路社区服务站。

例 2　月坛街道规定的社区服务站基本职能

服务站职能	具体办理事项
社保工作	办理低保、灵活就业服务、一老一小保险保障住房申请、社会化退休养老金的认证等
残联工作	办理残疾证、走访慰问困难的残疾人
老龄工作	办理老年证、老年年卡、80岁以上老年人生活补助爱心卡、90岁以上高龄紧贴、社区孝星评选、开办老年讲座、搭建老年人交流的平台
计生工作	流动人口孕检、组织亲子活动、特扶家庭体检、0－3岁爱心礼包发放、独生子女费发放等
文体教育	举办联欢会、猜谜会、趣味运动会、市民大课堂、健康知识讲座、低碳环保知识讲座等
三位一体	积极主动配合党委和居委会的工作，宣传协调好居民楼外墙保温、窗户更换工程，引进社区便民菜车、主食车。同时，配合两委做好社区网格化管理工作，对居民院落分片包干，责任到人，确保辖区每个居民都有人负责

资料来源：月坛街道。

三　社区居民向政府表达的社区服务需求

街道	对社区基本公共服务的反馈意见及典型诉求
天桥	关于一刻钟服务圈的商户之积极性需要政府来培育（除老年餐桌因为有6%的返利激励而获得商家欢迎外，其余的项目很难有效调动商家的参与）
	社区网络信息化需要大力投入；且各部门数据最好能实现共享，以减轻相同数据反复上报的弊端
	一站多居的模式希望施行，因为居民对于服务站的需求量并不大，可以大量整合
	服务站延时服务的必要性请求重新考虑
	政府出资成立平房区物业管理机构
	老年饭桌需要配备

续表

街道	对社区基本公共服务的反馈意见及典型诉求
天桥	更多托老机构需要设立，且服务价格要低廉
	应建临终关怀医院
	对于外地来此做生活类服务者的需要管理：强化其服务的同时引导其爱护当地市容
	居民需求反馈给政府的常态化渠道需要搭建
	需要增加停车场
	需要增加便民菜站
	加强历史遗留的"老旧小区"基础设施维护和管理
	需要控制物业公司私自出租地下室以确保社区安全
	公交车改线需要充分征询民意
	新型服务有待加强，如看话剧、心理疏导、急救技术等
	家政服务有很多需求，同时保姆的服务价格希望政府介入，应设限，能否由政府创办家政服务中介所
	社区对于社会组织的培育存在困惑，突出问题就是娱乐性社会组织众多而服务性组织稀少
牛街	委办局给街道、社区交办的任务需明确化、可操作化
	居委会开证明、盖章的程序，虽然已有专门文件作过规定，但现实中常常有许多不合逻辑和法理的盖章困惑，盖章、开证明显然无理；不同意的话，前来办事的居民之要求又得不到响应，引发强烈的抱怨
	一些"全覆盖"的项目其实并无实际需求，因而可以修正
	98156便民平台的实效并不理想
	社工待遇低成为影响社会服务质量的重要因素
	乱停车现象影响居民走路，需整治
	空巢老人关爱机制缺乏，希望成立一对一结对帮助的邻里互助机制，或者政府牵头成立"时间银行"
月坛	社会组织力量不足，尤其是服务类组织极少
	解决老旧小区物业问题的三个出路： 引入市场化物业公司——居民工作不好做，收不上物业费； 业主委员会居民公约自治——自治委员会容易牟利； 居委会代管——需赋予居委会相应权力，经费也有问题。
	社区文体公益金太少
	体育设施无处安装
金融街	金融街的买菜难如何化解
	公租房违规出租如何管制
	上幼儿园难

续表

街道	对社区基本公共服务的反馈意见及典型诉求
金融街	小区地下车库的噪声影响周边居民休息
	垃圾回收点的位置选择在哪里才好,既方便又不影响观瞻
	养老院缺乏:公立的进不去、门槛高,私立的价格高
	希望建立一个捐助平台,为社区间互助以及帮助偏远地区、困难群体搭建桥梁
	社区医院医疗技术不到位,基本药品如治疗"三高"药品匮乏
广安门	社区工作者的"异化感""无权感""疏离感"能否通过培训、待遇和前程激励来缓解,从而焕发出更积极的热忱来更好地服务于民众?也就是说,服务他人者能否先行得到服务?让他们知道关爱为何,然后再将爱传递出去
	"红枫盈"积极养老模式:需要政府在权责利的明晰化,以及税费等方面予以制度保障
展览路	目录的进步之处在于将服务内容指标化、量化,使得基层服务工作更有目标性。但是社区服务的180项标准化项目并不都合理,有50多项其实不具有操作性
	居民需求大致可以分为三类:"找着主的"、"找不着主的"、社会需求的,其中但凡"找不着主"的全被推向居委会。
	职能部门各项工作无人在基层落实,工作全推在社区工作者身上,导致社区工作者工作繁重,形成"权力置上、责任下沉、利益潜水"的基层现状
	居委会定位为基层居民自治组织,服务站是政府设在社区的服务平台。而现状是由于人员有限,服务站工作过于繁重,居委会常常承担行政职能,行政化色彩过于浓重,而居民一般对两者之间的职能并无深入的了解,常常错项申诉,居委会无限兜底
什刹海	小学生入学划片政策导致部分居民家孩子反而不能就近入学
	什刹海风景区的歌厅扰民问题能否解决?外来车辆拥堵胡同的问题也是当地居民反映的集中问题
新街口	网格化管理在实际操作中遭遇的尴尬,有待解决(无论是从警力配备还是从社区工作人员安排等方面都存在问题)
	一些居民楼废旧家具家电乱扔,导致社区环境受到极大影响,环卫部门声称非其责任,不予管理,导致街道兜底负责打扫清除,街道每年花在此项目上的资金高达40万~50万元
	居委会是否可以作为基层自治的主体?目前居委会承担过多行政职能。还有其他突出问题: 社区居民流动性太大,居民参与意识淡薄,且对居委会工作职能不甚了解; 居委会、服务站定位不清; 居委会没有法定权力,所作决议并无法律保障

数据来源:笔者调查所得。

四 社区现状调查问卷

亲爱的先生/女士：

您好！我们是天津科技大学老师，受国家有关机构委托，目前从事社区建设的课题研究。随着改革的深化，作为我们生活港湾的社区，正涌现诸多新问题。为让社区更加宜居与和谐，本课题组设计了此问卷。希望通过务实的数据采集，加上科学的分析，得出有价值的结论，以期让有关部门的制度设计跟基层诉求之间实现有效呼应。因此，您的作答就是在为社区美好的明天贡献力量，具有重要的社会意义，谨向您的合作表示由衷的感谢和敬意！

填写说明：采用匿名，不涉隐私，您可放心填写。请您在符合的选项上打"√"，可多选。

1. 您的住房情况属于：
   A. 自有住房　　　　　B. 单位公房　　　　　C. 政府廉租房
   D. 个人租房　　　　　E. 其他

2. 您在当前小区已住多长时间？
   A. 半年以内　　　　　B. 半年到 2 年　　　　C. 2~7 年
   D. 7 年以上

3. 您对小区秩序和环境的总体看法是：
   A. 十分满意　　　　　B. 比较满意　　　　　C. 还行
   D. 不太满意　　　　　E. 太不满意

4. 您对小区物业服务性价比的评价是：
   A. 很好　　　　　　　B. 比较好　　　　　　C. 适中
   D. 较差　　　　　　　E. 很差

5. 您所在小区有哪些管理机构？
   A. 社区党委　　　　　B. 居委会　　　　　　C. 服务工作站
   D. 物业公司　　　　　E. 业委会　　　　　　F. 房管部门
   G. 其他

6. 您给党组织在小区治理中的作用的评价是：
   A. 积极作为的核心角色　　B. 按部就班、例行公事
   C. 表现不显著

7. 您所在小区物业服务情况属于:

    A. 房管所负责　　　　B. 前期物业公司　　　C. 选聘的物业公司

    D. 业主自管　　　　　E. 其他

8. 小区业委会情况属于:

    A. 没有　　　　　　　B. 成立不到三年　　　C. 已换过届

    D. 有但并无作为　　　E. 被撤销　　　　　　F. 其他

9. 您认为业委会作为群众自发性自治组织，成立的最大困难在于哪里?

    A. 不觉得难　　　　　B. 政府不支持　　　　B. 利益集团阻挠

    C. 业主不支持　　　　D. 筹备组缺乏经验

10. 您特别关心小区的哪些因素:

    A. 房价　　　　　　　　B. 生活配套　　　　　C. 地段

    D. 物业费　　　　　　　E. 公共维修基金的使用

    F. 公共设施经营收益　　G. 小区设备的质量

    H. 公共服务的提供　　　I. 小区文化活动

    I. 邻里氛围　　　　　　J. 其他

11. 您如何看待小区的共有产权和共有收益?

    A. 可观的商机　　　　　B. 应积极争取法定权利

    C. 镜中观花，不操这分心　D. 不懂，没听过

12. 您在小区内跟邻居交朋友情况:

    A. 不闻不问　　　　　　B. 见面认识的熟人

    C. 少有往来，偶尔互助　D. 关系默契常聚会

13. 在小区内，您怎样定义"自己人"和"外人"?

    A. 只有小区业主才是自己人

    B. 只要是小区居民就是自己人

    C. 只有利益一致的人才是自己人

    D. 只要志同道合、价值观相同即自己人

    E. 只有亲戚、朋友才算自己人

    F. 没有太强烈的自己人意识　　　　　　E. 其他

14. 您业余的"时间都去哪儿了"? 投入时间比较多的三项是:

    A. 看电视　　　　　　　B. 附近散步　　　　　C. 找朋友聊天

D. 参与社区活动　　　　E. 使用电脑（包括浏览和游戏等）

F. 读书　　　　　　　　G. 玩手机（包括阅读微信等）

H. 逛街　　　　　　　　H. 健身　　　　　　　I. 旅游

15. 您理解的社区是什么？

A. 生活场所　　　　　　　　　　　　B. 投资环境

C. 一个归属性组织　　　　　　　　　D. 没认真考虑过

E. 其他

16. 您觉得您在社区中的角色是什么？

A. 可忽略　　　　　　　B. 社区服务被动的接受者

C. 不很积极但关注　　　D. 有主人翁责任感和参与意识

17. 您认为自己在社区中的利益是由谁代表的？

A. 党组织　　　　　　　B. 人大代表　　　　　C. 居委会

D. 基层人民政府　　　　E. 物业公司　　　　　F. 业委会

G. 朋友与邻居　　　　　H. 房管部门　　　　　I. 房地产开发商

J. 不在乎这个问题

18. 您习惯被邻居敲门、串门吗？

A. 不大习惯　　　　　　B. 还行，聊聊天不错

C. 欢迎，有朋自远方来不亦乐乎

19. 您参加过小区的一些集体行动吗？

A. 没有，不感兴趣　　　B. 没有，个人事务太忙，没工夫

C. 参加过一些社区的文体活动

D. 在社区积极业主带领下有过维权活动

E. 自己曾发起成立业委会

F. 对于关系社区公益的行动，都能积极配合

20. 您参加过所住小区的"居民会议"吗？对于居民会议制度有多少了解？

A. 经常参加，是个很有用的制度

B. 知道有这个制度，但很少参加

C. 听说过，但觉得只是走形式

D. 没有听说过这个制度

21. 在高风险的现代社会，您将做怎样的防范准备？

　　A. 商业保险　　　　　　B. 政府保障　　　　　　C. 宗教支撑

　　D. 亲戚朋友互助　　　　E. 社区互助　　　　　　F. 个人小心

22. 社区内的信息交流平台主要有哪些？

　　A. 居委会宣传　　　　　B. 社区工作站通知

　　C. 社区自发组织（比如业委会）提供

　　D. 自己打听得知　　　　E. 社区微信（QQ群）平台

　　F. 社区网上论坛　　　　G. 兴趣小组

23. 对于社区事务您的看法是：

　　A. 非常重要，值得投入精力和时间维护好社区生活的品质

　　B. 虽然重要，但还有更重要的个人事情占据了注意力，腾不出空来去操心。

　　C. 不明白为什么要关心社区事务，谁爱关心谁去关心算了

　　D. 多一事不如少一事，只要不侵犯自己的利益就行

24. 您所在社区是否有自己的公约？

　　A. 不知道，没听过　　　B. 没有

　　C. 有公约，但是别人给定的

　　D. 有公约，且融入了自己的参与

25. 您觉得小区现在最大的问题是：

　　A. 挺好，没觉得有什么问题

　　B. 社区治安　　　　　　C. 社区居民缺乏凝聚力和责任感

　　D. 生活便利设施和条件　E. 保洁绿化质量

　　F. 政府服务项目投入不足

　　G. 小区居民与物业的矛盾

　　H. 居民间纠纷　　　　　I. 配套权属矛盾　　　J. 其他

26. 您认为政府在社区治理中的作用主要在于（可多选）：

　　A. 提供社会福利，构建社会保障体系

　　B. 提供公安和司法秩序，做好守夜人角色即可

　　C. 提供公共服务，越多越好

　　D. 监管市场、规范合作秩序，打击违法乱纪行为

27. 您一旦认为个人权益受到侵害，或者对社区事务有意见，会怎

样处理？

 A. 诉讼   B. 上访

 C. 向社区党组织反映   D. 找亲戚朋友合计出对策

 E. 主动向社区居委会等自治组织反映意见，寻求补救措施

 F. 寻找代表社区的人大代表倾吐心声、表达诉求

 G. 忍字为先，委曲求全，退一步天高地厚，让三分心平气和，精神胜利。

28. 您认为理想的社区环境是怎样获得的？

 A. 市场机制使然   B. 行政体制使然

 C. 小区居民的自觉自律使然   D. 其他

29. 您觉得自己所属的工作单位与所住的小区相比，哪个更像是个共同体？

 A. 工作单位   B. 所居住的社区

 C. 因地而异、因人而异   D 性质不同，无可比性

30. 您的小区有多少入住人口？

 A. 1000 以内   B. 1000～2000   C. 2000～3000

 D. 3000～4000   E. 5000 以上

31. 您对社区建设的意见建议（自由填答）：_____

（下面几道题关于填答者的个人信息仅用于调查分析，不涉及隐私，谢谢配合！）

32. 性别：A. 男   B. 女

33. 年龄层次：

 A. 18 岁以下   B. 18～30 岁   C. 31～60 岁   D. 60 岁以上

34. 政治面貌：

 A. 中共党员   B. 共青团员

 C. 民主党派人士   D. 群众

35. 婚否：

 A. 未婚   B. 已婚（有子女）

 C. 已婚（无子女）   D. 其他：

36. 学历及学位：

 A. 小学   B. 初中   C. 高中   D. 本科

E. 硕士研究生　F. 博士研究生　G. 其他

37. 籍贯：_____

38. 现住地（为隐私考虑，只写到区县层次即可）：_____

39. 户籍所在地与现住地是否一致？A. 是　　　B. 否

40. 您的工作单位（或退休前的工作单位）属于：

A. 政府机关　　B. 事业单位　　C. 国有企业　　D. 非公有制企业

E. 社会组织　　F. 自由职业　　H. 个体工商户　　I. 学生

J. 进城务工人员　K. 处于非就业状态　　L. 其他

41. 您每月收入状况为（单位：元）：

A. 2000 及以下　　　　　　　　B. 2000～5000

C. 5000～10000　　　　　　　　D. 10000 及以上

五　社区基本公共服务全覆盖情况调查设计

1. 访谈提纲

第一，街道社区访谈提纲

本街道或本社区基本公共服务全覆盖的实际情况如何？

工作宣传力度如何？社区居民反应如何？满意度如何？

各责任委办局在本街道或本社区推广社区基本公共服务全覆盖工作中主要做法是什么，服务意识如何？请详细举例。

各责任委办局与街道社区工作联系是否紧密？沟通机制如何？分工如何？是否认真听取街道社区意见，改进工作方式？请详细说明。

本街道或本社区协助参与社区基本公共服务全覆盖工作的人力有多少？这些人力分别是什么？请用数据和具体事例等进行详细说明。居民群众、社会组织、社会单位等参与情况如何？请用具体事例或数据加以说明。

本街道或本社区在社区基本公共服务全覆盖工作推进过程中承担了什么样的角色？目前的角色定位是否准确？街道或社区在承担这个角色过程中遇到的主要问题是什么？你们对这些问题是如何看待的？

面临的实际问题、难题？原因是什么？

社区居民反应如何？

为了更好地推进本街道或本社区基本公共服务全覆盖工作，你们认为，本街道或本社区可以做哪些改进和完善？下一步改进和完善的着力点是什么？具体的工作思路和建议是什么？

请大家随便谈谈对社区基本公共服务全覆盖工作的认识和希望，希望区委区政府在全响应网格化社会服务管理工作方面推出哪些支持性政策和措施。

关于社区基本公共服务全覆盖工作的其他意见和建议。

第二，社区居民访谈提纲

是否了解"社区基本公共服务全覆盖"工作，如果了解的话，了解程度如何？

是否在社区基本公共服务全覆盖工作实施前后感觉到生活服务设施与质量的提升与改善？若有提升，是否明显？

您对社区的基本公共服务推广覆盖工作整体上是否满意，请具体提出满意点与不满意之处的具体内容。

您对委办局及街道社区工作人员在推动社区基本公共服务全覆盖工作中的工作方式与工作态度是否满意，并具体阐明原因。

您在日常生活中有哪些公共服务需求？哪些是急切需求而政府未能提供的？

您认为政府应该在哪些方面着手改善社区公共服务水平？

您对街道社区工作的意见与建议。

第三，政府职能部门（委办局）访谈提纲

本委办局社区基本公共服务全覆盖工作主要包括哪些内容？取得的主要进展有哪些，请详细说明。

本委办局社区基本公共服务全覆盖工作的主要做法是什么，请详细列举。

本委办局社区基本公共服务全覆盖工作的初步成效，请用数据或事例加以说明。

本委办局社区基本公共服务全覆盖工作是否对社区居民群众和社会单位进行了广泛宣传，宣传的方式主要有哪些？宣传的效果如何？请用事例或数据说明。

本委办局参与社区基本公共服务全覆盖工作的人力有多少？这些人力分别是什么？请用数据和具体事例等进行详细说明。居民群众、社会组织、社会单位等参与情况如何？请用具体事例或数据加以说明。

本委办局在落实推行社区基本公共服务全覆盖工作中建立了哪些工作机制？这些工作机制的内容是什么？如何运行？运行的体会是什么？有没有遇到困难和问题？如果有，困难和问题是什么？

工作过程中街道社区对工作的配合情况如何？

对自我工作成效、群众满意程度的自评，自我认识。

在工作过程中发现的新的服务项目有哪些？原有的服务项目哪些需要进行改进？

本委办局在推进社区基本公共服务全覆盖工作中遇到的问题或困难主要是什么？你们认为，产生这些问题的原因是什么？

为了更好地推进社区基本公共服务全覆盖工作，你们认为，全覆盖工作可以做哪些改进和完善？下一步改进和完善的着力点是什么？具体的工作思路和建议是什么？

关于西城区基本公共服务全覆盖工作的其他意见和建议。

2. 街居体制提供服务的受惠方调查问卷

亲爱的居民朋友：

您好！感谢您对社区服务民意问卷调查活动的支持！做好便民利民的社区服务，是社区工作的重要职责。为了摸清社区基本公共服务全覆盖工作的落实情况，改进工作方式，细化公共服务项目，提高服务水平，我们开展了此次问卷调查。您的需求就是我们工作的目标，为了进一步了解您的意愿及所关心的问题，请您真诚与我们交流。谢谢您的合作！

（一）填表人基本情况

社区名称：_____

性别：□男　□女　婚否：□单身　□已婚

年龄：□20岁以下　□21~30岁　□31~55岁　□56岁以上

户口所在地：□北京西城区　□北京其他区县　□非北京户口

文化程度：□小学　□初中　□高中　□大专　□本科　□研究生

身份：农民工　□国有企业员工　□非公有制企业职员　□机关干部　□服务人员　□个体工商户　□私营业主　□学生　□无业（失业）　□退休人员　□其他

住房：自有住房　□单位宿舍　□租房

家庭月收入：2000 元以内　□2000~5000 元　□5000~10000 元　□10000 元以上

（二）问卷调查内容：

1. 您是否关注过社区基本公共服务的项目和内容？

□是　□否

2. 您是否知道所在社区居委会办公地址？

□知道　□不知道

3. 您希望社区所提供的公共服务增多还是减少？

□增多　□减少

4. 您认为社区公共服务的意义在于：

□增强社区认同感　□解决民众实际问题　□促进人际交流　□有利于维护党和政府的执政基础　□有利于和谐社会建设　□有利于践行社会主义核心价值观　□其他

5. 您认为社区公共服务的项目和内容应该依据什么来选定？

□民众的需求　□环境或条件的变化　□兄弟社区的经验　□领导的偏好　□其他

4. 您通过哪些渠道了解社区情况？

□小区宣传栏　□社区举行活动　□媒体宣传　□有关文件　□其他

5. 您对"社区基本公共服务全覆盖"工作是否了解？

□比较了解　□不太了解　□不了解

6. 您对社区公共服务设施是否满意？

□满意　□基本满意　□不满意

7. 您对社区工作者服务态度和服务质量是否满意？

□满意　□基本满意　□不满意

8. 您目前对社区服务最不满意的是什么？

□提供社区服务项目不适用　□服务质量差　□收费及乱收费项目　□其他

9. 您认为目前的社区提供的各类服务中，最缺哪一类？

□社区就业服务　□社会保障服务　□社会救助服务　□医疗保健服务　□社区文化教育及体育服务　□出租房及流动人口整治　□社区治安服务　□社区环境美化服务　□社区生活便利服务　□其他

10. 您认为目前的社区提供的各类服务中，哪一类做得最好？

□社区就业服务　□社会保障服务　□社会救助服务　□医疗保健服务　□社区文化教育及体育服务　□出租房及流动人口整治　□社区治安服务　□社区环境美化服务　□社区生活便利服务　□其他

11. 下列服务中您认为实用性最强、对您而言最重要的服务是哪些？

□保洁保安　□幼儿看护　□老人看护　□病人看护　□午餐配送、孩子放学托管　□社区医疗保健　□社区文化站　□社区学校培训　□其他

12. 您认为社区对其家庭生活帮助最大的是哪方面？

□改善社区环境卫生　□改善社区治安　□发展完善社区医疗及急救站　□丰富老年人生活　□提供健身场所及设施　□家政服务　□各类问题咨询　□就业能力培训和就业信息提供　□法律援助

13. 您认为最近三年社区公共服务质量与水平是否有所提升？

□很好，很明显　□有所提升，但并不明显　□没有变化　□反而下降

14. 您认为最近三年中社区哪一项服务改进最为明显？

□社区就业服务　□社会保障服务　□社会救助服务　□医疗保健服务　□社区文化教育及体育服务　□出租房及流动人口整治　□社区治安服务　□社区环境美化服务　□社区生活便利服务　□其他

15. 您参与社区服务的态度有哪些？

□发挥一技之长为居民服务提供　□参加社区组织的公益活动　□提供经济支持　□不愿意做　□其他

16. 当社区没能处理好您所反应的问题时，您会采取什么措施？

□向街道办事处投诉　□向职能部门投诉　□不配合社区工作　□无所谓，算了　□无所谓，转而看能否从家人、亲戚、朋友处寻求解决问题的办法　□其他

后　记

　　本书的成形仰赖多方支持和帮助。首先感谢国家社科基金的信任和资助，使笔者得以对当前我国社区治理的一些重要问题作比较深入而系统的探索。其次感谢社会科学文献出版社政法传媒分社总编辑曹义恒先生和责编刘同辉先生为本书所作的论证与辛苦的编辑工作。感谢课题组各位同人的倾情付出。感谢毛寿龙、陈幽泓、刘琼莲、欧纯智等专家教授为本课题的开展所分享的学术观点和研究经验；感谢李妍、林建衡在资料搜集、书稿校阅中提供的大力支持与宝贵意见！同时感谢天津科技大学为研究提供的种种便利。同时感谢来自全国各地的社区治理领域的优秀代表（如盐城市蒲江名苑业委会主任刘爱平等）提供的意见和经验。他们的积极乐观、责任意识感动了课题组，而众多社区的微信平台（如中国业主沙龙等），都让笔者体会到"足不出户，数据自来"的便利。最后，要感谢家人的理解与支持。从文献搜集、研读与整理到发表阶段性论文，再到思考书稿结构和撰写，再到最后的几次修改，其间种种，若无家人支持是不可想象的。

　　所以，众人拾柴火焰高，无论是课题研究的结项，还是书稿的形成，无不是多方玉成的结果，希望这本着眼于社区群众生活的作品能有益于大家！

图书在版编目(CIP)数据

社区共同体建设路径研究/景朝亮,林建衡,李妍著.--北京:社会科学文献出版社,2022.2
ISBN 978-7-5201-9636-9

Ⅰ.①社… Ⅱ.①景… ②林… ③李… Ⅲ.①社区建设-研究-中国 Ⅳ.①D669.3

中国版本图书馆 CIP 数据核字(2022)第 013245 号

社区共同体建设路径研究

著　者 / 景朝亮　林建衡　李　妍

出　版　人 / 王利民
责任编辑 / 刘同辉　吕霞云
责任印制 / 王京美

出　　版 / 社会科学文献出版社·政法传媒分社(010)59367156
　　　　　地址:北京市北三环中路甲29号院华龙大厦　邮编:100029
　　　　　网址:www.ssap.com.cn
发　　行 / 社会科学文献出版社(010)59367028
印　　装 / 三河市尚艺印装有限公司

规　　格 / 开　本:787mm×1092mm　1/16
　　　　　印　张:18.5　字　数:292千字
版　　次 / 2022年2月第1版　2022年2月第1次印刷
书　　号 / ISBN 978-7-5201-9636-9
定　　价 / 118.00元

读者服务电话:4008918866

版权所有 翻印必究